Manual de Direito Administrativo

Conselho Editorial

Álvaro Luiz Travassos de Azevedo Gonzaga, Pontifícia Universidade Católica – PUC/SP
Alysson Leandro Mascaro, Universidade de São Paulo – USP
André Araújo Molina, ESMATRA – MT
Angela Issa Haonat, Universidade Federal do Tocantins – UFT
Armando Luiz da Silva, Escola Superior de Administração, Marketing e Comunicação – ESAMC
Carmem Lúcia Costa, Universidade Federal de Goiás – UFG, Campus Catalão
Fernando Gustavo Knoerr, Centro Universitário Curitiba – Unicuritiba
Fernando Rovira Villademoros, Universidade de la Empresa (UDE) – Uruguai
Fernando Fita, Universidad de Valencia – Espanha
Flávio Leão Bastos Pereira, Universidade Presbiteriana Mackenzie – São Paulo
Lucas Gonçalves da Silva, Universidade Federal de Sergipe – UFS
Marcelo Lamy, Universidade Santa Cecilia – UNISANTA, Santos – SP
Motauri Ciocchetti de Souza, Pontifícia Universidade Católica de São Paulo – PUC/SP
Norma Suely Padilha, Universidade Federal de Santa Catarina – UFSC
Óscar Requena Montes, Universitat Rovira i Virgilli, Espanha
Reginaldo de Souza Vieira, Universidade do Extremo Sul Catarinense – Unesc
Ricardo Maurício Freire Soares, Universidade Federal da Bahia – UFBA
Sandra Regina Martini, Universidade UNIRITTER, Rio Grande do Sul
Sérgio Salomão Schecaira, Universidade de São Paulo – USP
Sonia Francisca de Paula Monken, Universidade Nove de Julho – Uninove, São Paulo
Thereza Christina Nahas, Pontifícia Universidade Católica de São Paulo – PUC/SP COGEAE
Viviane Coelho de Sellos Knoerr, Centro Universitário Curitiba – Unicuritiba
Viviane Gonçalves Freitas, Universidade Federal de Minas Gerais – UFMG

Leandro Matsumota

Manual de Direito Administrativo

MATRIOSKA
EDITORA

©Matrioska Editora, 2020
©Leandro Matsumota, 2020

Todos os direitos reservados e protegidos pela Lei n° 9.610/1998.

Publisher – Editorial: Luciana Félix
Publisher – Comercial: Patrícia Melo
Copidesque: Renato de Mello Medeiros Filho
Revisão: Gisele Múfalo
Editoração e capa: Leandro Guerra

Matrioska Editora

Atendimento e venda direta ao leitor:
www.matrioskaeditora.com.br
contato@matrioskaeditora.com.br
facebook.com/matrioskaeditora
instagram.com/matrioskaeditora

Dados Internacionais de Catalogação na Publicação (CIP)
(Câmara Brasileira do Livro, SP, Brasil)

Matsumota, Leandro
Manual de direito administrativo / Leandro Matsumota. -- 1. ed. -- São Paulo : Matrioska Editora, 2020.

Bibliografia
ISBN 978-65-86985-02-3

1. Direito administrativo 2. Direito administrativo - Brasil I. Título.

20-42491　　　　　　　　　　　　　　　　　　　　　　　CDU-35(81)

Índices para catálogo sistemático:

1. Brasil : Direito administrativo 35(81)

Maria Alice Ferreira - Bibliotecária - CRB-8/7964

Impresso no Brasil
2020

AGRADECIMENTOS

Agradeço, primeiramente, à Deus por todas as oportunidades conferidas ao longo da minha vida.

À minha esposa, Ana Paula Ruocco Nonato Matsumota, e meus dois filhos, Bob e Lua, pela paciência nos meus momentos de ausência para a realização desse nosso sonho, sem vocês nada seria possível.

À minha família, João Tatsuo Matsumota, Rosely Matsumota, Leonardo Matsumota e Pedro Enrico Matsumota, por estarem todos esses anos ao meu lado, e, em todos os momentos.

Aos meus amigos, que são essenciais para minha existência.

Ao meu eterno Professor José Eduardo Cardozo, quem me confiou o *mister* da docência, ainda muito jovem, na Pontifícia Universidade Católica de São Paulo - PUC/SP.

Aos meus queridos alunos e alunas, que ao longo desses anos conseguiram extrair o melhor de mim.

Prefácio

Vivemos uma época de profundas e agudas transformações. As inovações tecnológicas, a mudança de hábitos e comportamentos, a interação em tempo real entre pessoas situadas em pontos distantes do globo terrestre, a globalização econômica, política e cultural, a realização de aquisições por um simples teclar de celulares, indiscutivelmente, passou a ser uma realidade dos dias em que vivemos. Especialistas, em altos estudos neurológicos, chegam até mesmo a sugerir que o cérebro humano, em decorrência da sua plasticidade, começa a ser influenciado pelo mundo da *web*. De fato, no momento em que os seres humanos aprenderam a utilizar a escrita, a cessação de estímulos fez com que a sua capacidade de memorizar fosse reduzida pela desnecessidade de que dados, informações e narrativas produzidas pelo pensamento fossem armazenados cumulativamente em seus cérebros. Não haveria de ser diferente agora. Pesquisas atuais parecem indicar que a nova tecnologia que nos envolve e cada vez mais se incorpora nas nossas atividades cotidianas, tem estimulado, de modo saudável, a agilidade de compreensão informativa e o exercício de atividades cognitivas simultâneas e rápidas. Todavia, lamentavelmente, tudo também indica que o pensamento dos seres humanos contemporâneos tende a ser mais superficial e dogmatizado. A atenção para o desenvolvimento de reflexões mais aprofundadas e detidas, muitas vezes induzidas por leituras ou exposições mais densas ou alongadas, perdem espaço para as comunicações mais telegráficas ou visualmente mais ágeis. Um mundo de reflexões rápidas e rasas, dominado por *fake news,* pela irracionalidade, pela estupidez socializada e pelo negacionismo em relação a realidades empiricamente comprováveis ou cientificamente demonstradas, parece a cada dia mais tornar-se uma realidade assombrosa. A imbecilização massificada, corrente em nossos dias, nos faz antever que, ao revés do que ocorreu no século XVIII, conhecido como o "século das luzes", o século XXI talvez fique rotulado, na história, como o "século da idiotia".

Esse talvez seja um dos principais desafios para os que se dedicarem ao ensino do direito no século XXI. Como fazer com que as mais profundas reflexões sobre o fenômeno jurídico sejam obtidas por estudantes, de maneira a libertá-los de um pensamento exclusivamente dogmático, acrítico e raso? Como fazer com que as trevas intelectuais da intolerância propiciada pela estupidez sejam superadas pelas luzes da ciência crítica e do humanismo?

Tudo nos leva a crer que isso não será uma tarefa simples.

Após mais de 35 anos atuando como professor de direito administrativo em cursos de graduação, pós-graduação e em cursos preparatórios para o ingresso na magistratura e no ministério público, não posso deixar de observar a mudança que se opera na realidade dos tempos em que vivemos. Os manuais didáticos de outrora, apesar de atualizados por seus autores ou por competentes professores, nem sempre hoje acabam despertando o interesse para a leitura das suas densas e robustas páginas. Leituras de Tratados ou de monografias especializadas? Nem pensar. Grande parte dos estudantes parecem optar pela leitura de obras mais ágeis e simplificadas, visualmente mais atrativas, incorporadas por quadros que sintetizam informações e permitem a memorização mais ágil nas vésperas dos exames. Outros – o que é pior – optam por não ler livros, socorrendo-se apenas de anotações das aulas ou de sínteses de qualidade duvidosa que obtém na internet. Nesses casos, em menor ou maior grau, perdem a reflexão jurídica, a profundidade analítica e o desenvolvimento da ciência do direito. Ganham o pensamento dogmático, a simplificação desmedida de situações complexas, a superficialidade das abordagens e a estultice jurídica.

A ninguém que tenha um verdadeiro amor pelo ensino, uma situação como essa pode agradar. Nos "bailes da vida", diz a bela música de Milton Nascimento, "todo artista tem de ir aonde o povo está". E todo professor – não esqueçamos – não deixa de ser um artista, mas um artista que, ao chegar aonde o aluno está, não pode eticamente se contentar com que ele lá permaneça. Um docente precisa tentar permanentemente fazer com que seu aluno se apaixone pelo objeto do aprendizado, impulsionando-o a seguir, com as suas próprias pernas, para um novo lugar no universo do conhecimento e da reflexão. Aquele que não impulsiona e estimula o seu discípulo a seguir na busca de novos horizontes nunca será um verdadeiro professor. Será apenas um mero explicador de lições, ou seja, um simples prestador de serviços informativos que deposita, em seus bancos de aprendizado constituídos de carne e osso, um objeto a ser sacado no dia das provas ou dos exames para mera verificação contábil da existência de fundos.

Conhecendo há muitos anos o Professor Leandro Matsumota, um grande amigo, tive a convicção interior de que ao encarar o desafio de elaborar um *Manual de Direito Administrativo*, ele não se limitaria a reproduzir o lugar comum das obras simplificadas ou a erudição hoje indigesta das obras mais antigas, muitas vezes adquiridas e não lidas. Tinha para mim que ele se empenharia ao máximo, reunindo seus conhecimentos sobre esse particular campo do direito e a sua experiência docente, não apenas para explicar didaticamente lições já consolidadas pela doutrina ou por decisões judiciais, mas para impulsionar seus alunos a se apaixonarem pelo conteúdo das suas páginas, estimulando-os a prosseguir na sua jornada profissional. Tinha também a convicção de que ele saberia combinar a linguagem e a metodologia necessárias para que, nos dias atuais, o professor "chegue aonde o aluno está", com uma exposição capaz de induzir a superação do dogmatismo exacerbado e a simplificação rasteira do que complicado é por natureza.

Acredito que meu querido amigo, Professor Leandro Matsumota, atingiu seu objetivo com seu *Manual de Direito Administrativo*. Contudo, não cabe a mim proferir um *veredictum* final. Ele caberá apenas aos que se sentirem desafiados a ler as suas páginas. A mim, nesse momento, apenas caberá desejar, a todos, uma boa leitura e bons estudos. E ao seu autor, expressar minhas congratulações pelo livro que elaborou.

José Eduardo Martins Cardozo
Professor de Direito Administrativo da PUC/SP e do UniCEUB/DF.
Advogado e ex-Ministro de Estado da Justiça e ex-Advogado-Geral da União.

Sumário

Prefácio, vii

1. **DIREITO ADMINISTRATIVO,** 1
   - 1.1. Conceito e história, 1
   - 1.2. Fontes do Direito Administrativo, 2
   - 1.3. Regime jurídico administrativo, 3
   - 1.4. Princípios do Direito Administrativo, 3
     - 1.4.1. Princípio da Supremacia do Interesse Público Sobre o Privado, 4
     - 1.4.2. Princípio da Indisponibilidade do Interesse Público, 4
   - 1.5. Princípios Constitucionais – Art. 37, CF/1988 (LIMPE), 5
     - 1.5.1. Princípio da Legalidade, 5
     - 1.5.2. Princípio da Impessoalidade, 6
     - 1.5.3. Princípio da Moralidade, 7
     - 1.5.4. Princípio da Publicidade, 7
     - 1.5.5. Princípio da Eficiência, 8
   - 1.6. Demais Princípios Administrativos, 9
     - 1.6.1. Do Contraditório e da Ampla Defesa – Art. 5º, LIV, CF/1988, 9
     - 1.6.2. Princípio da Continuidade, 9
     - 1.6.3. Princípio da Autotutela, 10
     - 1.6.4. Princípio da Razoabilidade e da Proporcionalidade, 10
     - 1.6.5. Princípio da Motivação, 11
     - 1.6.6. Princípio da Finalidade, 12

2. **PODERES ADMINISTRATIVOS,** 13
   - 2.1. Conceito, 13
   - 2.2. Abuso de poder, 14
     - 2.2.1. Poder regulamentar ou normativo, 14
     - 2.2.2. Poder Hierárquico, 16

      2.2.2.1. Avocação x Delegação, 16
    2.2.3. Poder disciplinar, 17
      2.2.3.1. Controle pelo Poder Judiciário, 18
    2.2.4. Poder de polícia, 18
      2.2.4.1. Polícia judiciária x Polícia administrativa, 18
      2.2.4.2. Natureza dos atos derivados do Poder de Polícia, 19
      2.2.4.3. Delegação dos atos de polícia, 19
      2.2.4.4. Prescrição das punições derivadas do Poder de Polícia, 20

3. ADMINISTRAÇÃO PÚBLICA, 23

 3.1. Administração Direta, 23
    3.1.1. Conceituação, 23
    3.1.2. Teoria do Órgão, 25
    3.1.3. Classificação dos órgãos, 25
 3.2. Administração Indireta, 26
    3.2.1. Autarquia, 27
      3.2.1.1. Autarquias em regime especial, 28
        3.2.1.1.1 Agências Reguladoras – Lei nº 9.986/2000, 28
        3.2.1.1.2 Agências Executivas, 30
    3.2.2. Fundação, 31
      3.2.2.1. Natureza de Direito Público, 32
      3.2.2.2. Natureza de Direito Privado, 32
    3.2.3. Empresas Estatais, 33
      3.2.3.1. Sociedades de economia mista, 33
      3.2.3.2. Empresa Pública, 36
    3.2.4. Consórcios Públicos, 39
 3.3. Entidades paraestatais, 41
    3.3.1. Conceito, 41
    3.3.2. Tipos, 41
 3.4. Serviços sociais autônomos (sistema "s"), 41
 3.5. Entidades de apoio, 42
 3.6. Organizações sociais, 42
 3.7. Organização da sociedade civil de interesse público (OSCIP), 44
 3.8. Organização da sociedade civil (OSC), 46

4. ATOS ADMINISTRATIVOS, 49

 4.1. Fato administrativo. Fato da administração. Atos Administrativos., 49
    4.1.1. Atributos do ato administrativo, 49
      4.1.1.1. Presunção de legitimidade, 49
      4.1.1.2. Autoexecutoriedade, 49
      4.1.1.3. Imperatividade, 50
      4.1.1.4. Tipicidade, 50
 4.2. Elementos do ato administrativo, 50
    4.2.1. Competência, 50
    4.2.2. Finalidade, 50
    4.2.3. Forma, 51
    4.2.4. Motivo x Motivação x Móvel, 51
    4.2.5. Objeto, 52
 4.3. Classificações, 52
    4.3.1. Quanto à liberdade, 52
    4.3.2. Quanto à formação, 52

4.3.3. Quanto aos destinatários, 53
4.3.4. Quanto ao objeto, 53
4.3.5. Quanto à estrutura, 53
4.3.6. Quanto aos efeitos, 54
4.4. Espécies, 54
    4.4.1. Atos normativos, 54
    4.4.2. Atos ordinatórios, 54
    4.4.3. Atos negociais, 55
    4.4.4. Atos enunciativos, 55
    4.4.5. Atos punitivos, 56
4.5. Extinção, 56
4.6. Convalidação, 57
4.7. Efeitos, 58

5. RESPONSABILIDADE CIVIL DO ESTADO, 61

5.1. Responsabilidade Civil do Estado, 61
    5.1.1. Teorias relacionadas ao tema, 61
        5.1.1.1. Teoria da Irresponsabilidade do Estado, 61
        5.1.1.2. Teoria da Responsabilidade Subjetiva – falta do serviço, 62
        5.1.1.3. Teoria da Responsabilidade Objetiva, 62
5.2. Responsabilidade por omissão, 64
5.3. Responsabilidade por obras públicas, 64
5.4. Responsabilidade por atos jurisdicionais, 65
5.5. Responsabilidade por atos legislativos, 65
5.6. Prescrição, 65
5.7. Legitimidade processual – RE 1027633, 66
5.8. Ação regressiva, 66

6. CONTROLE DA ADMINISTRAÇÃO, 69

6.1. Conceito, 69
    6.1.1. Legislativo, 69
        6.1.1.1. Comissão Parlamentar de Inquérito – CPI, 70
    6.1.2. Tribunal de Contas, 73
6.2. Administrativo, 74
    6.2.1. Finalidade, 75
    6.2.2. Por subordinação e por vinculação, 75
    6.2.3. Órgãos de controle interno, 76
6.3. Judicial, 76
    6.3.1. Controles interno e externo, 77
    6.3.2. Controles de legalidade e de mérito, 77
    6.3.3. Prévio, concomitante e posterior, 77
6.4. Controle da atividade política do Estado, 77

7. LICITAÇÃO, 79

7.1. Conceito, 79
7.2. Base legal, 80
7.3. Princípios, 80
    7.3.1. Legalidade, 80
    7.3.2. Impessoalidade, 80
    7.3.3. Moralidade, 80
    7.3.4. Igualdade ou Isonomia, 80

7.3.5. Publicidade, 81
7.3.6. Vinculação ao instrumento convocatório, 82
7.3.7. Julgamento objetivo, 82
7.3.8. Adjudicação compulsória, 82
7.4. Obrigatoriedade de licitação, 82
    7.4.1. Causas de dispensa e inexigibilidade, 83
        7.4.1.1. Dispensa, 83
        7.4.1.2. Inexigibilidade, 90
7.5. Modalidades, 93
    7.5.1. Concorrência, 93
    7.5.2. Tomada de preço, 94
    7.5.3. Convite, 95
    7.5.4. Concurso, 95
    7.5.5. Leilão, 96
    7.5.6. Pregão, 97
    7.5.7. Sistema de Registro de Preço, 100
7.6. Licitação serviços de publicidade – Lei nº 12.232/2010, 102
7.7. Fases da licitação, 103
    7.7.1. Edital, 104
    7.7.2. Habilitação, 106
    7.7.3. Classificação, 106
    7.7.4. Homologação, 106
    7.7.5. Adjudicação, 107
7.8. Anulação e revogação, 107
7.9. Recurso administrativo, 107
7.10. Lei nº 13.979/2020 e Lei nº 14.035/2020 – COVID-19, 108
    7.10.1. Da dispensa de licitação, 108
    7.10.2. Prazos, 108
    7.10.3. Publicidade, 109
    7.10.4. Da contratação de empresas penalizadas, 109
    7.10.5. Produtos usados, 110
    7.10.6. Requisitos, 110
    7.10.7. Certidões, 111
    7.10.8. Prazos processuais, 111
    7.10.9. Recursos, 111
    7.10.10. Duração do contrato, 111

8. **CONTRATOS ADMINISTRATIVOS, 113**
    8.1. Conceito, 113
    8.2. Características, 114
    8.3. Normas legais, 116
    8.4. Sujeitos, 117
    8.5. Teoria geral dos contratos, 117
    8.6. Espécies, 118
    8.7. Cláusulas exorbitantes, 120
    8.8. Inexecução contratual, 132
    8.9. Extinção do contrato, 133
    8.10. Teoria da imprevisão, 134
    8.11. Responsabilidade civil, administrativa e penal, 134

9. SERVIÇO PÚBLICO, 137
- 9.1. Conceito, 137
- 9.2. Aspectos, 138
    - 9.2.1. Substrato Material, 138
    - 9.2.2. Substrato Formal, 138
    - 9.2.3. Elemento Subjetivo, 138
- 9.3. Dever estatal, 138
- 9.4. Princípios, 138
    - 9.4.1. Princípio da atualidade (adaptabilidade), 139
    - 9.4.2. Princípio da modicidade, 139
    - 9.4.3. Princípio da generalidade (universalidade), 139
    - 9.4.4. Princípio da cortesia, 139
    - 9.4.5. Princípio da economicidade, 140
    - 9.4.6. Princípio da continuidade, 140
        - 9.4.6.1. Greve no serviço público, 140
        - 9.4.6.2. Inadimplemento do usuário, 140
        - 9.4.6.3. Segurança ou razões técnicas, 141
        - 9.4.6.4. Emergência, 141
    - 9.4.7. Princípio da isonomia, 141
- 9.5. Delegação do serviço público, 141
    - 9.5.1. Delegação legal – Outorga, 142
    - 9.5.2. Delegação contratual, 142
    - 9.5.3. Serviços exclusivos não delegáveis, 142
        - 9.5.3.1. Serviços de prestação obrigatória pelo Estado, 142
        - 9.5.3.2. Serviços não exclusivos (serviços impróprios), 142
- 9.6. Classificação, 142
    - 9.6.1. Serviços próprios e impróprios, 142
    - 9.6.2. Serviços gerais (*uti universi*) e Serviços individuais (*uti singuli*), 143
    - 9.6.3. Serviços administrativos, comerciais e sociais, 143
- 9.7. Concessão, 143
    - 9.7.1. Base legal, 143
    - 9.7.2. Conceito, 144
    - 9.7.3. Partes de contrato, 144
    - 9.7.4. Da titularidade do serviço, 145
    - 9.7.5. Direitos e deveres do poder concedente, 145
    - 9.7.6. Dos encargos da concessionária, 145
    - 9.7.7. Dos direitos dos usuários, 146
    - 9.7.8. Da política tarifária, 147
    - 9.7.9. Extinção da concessão, 147
- 9.8. Parcerias público-privadas – PPP, 149
    - 9.8.1. Conceito, 149
    - 9.8.2. Modalidades, 149
    - 9.8.3. Dos valores, prazo e objeto, 150
    - 9.8.4. Do fundo garantidor, 150
    - 9.8.5. Licitação, 151
- 9.9. Permissão, 152

10. AGENTES PÚBLICOS, 155
- 10.1. Conceito, 155
- 10.2. Classificação, 155

    10.2.1. Agentes Políticos, 155
    10.2.2. Particulares em colaboração com o Estado, 157
    10.2.3. Servidores públicos em sentido estrito, 158
    10.2.4. Empregados Públicos, 158
    10.2.5. Temporários, 158
    10.2.6. Concurso público, 159
  10.3. Cargo, emprego e função pública, 160
    10.3.1. Cargo público, 160
    10.3.2. Emprego público, 160
    10.3.3. Função pública, 161
    10.3.4. Cargos em comissão, 161
  10.4. Acesso e provimento de cargos e empregos públicos, 162
    10.4.1. Nomeação, 162
    10.4.2. Readaptação, 162
    10.4.3. Reintegração, 162
    10.4.4. Recondução, 163
    10.4.5. Reversão, 163
    10.4.6. Aproveitamento, 164
  10.5. Remuneração dos agentes públicos, 164
    10.5.1. Vencimento, 164
    10.5.2. Vencimentos, 164
    10.5.3. Subsídios, 164
    10.5.4. Teto remuneratório, 165
    10.5.5. Proibição de incorporação (EC nº 103/2019), 166
    10.5.6. Proibição de acumulação de cargos, funções e empregos públicos, 167
  10.6. Direito de greve, 167
  10.7. Estabilidade, 168
  10.8. Responsabilidade civil, penal e administrativa dos servidores públicos, 169
  10.9. Prescrição, 170
  10.10. Aposentadoria, 170
  10.11. Incapacidade permanente, 170
  10.12. Aposentadoria compulsória, 171
  10.13. Aposentadoria voluntária, 171
  10.14. Teto do regime geral de previdência, 171
  10.15. Vedação de critérios diferenciados (§ 4º), 172
  10.16. Cargos em comissão, 173
  10.17. Abono de permanência, 173
  10.18. Proibição de criar novos regimes previdenciários (§ 22), 174
11. IMPROBIDADE ADMINISTRATIVA, 175
  11.1. Conceito, 175
  11.2. Base legal, 175
  11.3. Sujeito passivo, 176
  11.4. Sujeito ativo, 177
  11.5. Atos de improbidade, 179
    11.5.1. Enriquecimento ilícito (art. 9º), 179
    11.5.2. Prejuízo ao erário público (art. 10), 181
    11.5.3. Concessão ou aplicação indevida de benefício financeiro ou tributário (art. 10-A), 182
    11.5.4. Atos contrários aos princípios da administração pública (art. 11), 183
  11.6. Penas, 184

11.6.1. Pena pelo enriquecimento ilícito – art. 12, I, 184
11.6.2. Pena pelo prejuízo ao erário – art. 12, II, 185
11.6.3. Pena por atos contrários aos princípios – art. 12, III, 185
11.6.4. Pena por concessão indevida de benefício – art. 12, IV, 185
11.7. Prescrição, 186
11.8. Alteração da lei anticrime, 187

12. INTERVENÇÃO DO ESTADO NA PROPRIEDADE, 189
12.1. Desapropriação, 189
12.1.1. Desapropriação por utilidade pública, necessidade pública ou interesse social, 190
12.1.2. Procedimento administrativo, 192
12.1.3. Ação de desapropriação, 193
12.1.4. Desapropriação especial urbana, 193
12.1.5. Desapropriação rural, 195
12.1.6. Desapropriação confiscatória, 195
12.1.7. Desapropriação por zona, 196
12.1.8. Desapropriação indireta, 196
12.2. Limitação administrativa, 197
12.3. Servidão administrativa, 197
12.4. Tombamento, 198
12.5. Requisição, 200
12.6. Ocupação temporária, 201

13. BENS PÚBLICOS, 203
13.1. Conceito, 203
13.2. Divisão, 204
13.2.1. Bens de uso comum, 204
13.2.2. Bens de uso especial, 204
13.2.3. Bens dominicais, 204
13.3. Formas de uso, 205
13.3.1. Autorização, 205
13.3.2. Permissão, 205
13.3.3. Concessão, 205
13.4. Características, 206
13.4.1. Inalienável, 206
13.4.2. Imprescritível, 206
13.4.3. Impenhorável, 206
13.5. Afetação, 206
13.6. Competência para legislar, 207

14. PROCESSO ADMINISTRATIVO, 209
14.1. Conceito e finalidade, 209
14.2. Processo administrativo federal, 209
14.3. Princípios, 210
14.3.1. Princípio da oficialidade, 210
14.3.2. Princípio do devido processo legal, 211
14.3.3. Princípio do contraditório e da ampla defesa, 211
14.3.4. Princípio da instrumentalidade, 212
14.3.5. Princípio da verdade real, 212
14.3.6. Princípio da gratuidade, 212
14.3.7. Princípio do informalismo, 213

14.3.8. Princípio da legalidade, 213
14.3.9. Princípio da motivação, 213
14.4. Legitimidade, 214
14.5. Competência, 214
    14.5.1. Delegação e avocação, 214
14.6. Atos processuais, 215
    14.6.1. Forma, Tempo e Lugar, 215
    14.6.2. Comunicação, 216
14.7. Fases, 216
    14.7.1. Instauração, 216
    14.7.2. Instrução, defesa e relatório, 216
    14.7.3. Decisão, 217
14.8. Extinção, 218
14.9. Recursos administrativos, 218

15. INTERVENÇÃO DO ESTADO NO DOMÍNIO ECONÔMICO, 221
15.1. Conceito, 221
15.2. Princípios, 222
    15.2.1. Princípio da Subsidiariedade, 222
    15.2.2. Princípios da liberdade econômica, 222
15.3. Previsão legal, 223
15.4. Formas de intervenção, 224
15.5. Abuso do setor econômico, 226
15.6. Instrumentos de intervenção, 226

REFERÊNCIAS, 229

Capítulo 1

1. DIREITO ADMINISTRATIVO

1.1. Conceito e história

O conceito de direito administrativo pode ser definido como o "ramo do direito público que disciplina o exercício *da função administrativa, bem como pessoas e órgãos que a desempenham*" (Bandeira de Mello, 2016, p. 37).

A ideia de função pública surge com os estudos do Barão de Montesquieu, em *O Espírito das Leis* - 1869, que trouxe a ideia de separação das funções: executiva, legislativa e judiciária.

O surgimento do direito administrativo tem origem "em fins do século XVIII e início do século XIX, o que não significa que inexistissem anteriormente normas administrativas, pois onde quer que exista o Estado existem órgãos encarregados do exercício de funções administrativas" (Di Pietro, 2018, p. 1).

Forte foi sua influência na França, grande berço das regras do direito público, em especial, após a Revolução Francesa (1789-1799), onde não existiam normas jurídicas que regulassem a relação entre Estado e sociedade.

Não se pode deixar de constatar a forte ligação do surgimento do direito administrativo com o reconhecimento do Estado de Direito, por onde os governantes também estavam submissos à lei. Nesse momento, a lei surge como grande limite aos excessos cometidos pelos governantes.

Outro ponto importante no estudo da história do direito administrativo passa pelos Conselhos de Estado, existentes até hoje. As demandas administrativas eram julgadas na esfera do próprio Conselho, com suas decisões não sendo apreciadas pelo Poder Judiciário.

A importância dos referidos órgãos, que pertencem ao Poder Executivo, nas lições do Professor Celso Antônio Bandeira da Mello (Ibid., 2016, p. 39-40),

Foi o referido Conselho de Estado – instituído pelo art. 52 da Constituição de 22 Frimário do Ano VIII, isto é, de 15 de dezembro de 1799 – que, com suas decisões, forjou estes princípios e as concepções que se converteram no que se chama 'Direito Administrativo.

E continua o autor, *"A evolução histórica responsável por este encaminhamento que afastou o Poder Judiciário do exame dos atos administrativos e que culminou com a instituição de uma 'Jurisdição Administrativa'".*

O art. 13 da Lei de 16-24 de agosto de 1790 dispõe que:

> as funções judiciárias são distintas e permanecerão sempre separadas das funções administrativas. Não poderão os juízes, sob pena de prevaricação, perturbar de qualquer modo as operações dos corpos administrativos, nem citar diante de si os administradores por motivo das funções que estes exercem.

Dessa forma, os atos administrativos têm julgamento perante uma corte própria, com coisa julgada administrativa, não sendo possível a revisão pelo Poder Judiciário.

Essa teoria adota o nome de contencioso administrativo. Já o Brasil adotou o **sistema jurisdicional único**, no qual a revisão dos atos será realizada pelo Poder Judiciário, previsto na Constituição Federal de 1988, em seu art. 5º, XXXV[1].

De fato, no direito brasileiro, a evolução do direito administrativo tem forte influência do Direito Francês, inclusive, com a instituição dos Conselhos de Estado no período Imperial, ainda que de forma diferenciada do original, o país já teve órgãos "consultivos" administrativos. Ao mesmo tempo, sofreu grande participação do direito norte-americano no sistema do controle jurisdicional dos atos praticados por administradores públicos.

1.2. Fontes do Direito Administrativo

São fontes do direito administrativo: a Constituição, as Leis, a jurisprudência, a doutrina, os costumes e os princípios gerais do direito.

Sem dúvida, a Constituição Federal, dentro do nosso sistema jurídico vigente, é a principal fonte do direito administrativo. Todo o ordenamento jurídico infraconstitucional deverá estar em conformidade com o texto fundamental.

No tocante às Leis, deverá ser interpretada da forma mais ampla, como aquela prevista no art. 59 da CF. A ideia do termo "Lei" se reflete a todo ato com força normativa prevista no texto constitucional, não se limitando apenas às leis ordinárias.

A jurisprudência, como fonte do direito administrativo, deve ser observada de duas formas. Primeiramente, com relação àquelas decisões dos Tribunais, via de regra, tornam apenas como fonte consultiva e orientadora aos órgãos públicos. Diferentemente das Súmulas Vinculantes, advindas da EC nº 45/2004, que passam a "vincular" órgãos da administração pública direta e indireta, em todas as esferas de Poderes, da mesma forma que vincula também o Poder Judiciário.

---

1 "Art. 5º, XXXV – a lei não excluirá da apreciação do Poder Judiciário lesão ou ameaça a direito".

Na definição da Autora Maria Sylvia Zanella di Pietro (2018, p. 62),

> Nas hipóteses em que produz efeito vinculante, a jurisprudência tem a natureza de **fonte formal**, porque integra o direito a ser aplicado pelos juízes e pela Administração Pública. No entanto, como regra geral, a jurisprudência não constitui fonte obrigatória do Direito Administrativo brasileiro, mas meramente indicativa, facultativa ou orientadora para decisões futuras do Judiciário e da Administração Pública. Ela seria **fonte material** do direito.

Os costumes, a doutrina e os princípios gerais do direito, da mesma forma que a jurisprudência, são fontes materiais do direito, sendo utilizadas como auxílio na formação do direito.

1.3. Regime jurídico administrativo

O regime jurídico administrativo é composto pelo conjunto dos princípios que norteiam a atuação da Administração Pública.

Para a Professora Maria Sylvia Zanella di Pietro (2006, p. 64), o regime jurídico administrativo

> é reservado tão somente para abranger o conjunto de traços, de conotações que tipificam o Direito Administrativo, colocando a Administração Pública numa posição privilegiada, vertical, na relação jurídico-administrativa. Basicamente pode-se dizer que o regime administrativo se resume a duas palavras apenas: prerrogativas e sujeições.

No mesmo sentido, o Professor Marçal Justen Filho (2005, p. 48) define o regime jurídico de direito público como um

> conjunto de normas jurídicas que disciplinam o desempenho de atividades e de organizações de interesse coletivo, vinculadas direta ou indiretamente à realização dos direitos fundamentais, caracterizado pela ausência de disponibilidade e pela vinculação à satisfação de determinados fins.

Os princípios administrativos embasam as **prerrogativas** que detêm os entes públicos, bem como **limitam** suas ações de forma a efetivar as garantias que vão além da norma legal.

A Constituição Federal é a norma base que orienta os princípios administrativos, inclusive aqueles que, embora não expressos no texto da Lei Maior, decorrem de seus preceitos fundamentais.

1.4. Princípios do Direito Administrativo

Os princípios são normas gerais de diretrizes para atos e condutas, enquanto as regras são incidentes em casos concretos, determinando um resultado ou atuação específica.

Dessa forma, perante uma mesma situação, pode incidir mais de um princípio, por exemplo, na ponderação para aplicação de penalidade em que se observam os princípios da legalidade, impessoalidade, razoabilidade, proporcionalidade, entre outros.

Em oposição a isso, é o caso da incidência de mais de uma regra, perante a mesma situação, em que se estará diante da chamada antinomia jurídica própria, de modo a excluir uma das regras para que a outra possa incidir. Por exemplo, se é regra aplicar suspensão em caso de falta grave, não incidirá neste caso a regra de aplicação da advertência ao servidor.

1.4.1. Princípio da Supremacia do Interesse Público Sobre o Privado

É o que justifica todas as prerrogativas da Administração Pública. O interesse público – **da coletividade** – deve sempre prevalecer perante interesses privados (particulares de um indivíduo ou grupo específico), tendo em vista que o Poder Público está à disposição de todos, primando pelo bem comum e não para satisfazer interesses individuais.

Em razão deste princípio, frente ao particular, a Administração Pública é privilegiada por gozar de poderes que não existem na esfera particular.

Para o Professor José dos Santos Carvalho Filho (2017, p. 34), *"as relações sociais vão ensejar, em determinados momentos, um conflito entre o interesse público e o interesse privado, mas ocorrendo esse conflito, há de prevalecer o interesse público"*.

Não se trata de um princípio expresso, previsto no texto constitucional, porém, pode ser elevado como um dos principais princípios do direito administrativo.

Importante entender que a supremacia do interesse público é um **PODER-DEVER**, ou seja, é inerente à função pública e por isso não deve ser invocado para benefícios de seus dirigentes ou autoridades públicas ou políticas.

1.4.2. Princípio da Indisponibilidade do Interesse Público

Não se pode abdicar das necessidades públicas, uma vez que a satisfação destas é a finalidade principal da Administração Pública.

Na melhor definição do Professor Diógenes Gasparini (2006, p. 18), segundo

> o princípio da indisponibilidade do interesse público, não se acham os bens, direitos, interesses e serviços públicos à livre disposição dos órgãos públicos, a quem apenas cabe curá-los, ou do agente público, mero gestor da coisa pública. Aqueles e este não são senhores ou seus donos, cabendo-lhes por isso tão só o dever de guardá-los e aprimorá-los para a finalidade a que estão vinculados. O detentor dessa disponibilidade é o Estado. Por essa razão, há necessidade de lei para alienar bens, para outorgar concessão de serviço público, para transigir, para renunciar, para confessar, para revelar a prescrição e para tantas outras atividades a cargos dos órgãos e agentes da Administração Pública.

Para o saudoso Hely Lopes Meirelles (2006, p. 103),

a Administração Pública não pode dispor desse interesse geral num renunciar a poderes que a lei lhe deu para tal tutela, mesmo porque ela não é titular do interesse público, cujo titular é o Estado, que, por isso, mediante lei poderá autorizar a disponibilidade ou a renúncia.

Tanto a **Supremacia do Interesse Público**, quanto a **Indisponibilidade do Interesse Público, justificam o regime jurídico administrativo que detém a Administração Pública**, permitindo o exercício da função pública por seus agentes em função do povo administrado.

Estes dois princípios bases também são os **limitadores da atividade estatal**, uma vez que o Poder Público somente pode atuar dentro do interesse coletivo, sob pena de desvio ou abuso de poder.

Nos tópicos a seguir serão analisados, de forma mais detalhada, os princípios constitucionais e administrativos e suas características.

1.5. Princípios Constitucionais – Art. 37, CF/1988 (LIMPE)

1.5.1. Princípio da Legalidade

Origina-se da própria democracia, considerando que quem faz as leis é o povo, através de seus representantes eleitos.

O cumprimento das leis pode ser considerado como um pilar do **Estado Democrático de Direito**, em que cabe a todos, inclusive aos governantes, cumpri-las.

A ideia de democracia passa pela obediência ao regramento jurídico, não se podendo imaginar em um Estado Democrático sem que todos pertencentes àquele Estado se curvem à lei.

As leis são elaboradas para a criação de uma série de direitos, mas, têm como finalidade limitar a atuação da Administração Pública em prol do povo que a colocou no Poder.

Na definição do saudoso Hely Lopes Meirelles (1993, p. 20), o princípio da legalidade pode ser definido como aquele que "*enquanto os indivíduos no campo privado podem fazer tudo o que a lei não veda, o administrador público só pode atuar onde a lei autoriza*".

Aos **particulares**, o **princípio da legalidade** vem previsto no art. 5º, II, da Constituição Federal, com a seguinte redação:

> **Art. 5º.** Todos são iguais perante a lei, sem distinção de qualquer natureza, garantindo-se aos brasileiros e aos estrangeiros residentes no País a inviolabilidade do direito à vida, à liberdade, à igualdade, à segurança e à propriedade, nos termos seguintes:
> [...]
> **II** - ninguém será obrigado a fazer ou deixar de fazer alguma coisa senão em virtude de lei;

Ou seja, vigora a legalidade, aos particulares, em poder fazer tudo aquilo que a lei não os proíbe. Até que venha alguma limitação oriunda da lei, deverá ser observada a liberdade para o particular realizar qualquer ato.

Diferentemente pode ser compreendido o mesmo princípio no âmbito da **Administração Pública**, pois, aos agentes públicos somente será **permitida a realização de atos previstos em lei**.

Para Celso Antônio Bandeira de Mello (2016, p. 109), serão possíveis restrições, em caráter excepcional, para o princípio da legalidade: i) *medidas provisórias*; ii) *estado de defesa*; iii) *estado de sítio*.

As exceções previstas estão relacionadas às situações excepcionais presentes. No caso da medida provisória, pelo próprio instituto "precário" da norma legal, na qual, de forma unilateral poderá o Chefe do Executivo regular matérias previstas no art. 62 da Constituição Federal.

Já nos demais casos, Estado de Defesa e Estado de Sítio, são situações excepcionais previstas na Constituição Federal, arts. 136 e 137, nos quais limitam uma série de direitos previstos no próprio texto constitucional.

> **Veja!**
>
> **IMPORTANTE!**
>
> Não deve ser confundido com o princípio da reserva legal, presente no texto constitucional e em outras áreas do direito.
>
> A reserva legal é a necessidade de uma conduta estar previamente prevista em lei para ser enquadrada em uma hipótese de penalidade ou aplicação normativa. *Ex.:* No direito penal, para punir um ato, este ato deve estar previsto em lei como crime, sem o qual não é possível sua punição.
>
> Já a legalidade é adequação com a lei e ordenamento jurídico dos atos a serem realizados pela Administração Pública. Ex.: A Administração. reexaminar seus atos de ofício porque a lei assim a permite.

1.5.2. Princípio da Impessoalidade

É a característica que deve estar presente nos atos administrativos de não discriminar quaisquer pessoas, sem prejudicar ou beneficiar, tendo em vista que a finalidade do ato é buscar o bem comum.

Tal princípio baseia-se em outro, o da Isonomia, que dispõe que se devem tratar os desiguais na medida de suas desigualdades.

> **Leia!**
>
> **TEORIA DO ÓRGÃO**
>
> Quando o agente público atua, não o faz em nome próprio ou de sua função, mas como se o Estado fosse. Dessa forma, não deve ser responsabilizado de forma pessoal pelo particular ou terceiro atingido por seu ato, pois, tal como se fosse órgão de um corpo que tem vida própria, é apenas uma parte que compõe o Estado e age em seu nome.
>
> Ressalva-se a ação regressiva do Estado contra o agente público em caso de culpa ou dolo, conforme art. 37, § 6º, CF.

Os atos realizados pelo poder público também não devem ser utilizados com objetivo de promoção pessoal do agente ou político que, no momento da realização do ato, exerça função pública.

Neste sentido, dispõe o art. 37, § 1°, da CF:

> A publicidade dos atos, programas, obras, serviços e campanhas dos órgãos públicos deverá ter caráter educativo, informativo ou de orientação social, dela não podendo constar nomes, símbolos ou imagens que caracterizem promoção pessoal de autoridades ou servidores públicos.

Além disso, o serviço público também não deve ser utilizado para promoção de parentes ou pessoas próximas. Em razão disso, dispõe a Súmula Vinculante n° 13 acerca da vedação ao nepotismo, ainda que por concessões recíprocas, popularmente conhecido como "troca de favores". Ex.: um secretário nomeia para um cargo em direção a esposa do prefeito e, em troca, o prefeito nomeia o filho do secretário.

Leia!

SÚMULA VINCULANTE Nº13

A nomeação de cônjuge, companheiro ou parente em linha reta, colateral ou por afinidade, até o terceiro grau, inclusive, da autoridade nomeante ou de servidor da mesma pessoa jurídica investido em cargo de direção, chefia ou assessoramento, para o exercício de cargo em comissão ou de confiança ou, ainda, de função gratificada na administração pública direta e indireta em qualquer dos poderes da União, dos Estados, do Distrito Federal e dos Municípios, compreendido o ajuste mediante designações recíprocas, viola a Constituição Federal.

IMPORTANTE!!! A Jurisprudência entende ser inaplicável a vedação ao nepotismo contida na Súmula Vinculante n° 13 à nomeação de cargos políticos.

Exceção: O STF consagrou o princípio da INTRANSCENDÊNCIA, que veda a aplicação de sanções às entidades federativas, por ato de gestão política anterior.

1.5.3. Princípio da Moralidade

São as diretrizes que devem pautar as condutas dos agentes públicos para efetivar a boa-fé, honestidade e lealdade no serviço público.

Não se resume à moral social comum, pois esta é subjetiva de cada indivíduo e cultura, mas se traduz em qualidades que otimizam o serviço público, primando sempre pelo seu bom desenvolvimento em face da sociedade.

1.5.4. Princípio da Publicidade

O povo, destinatário do serviço público, deve ter conhecimento de todos os seus atos. Dessa forma é vedada a edição de atos secretos, sendo a transparência, através da publicação, aspecto essencial do ato administrativo.

É através da publicidade que é possível controlar os atos públicos, visto que sem a ciência dos mesmos, não é possível saber se estão sendo realizados em conformidade com a lei.

A doutrina aponta, ainda, a publicidade como condição de eficácia dos atos, uma vez que os efeitos só começam a surtir após a devida ciência pública.

Os atos oficiais deverão ser publicados nos jornais oficiais, sítios eletrônicos, bem como, nas repartições públicas.

A Lei de Acesso à Informação, de nº 12.527/2011, prevê exceções à publicidade e aos respectivos prazos de sigilo.

> Art. 23. São consideradas imprescindíveis à segurança da sociedade ou do Estado e, portanto, passíveis de classificação as informações cuja divulgação ou acesso irrestrito possam:
>
> I - pôr em risco a defesa e a soberania nacionais ou a integridade do território nacional;
>
> II - prejudicar ou pôr em risco a condução de negociações ou as relações internacionais do País, ou as que tenham sido fornecidas em caráter sigiloso por outros Estados e organismos internacionais;
>
> III - pôr em risco a vida, a segurança ou a saúde da população;
>
> IV - oferecer elevado risco à estabilidade financeira, econômica ou monetária do País;
>
> V - prejudicar ou causar risco a planos ou operações estratégicos das Forças Armadas;
>
> VI - prejudicar ou causar risco a projetos de pesquisa e desenvolvimento científico ou tecnológico, assim como a sistemas, bens, instalações ou áreas de interesse estratégico nacional;
>
> VII - pôr em risco a segurança de instituições ou de altas autoridades nacionais ou estrangeiras e seus familiares; ou
>
> VIII - comprometer atividades de inteligência, bem como de investigação ou fiscalização em andamento, relacionadas com a prevenção ou repressão de infrações.

Outra exceção à publicidade encontra-se no art. 5º, X, da CF:

> X - são invioláveis a intimidade, a vida privada, a honra e a imagem das pessoas, assegurado o direito a indenização pelo dano material ou moral decorrente de sua violação.

1.5.5. Princípio da Eficiência

Supõe a realização do serviço com qualidade, utilizando a menor quantidade de matéria, serviço e pessoas possível. Sem gastos excedentes.

Relaciona-se também com a celeridade dos processos administrativos, que não devem ficar sem andamento, atravancando a máquina pública.

1.6. Demais Princípios Administrativos

1.6.1. Do Contraditório e da Ampla Defesa – Art. 5º, LV, CF/1988

O **contraditório** relaciona-se à ciência que o servidor, particular ou administrado deve ter acerca do processo administrativo que tramite sobre sua pessoa. Podendo produzir provas, solicitar vistas ou cópias quando entender necessário, bem como dar andamento.

Tal quesito efetiva a igualdade na relação processual. Imprescindível para o justo julgamento do objeto da demanda.

A **ampla defesa** envolve o direito à defesa técnica, que no caso do processo administrativo é **FACULTATIVA**, por força da Súmula Vinculante nº 5: "A falta de defesa técnica por advogado no processo administrativo disciplinar não ofende a Constituição".

Inclui a defesa prévia, que é o direito de ser ouvido antes de ser julgado, defendendo-se das alegações constantes do processo.

E por fim, tem relação com o direito ao duplo grau de julgamento, que permite a avaliação através do reexame dos atos já julgados.

> **Súmula Vinculante nº 3**
> Nos processos perante o Tribunal de Contas da União asseguram-se o contraditório e a ampla defesa quando da decisão puder resultar anulação ou revogação de ato administrativo que beneficie o interessado, excetuada a apreciação da legalidade do ato de concessão inicial de aposentadoria, reforma e pensão.

1.6.2. Princípio da Continuidade

Pelo princípio da continuidade o serviço público não pode ser interrompido em razão de sua essencialidade. A atividade estatal deve ser contínua.

A Lei nº 8.987/1995, que regulamenta o serviço público, traz de forma explícita o referido princípio.

> **Art. 6º.** Toda concessão ou permissão pressupõe a prestação de serviço adequado ao pleno atendimento dos usuários, conforme estabelecido nesta lei, nas normas pertinentes e no respectivo contrato.
>
> **§ 1º** Serviço adequado é o que satisfaz as condições de regularidade, continuidade, eficiência, segurança, atualidade, generalidade, cortesia na sua prestação e modicidade das tarifas.

Visando a manutenção do serviço, inclusive, a Administração Pública pode ocupar provisoriamente bens para não interromper a atividade administrativa, conforme a Lei nº 8.666/1993:

> **Art. 58.** O regime jurídico dos contratos administrativos instituído por esta Lei confere à Administração, em relação a eles, a prerrogativa de:
>
> [...]

V - nos casos de serviços essenciais, ocupar provisoriamente bens móveis, imóveis, pessoal e serviços vinculados ao objeto do contrato, na hipótese da necessidade de acautelar apuração administrativa de faltas contratuais pelo contratado, bem como na hipótese de rescisão do contrato administrativo.

Exceções:

- Direito de greve aos servidores públicos **CIVIS** – art. 37, VII, da CF/1988;
- Interrupção em situação de emergência após aviso-prévio – art. 6º, § 3º, da Lei nº 8.987/1995;
- Exceção do contrato não cumprido **DIFERIDO** – art. 78, XV, da Lei nº 8.666/1993.

Obs.: O particular apenas pode interromper o serviço após 90 dias de inadimplência por parte da administração, diferentemente de quando o contrato é na esfera do direito civil. Por essa razão se chama DIFERIDO.

1.6.3. Princípio da Autotutela

A autotutela é o poder da Administração Pública de controlar seus próprios atos de ofício **SEM AFASTAR A POSSIBILIDADE DE TUTELA JURISDICIONAL E CONTROLE EXTERNO**.

> **Súmula nº 346 (STF)**
> A Administração Pública pode declarar a nulidade dos seus próprios atos.
>
> **Súmula nº 473 (STF)**
> A administração pode anular seus próprios atos, quando eivados de vícios que os tornam ilegais, porque deles não se originam direitos; ou revogá-los, por motivo de conveniência ou oportunidade, respeitados os direitos adquiridos, e ressalvada, em todos os casos, a apreciação judicial.

```
A AUTOTUTELA É UM PODER-DEVER.
```

A Lei nº 9.784/1999 traz o prazo decadencial da administração pública, vejamos.

> **Art. 54.** O direito da Administração de anular os atos administrativos de que decorram efeitos favoráveis para os destinatários **decai em cinco anos**, contados da data em que foram praticados, salvo comprovada má-fé. (g.n.)

1.6.4. Princípio da Razoabilidade e da Proporcionalidade

A razoabilidade, segundo a Profa. Maria Sylvia Zanella di Pietro (2018, p. 106), pode ser compreendida como o princípio aplicado ao Direito Administrativo como mais uma das tentativas de impor-se limitações à discricionariedade administrativa, ampliando-se o âmbito de apreciação do ato administrativo pelo Poder Judiciário.

A proporcionalidade, por sua vez, relaciona-se com os meios utilizados para os fins que busca alcançar. Nesse caso, a utilização de medidas que extrapolam aquilo que seja proporcional à finalidade do ato será passível de anulação do mesmo.

Os princípios da razoabilidade e da proporcionalidade estão previstos na Lei n° 9.784/1999, que regulamenta o processo administrativo no âmbito federal.

> **Art. 2°.** A Administração Pública obedecerá, dentre outros, aos princípios da legalidade, finalidade, motivação, **razoabilidade**, **proporcionalidade**, moralidade, ampla defesa, contraditório, segurança jurídica, interesse público e eficiência. (g.n.)

1.6.5. Princípio da Motivação

É o dever da Administração Pública justificar as razões que embasaram a realização do ato administrativo.

Para a autora Maria Sylvia Zanella di Pietro (Ibid., 2018, p. 107), *"O princípio da motivação exige que a Administração Pública indique os fundamentos de fato e de direito de suas decisões"*.

A Constituição Federal prevê ainda o dever de motivação no art. 93, X: "as decisões administrativas dos tribunais serão motivadas e em sessão pública, sendo as disciplinares tomadas pelo voto da maioria absoluta de seus membros;".

Esse dispositivo constitucional é diretriz das decisões no âmbito dos tribunais visando, principalmente, coibir eventuais abusos de autoridade. É importante, no entanto, ponderar que a motivação não se restringe somente à análise do objetivo e finalidade do ato administrativo.

Após a edição do Decreto-Lei n° 4.657/1942 – Lei de Introdução às Normas do Direito Brasileiro, pela Lei n° 13.655, de 2018, devem-se considerar as consequências do ato administrativo:

> **Art. 20.** Nas esferas administrativa, controladora e judicial, não se decidirá com base em valores jurídicos abstratos sem que sejam consideradas as consequências práticas da decisão.
>
> **Parágrafo único.** A motivação demonstrará a necessidade e a adequação da medida imposta ou da invalidação de ato, contrato, ajuste, processo ou norma administrativa, inclusive em face das possíveis alternativas.

> **IMPORTANTE!**
>
> Chama-se de **MOTIVAÇÃO ALIUNDE** aquela que a autoridade administrativa justifica através de pareceres e decisões de outros órgãos ou autoridades já exarados no processo administrativo em que deva proferir seu julgamento.
>
> Lei nº 9.784/1999, Art. 50, § 1º: "A motivação deve ser explícita, clara e congruente, podendo consistir em declaração de concordância com fundamentos de anteriores pareceres, informações, decisões ou propostas, que, neste caso, serão parte integrante do ato".

1.6.6. Princípio da Finalidade

Sempre será o interesse público e o bem comum. A finalidade ou interesse primário é o bem comum/público. Já o secundário é o interesse direto da Administração Pública.

Cabe responsabilização caso o agente público vise finalidade diversa ou interesse pessoal:

> **Lei nº 4.717/1965, art. 2º, par. único:** "o desvio de finalidade se verifica quando o agente pratica o ato visando a fim diverso daquele previsto, explícita ou implicitamente, na regra de competência".

Capítulo 2

2. PODERES ADMINISTRATIVOS

2.1. Conceito

Os poderes administrativos fazem parte da **prerrogativa** da Administração Pública quanto à sua atuação em prol do **interesse público**. Dessa forma, equivalem a **instrumentos** que permitem a atuação administrativa. São verdadeiros instrumentos utilizados para assegurar o interesse coletivo.

Para a autora Fernanda Marinela (2018, p. 289), o conceito de **Poder** é definido como *"um conjunto de prerrogativas ou de competências de direito público, conferidas à Administração, com o objetivo de permitir a aplicação da supremacia do interesse público e a realização do bem comum"*.

Em que pesem defesas em sentido contrário (Id., p. 290), aos administradores públicos cabe realizar um **dever-poder** das prerrogativas conferidas pela legislação, pois, não existe uma faculdade àqueles "escravos da lei". Sobre o assunto, importante destacar a lição do Professor Celso Antônio Bandeira de Mello (2016, p. 72), que traz a real necessidade do **"dever"**, sempre que o agente público estiver investido da função de satisfazer o interesse alheio. Tal assertiva nos parece mais correta, tendo em vista que ao administrador não cabe qualquer opção que não seja uma imposição da lei.

Diante das suas características, podemos mencionar que os Poderes da Administração Pública são irrenunciáveis, corroborado pelo disposto no art. 2º, II, da Lei nº 9.784/1999.

> Art. 2º. [...]
>
> ....
>
> II – atendimento a fins de interesse geral, vedada a renúncia total ou parcial de poderes ou competências, salvo autorização em lei.

Os poderes administrativos não têm relação com os Poderes do Estado **que são o Legislativo, Executivo e Judiciário. Os primeiros são instrumentais, enquanto os segundos são estruturais,** ou seja, compõem a estrutura do Estado e a forma de gestão do País.

2.2. Abuso de poder

O abuso de poder é observado sempre que o agente público, atuando na função administrativa, **ultrapassar os limites da lei,** através de um ato comissivo ou até mesmo omissivo. Pode ser praticado de duas formas: Por excesso de poder ou por desvio de finalidade.

São atos suscetíveis de excesso de poder ou desvio de finalidade os atos administrativos, legislativos e judiciais.

O **Excesso de Poder** se verifica quando o ato praticado vai além da **competência** do agente. O agente público, investido da função, excede o limite concedido para sua atuação, como por exemplo, o agente, superior hierárquico imediato, tem competência para aplicar suspensão de até 30 dias, no máximo, mas aplica suspensão de 60 dias, cuja competência seria do superior mediato.

O **Desvio de Poder** ou **Desvio de Finalidade** se verifica quando a finalidade do agente público é divergente daquela prevista em lei. O agente público deixa de atender o interesse coletivo para atender interesse diverso, como por exemplo, a lei prevê o instituto da remoção do servidor público quando for imperioso à necessidade do serviço. Porém, a autoridade pública remove o servidor para puni-lo por ato que ele cometeu.

Em ambos os casos, excesso de poder ou desvio de finalidade, os atos praticados com abuso de poder podem ser anulados e revistos pelo Poder Judiciário e pela Administração Pública, insculpida no Princípio da Autotutela.

2.2.1. Poder regulamentar ou normativo

É aquele que permite à Administração Pública expedir normas gerais e abstratas, com efeito erga omnes com função de **complementar** as leis vigentes, para auxiliar na aplicação da norma existente.

Para José dos Santos Carvalho Filho (2017, p. 59), *"Poder regulamentar, portanto, é a prerrogativa conferida à Administração Pública de editar atos gerais para complementar as leis e permitir a sua efetiva aplicação".*

No direito pátrio admitem-se dois tipos de regulamentos: regulamentos executivos e regulamentos autônomos.

O regulamento executivo tem previsão no art. 84, IV, da CF:

> **Art. 84.** Compete privativamente ao **Presidente da República**:
>
> ....
>
> **IV** - sancionar, promulgar e fazer publicar as leis, bem como expedir decretos e regulamentos para sua fiel execução; (g.n.)

Compete, portanto, ao Chefe do Executivo a expedição de decreto para o cumprimento da norma constitucional. E mais, tem sua limitação apenas para **complementar a lei**, não sendo possível extrapolar o campo de atuação, sob pena de interferir na competência típica do Poder Legislativo, bem como, o Congresso Nacional poderá **sustar o ato normativo** excedente, por força do art. 49, V, da CF.

> **Art. 49.** É da competência exclusiva do Congresso Nacional:
>
> ....
>
> **V** - sustar os atos normativos do Poder Executivo que exorbitem do poder regulamentar ou dos limites de delegação legislativa;

Já o **regulamento autônomo**, também conhecido como **decreto autônomo**, nasceu na Constituição Federal de 1967, e ainda, com a Emenda Constitucional nº 1/1969, que trazia em seu bojo diversos mecanismos de ordem autoritária, em decorrência do período obsoleto democrático vivenciado, com a concentração exacerbada de poderes que foi conferida ao Chefe do Executivo, senão vejamos.

Entre eles, podemos citar o art. 81, V:

> **Art. 81.** Compete privativamente ao Presidente da República:
>
> ....
>
> **V -** dispor sobre a estruturação, atribuições e funcionamento dos órgãos da administração federal;

Com a redemocratização do país, e posteriormente com a promulgação da Constituição Federal de 1988, a figura do decreto autônomo tinha sido extinta do novo texto.

Somente com a Emenda Constitucional nº 32, de 11/09/2001, que alterou o dispositivo do art. 84, IV, da CF/1988, voltou-se ao debate sobre a possibilidade ou não do decreto autônomo no direito brasileiro.

> **Art. 84.** Compete privativamente ao Presidente da República:
>
> ....
>
> **IV** - sancionar, promulgar e fazer publicar as leis, bem como expedir decretos e regulamentos para sua fiel execução;

Para a grande maioria da doutrina[1], não tem cabimento a figura do decreto autônomo, mesmo com o exposto no art. 84, IV, da CF.

Na visão do Professor José dos Santos Carvalho Filho (2017, p. 67), a ideia de decreto autônomo,

> para que sejam caracterizados como tais, é necessário que os atos possam criar e extinguir primariamente direitos e obrigações, vale dizer, sem prévia lei disciplinadora da matéria ou, se se preferir, colmatando lacunas legislativas.

---

1   José dos Santos Carvalho Filho e Celso Antônio Bandeira de Mello.

Atos dessa natureza não podem existir em nosso ordenamento porque tanto se opõe o art. 5°, II da CF, que fixa o postulado de reserva legal para a exigibilidade de obrigações.

Já para Celso Antônio Bandeira de Mello (2009, p. 339) o regulamento

> é ato inferior, subordinado e depende da lei, não podendo criar direitos ou restrições à liberdade, propriedade e atividade dos indivíduos que já não estejam estabelecidos e restringidos na lei, não se admitindo, portanto, regulamento autônomo.

Em sentido oposto, pelo cabimento do decreto autônomo, Hely Lopes Meirelles (2003, p. 75) assevera que *"trata-se de uma faculdade implícita no poder de chefia da Administração, para suprir as omissões do legislador, sendo, portanto, possível a sua edição"*.

Consoante o entendimento do STJ (REsp 584.798-PE), atualmente os regulamentos autônomos são vedados no ordenamento jurídico brasileiro, exceto a previsão do art. 84, VI, da CF:

> Art. 84. Compete privativamente ao Presidente da República:
>
> ....
>
> VI - dispor, mediante decreto, sobre:
>
> a) organização e funcionamento da administração federal, quando não implicar aumento de despesa nem criação ou extinção de órgãos públicos;
>
> b) extinção de funções ou cargos públicos, quando vagos;

2.2.2. Poder Hierárquico

É o que dispõe a Administração Pública de estruturar e organizar, internamente, as funções de seus órgãos, escalonando e distribuindo atribuições.

O Poder Hierárquico manifesta-se apenas no âmbito de uma mesma pessoa jurídica, através da chamada desconcentração, não havendo "hierarquia externa", ou seja, entre pessoas jurídicas diferentes, as quais são criadas por descentralização.

As pessoas jurídicas da Administração Indireta, criadas por descentralização, não se subordinam à Administração Direta por hierarquia, mas se vinculam através da chamada tutela administrativa, que permite o controle de seus atos.

2.2.2.1. Avocação x Delegação

Dentro da hierarquia administrativa existem os institutos da avocação e delegação, que, conforme o conceito legal da Lei n° 9.784/1999:

> Art. 11. A competência é irrenunciável e se exerce pelos órgãos administrativos a que foi atribuída como própria, salvo os casos de **delegação e avocação** legalmente admitidos. (g.n.)

A **avocação** pressupõe a retomada do serviço ou a realização do ato de uma autoridade hierarquicamente inferior pela autoridade superior. É temporária e apenas ocorre se a competência avocada não for exclusiva.

> Art. 15. Será permitida, em caráter excepcional e por motivos relevantes devidamente justificados, a **avocação temporária** de competência atribuída a órgão hierarquicamente inferior." (g.n.)

Por sua vez, a **delegação** é a extensão de uma atribuição de autoridade hierarquicamente superior para a inferior. Dessa forma, as duas autoridades (delegante e delegatária) são competentes para exercer o ato administrativo.

A preservação da autoridade delegante como competente para o ato delegado é chamada de cláusula de reserva.

> **IMPORTANTE!**
> Súmula nº 510 (STF)
> Praticado o ato por autoridade, no exercício de competência delegada, contra ela cabe o mandado de segurança ou a medida judicial.

O STF entende que quando há uma competência delegada, em caso de mandado de segurança impetrado contra este ato objeto de delegação, a autoridade coatora é a delegatária, em razão de ter sido esta a ter praticado o ato e não a autoridade delegante.

> **ATENÇÃO!**
> **TEORIA DA ENCAMPAÇÃO EM MANDADO DE SEGURANÇA**
> Ocorre quando o peticionário ingressa com o Mandado de Segurança em face da autoridade errada, não considerada como coatora do ato. Todavia, caso esta autoridade impetrada preste as devidas informações, sem alegar sua ilegitimidade, e dá continuidade à demanda, contra ela prossegue-se o rito do MS como se autoridade coatora fosse.
> Requisitos:
> - Vínculo hierárquico do encampante e encampado;
> - Não modificação da competência do Juízo com o ingresso do encampante;
> - Utilidade e esclarecimento das informações prestadas.

2.2.3. Poder disciplinar

É o poder de **aplicar sanções e penalidades** a todos os que se vinculam à Administração pública por hierarquia ou contrato. Não se fala aqui em aplicação de sanções a particulares, neste caso, estar-se-ia falando do Poder de Polícia.

A maioria da doutrina entende que o poder disciplinar é discricionário, pois cabe ao agente público valorar a intensidade da sanção de acordo com os limites definidos em lei.

De outro lado, na ocorrência do administrador público tomar conhecimento do ato passível de punição, será **obrigado** a abrir processo administrativo, que assegure a ampla defesa e o contraditório, para apuração de responsabilidade.

A discricionariedade, *in casu*, deve ser apenas para a aplicação da penalidade, não sendo possível na hipótese da abertura ou não do processo administrativo para apuração de responsabilidade.

NÃO ESQUECER: A responsabilidade administrativa do agente público ou pessoa contratada não o exime da responsabilização penal e civil pelo mesmo fato!

Na aplicação de sanções, a autoridade pública deve se ater aos **princípios da proporcionalidade** e também **da razoabilidade**, considerando a gravidade do ato e a efetiva punição do agente. O controle desta ponderação pode ser feito tanto pela própria Administração Pública de Ofício, conforme a Súmula nº 473 do STF, como também pelo Poder Judiciário.

> **Súmula nº 473 (STF)**
> A administração pode anular seus próprios atos, quando eivados de vícios que os tornam ilegais, porque deles não se originam direitos; ou revogá-los, por motivo de conveniência ou oportunidade, respeitados os direitos adquiridos, e ressalvada, em todos os casos, a apreciação judicial.

2.2.3.1. Controle pelo Poder Judiciário

É importante, no entanto, diferenciar o controle de legalidade do controle de mérito. O STF entende que o Poder Judiciário não pode controlar o mérito da decisão administrativa, substituindo a avaliação discricionária do gestor. Por exemplo, não pode o Juiz anular a decisão de punir um agente público, se o gestor ou autoridade administrativa o puniu conforme os critérios descritos na lei, por entender que seu ato foi lesivo.

Porém, pode o Juiz analisar se os critérios utilizados na aplicação da sanção estão em conformidade com a lei ou se extrapolaram seu limite.

2.2.4. Poder de polícia

É o Poder de a Administração Pública **restringir as liberdades individuais e o uso da propriedade privada em razão do interesse público**. Nesse caso, o Poder Público pode aplicá-lo tanto a particulares, quanto aos servidores públicos.

2.2.4.1. Polícia judiciária x Polícia administrativa

A polícia judiciária coíbe atos ilícitos criminais. Enquanto a polícia administrativa condiciona seus atos ao interesse público.

O conceito do Poder de Polícia e a descrição da Polícia Administrativa encontram-se no art. 78 do CTN:

Art. 78. Considera-se poder de polícia atividade da administração pública que, limitando ou disciplinando direito, interesse ou liberdade, regula a prática de ato ou abstenção de fato, em razão de interesse público concernente à segurança, à higiene, à ordem, aos costumes, à disciplina da produção e do mercado, ao exercício de atividades econômicas dependentes de concessão ou autorização do Poder Público, à tranquilidade pública ou ao respeito à propriedade e aos direitos individuais ou coletivos.

2.2.4.2. Natureza dos atos derivados do Poder de Polícia

Quando os atos dispõem sobre **obrigações de não fazer ou tolerar**, como por exemplo, não exercer atividade comercial em razão da validade dos produtos, são considerados de natureza negativa.

Por outro lado, quando manifestam **obrigações de fazer**, como por exemplo, exibir documentação, são considerados de natureza positiva.

2.2.4.3. Delegação dos atos de polícia

É proibida a delegação dos atos jurídicos de polícia que decorrem do poder de império do Estado, porém, admite-se a delegação de atos materiais de execução. Ex.: Aplicação de multas de trânsito por infração das leis. Os atos de fiscalização, instalação de equipamentos (radares, placas de velocidade) podem ser delegados. A aplicação da multa e análise do ato infracional é indelegável.

> Direito Administrativo. Recurso Extraordinário. Poder de Polícia. Imposição de multa de trânsito. Guarda Municipal. Constitucionalidade.
>
> 1. Poder de Polícia não se confunde com segurança pública. O exercício do primeiro não é prerrogativa exclusiva das entidades policiais, a quem a Constituição outorgou, com exclusividade, no art. 144, apenas as funções de promoção da segurança pública.
>
> 2. A fiscalização do trânsito, com aplicação das sanções administrativas legalmente previstas, embora possa se dar ostensivamente, constitui mero exercício de poder de polícia, não havendo, portanto, óbice ao seu exercício por entidades não policiais.
>
> 3. O Código de Trânsito Brasileiro, observando os parâmetros constitucionais, estabeleceu a competência comum dos entes da federação para o exercício da fiscalização de trânsito.
>
> 4. Dentro de sua esfera de atuação, delimitada pelo CTB, os Municípios podem determinar que o poder de polícia que lhe compete seja exercido pela guarda municipal.
>
> 5. O art. 144, § 8º, da CF não impede que a guarda municipal exerça funções adicionais à de proteção dos bens, serviços e instalações do Município. Até mesmo instituições policiais podem cumular funções típicas de segurança pública com exercício de poder de polícia. Entendimento que não foi alterado pelo advento da EC nº 82/2014.

6. Desprovimento do recurso extraordinário e fixação, em repercussão geral, da seguinte tese: é constitucional a atribuição às guardas municipais do exercício de poder de polícia de trânsito, inclusive para imposição de sanções administrativas legalmente previstas." (RE 658570, Relator(a): Min. Marco Aurélio, Relator(a) p/ Acórdão: Min. Roberto Barroso, Tribunal Pleno, j. em 06/08/2015, Acórdão Eletrônico Repercussão Geral – Mérito DJe-195 Divulg 29/09/2015 Public 30/09/2015)

Administrativo. Poder de Polícia. Trânsito. Sanção pecuniária aplicada por sociedade de economia mista. Impossibilidade.

1. Antes de adentrar o mérito da controvérsia, convém afastar a preliminar de conhecimento levantada pela parte recorrida. Embora o fundamento da origem tenha sido a lei local, não há dúvidas que a tese sustentada pelo recorrente em sede de especial (delegação de poder de polícia) é retirada, quando o assunto é trânsito, dos dispositivos do Código de Trânsito Brasileiro arrolados pelo recorrente (arts. 21 e 24), na medida em que estes artigos tratam da competência dos órgãos de trânsito. O enfrentamento da tese pela instância ordinária também tem por consequência o cumprimento do requisito do prequestionamento.
2. No que tange ao mérito, convém assinalar que, em sentido amplo, poder de polícia pode ser conceituado como o dever estatal de limitar-se o exercício da propriedade e da liberdade em favor do interesse público. A controvérsia em debate é a possibilidade de exercício do poder de polícia por particulares (no caso, aplicação de multas de trânsito por sociedade de economia mista).
3. As atividades que envolvem a consecução do poder de polícia podem ser sumariamente divididas em quatro grupos, a saber: (i) legislação, (ii) consentimento, (iii) fiscalização e (iv) sanção.
4. No âmbito da limitação do exercício da propriedade e da liberdade no trânsito, esses grupos ficam bem definidos: o CTB estabelece normas genéricas e abstratas para a obtenção da Carteira Nacional de Habilitação (legislação); a emissão da carteira corporifica a vontade o Poder Público (consentimento); a Administração instala equipamentos eletrônicos para verificar se há respeito à velocidade estabelecida em lei (fiscalização); e também a Administração sanciona aquele que não guarda observância ao CTB (sanção).
5. Somente os atos relativos ao consentimento e à fiscalização são delegáveis, pois aqueles referentes à legislação e à sanção derivam do poder de coerção do Poder Público.
6. No que tange aos atos de sanção, o bom desenvolvimento por particulares estaria, inclusive, comprometido pela busca do lucro - aplicação de multas para aumentar a arrecadação.
7. Recurso especial provido. (REsp 817.534/MG, Rel. Ministro Mauro Campbell Marques, Segunda Turma, j. 10/11/2009, DJe 10/12/2009)

2.2.4.4. Prescrição das punições derivadas do Poder de Polícia

A prescrição dos atos de polícia é **QUINQUENAL**, ou seja, ocorre em 5 anos, em função do princípio da segurança jurídica, a contar da realização do ato lesivo ou do dia em que cessar o ato de infração continuada ou permanente.

A Lei nº 9.873/1999 estabelece prazo de prescrição para o exercício de ação punitiva pela Administração Pública Federal, direta e indireta, e dá outras providências.

> **Art. 1º.** Prescreve em **cinco anos** a ação punitiva da Administração Pública Federal, direta e indireta, no exercício do poder de polícia, objetivando apurar infração à legislação em vigor, contados da data da prática do ato ou, no caso de infração permanente ou continuada, do dia em que tiver cessado.

- Se a infração constituir **CRIME, o prazo prescricional** rege-se pela **LEI PENAL**.

Prescrição INTERCORRENTE: Caso a Administração Pública inicie o procedimento punitivo mas, durante seu trâmite, deixe de promover o devido andamento por **3 anos**, a pretensão punitiva prescreve.

> **Lei nº 9.873/1999**
> **Art. 1º.** [...]
> **§ 1º** Incide a prescrição no procedimento administrativo paralisado por mais de **três anos**, pendente de julgamento ou despacho, cujos autos serão arquivados de ofício ou mediante requerimento da parte interessada, sem prejuízo da apuração da responsabilidade funcional decorrente da paralisação, se for o caso. (g.n.)

Suspensão da prescrição da ação **PUNITIVA** – Hipóteses:
- Notificação do indiciado
- Ato inequívoco de apuração do fato
- Decisão condenatória recorrível
- Tentativa de conciliação

Interrupção da prescrição da ação **EXECUTÓRIA** – Hipóteses:
- Despacho do Juiz para citação na execução fiscal
- Protesto judicial
- Qualquer ato que constitua em mora o devedor
- Ato inequívoco de reconhecimento do débito pelo devedor
- Tentativa de conciliação

Capítulo 3

3. ADMINISTRAÇÃO PÚBLICA

3.1. Administração Direta

3.1.1. Conceituação

O Decreto-Lei nº 200/1967, recepcionado como lei ordinária, dispõe sobre a organização da Administração Pública Federal e é de leitura obrigatória para entender suas divisões e diretrizes.

A Administração Direta, também chamada de Administração Centralizada, é composta por diversos órgãos com competências a atribuições determinadas, os quais são responsáveis por executar a atividade estatal e os serviços públicos em nome da pessoa (ente federativo) que integram, em qualquer âmbito (Federal, Estadual, Municipal).

O serviço público é prestado diretamente pelo ente competente para executá-lo, através de seus próprios órgãos ou agentes públicos.

Os Entes da Administração Direta são:
- **UNIÃO**
- **ESTADOS/DF**
- **MUNICÍPIOS**

Possuem capacidade **administrativa**, **política** e **legislativa**.

Têm personalidade jurídica de **DIREITO PÚBLICO**, com todas as prerrogativas e limites e imunidades inerentes.

O Ente da Administração Direta é chamado de **CENTRALIZADO** quando concentra todas as atividades em sua estrutura e as exerce de forma direta, sem delegá-las a outras pessoas jurídicas.

Quando o Ente Federativo concentra suas atribuições e competências sem reparti-las em órgãos diferentes, tem-se a Administração **CONCENTRADA**, visto que é o mesmo setor que diretamente executa todos os serviços públicos e a função administrativa, dentro da estrutura organizacional.

Caso a Administração Pública constitua **ÓRGÃOS** internos à sua estrutura para repartir a execução do serviço, tal como divisão por tipo, tema ou complexidade, tem-se a Administração **DESCONCENTRADA**.

Nesse caso, estar-se-á diante da figura da chamada **DESCONCENTRAÇÃO**, uma vez que é a Administração direta executando seus serviços por subdivisões escalonadas em órgãos dentro de uma única estrutura.

O instituto de desconcentração decorre de **hierarquia funcional** e por isso se dá somente **dentro da mesma estrutura administrativa**. Ex.: Ente federativo Município, que atua através da Prefeitura, a qual divide-se em Secretaria, Departamentos e Seções temáticas.

Conceitua a Lei nº 9.784/1999:

> Art. 1º, § 2º [...]
> I – órgão – a unidade de atuação integrante da estrutura da Administração direta e da estrutura da Administração indireta;

Além disso, os órgãos devem ser **criados e extintos por lei**, não se admitindo outra forma normativa para tanto.

Em razão dos órgãos públicos serem uma parte do Ente Federativo (Pessoa Jurídica), estes não possuem personalidade jurídica, embora tenham CNPJ vinculado ao da Pessoa Jurídica que integram.

IMPORTANTE: Por não possuírem personalidade jurídica, os órgãos públicos não têm capacidade de estar em juízo, visto que não respondem de forma autônoma, mas através da pessoa jurídica que integram (União, Estado/DF ou Município), com exceção dos órgãos **INDEPENDENTES E AUTÔNOMOS** (MP, Defensoria Pública, Câmara Municipal).

> **Súmula nº 525 (STJ)**
> A Câmara de Vereadores não possui personalidade jurídica, apenas personalidade judiciária, somente podendo demandar em juízo para defender os seus direitos institucionais.

Neste sentido, segue trecho de Jurisprudência:

> Agravo Regimental no Recurso Especial. Tribunais de Justiça. Personalidade judiciária. Possibilidade de estarem em juízo somente para a defesa das prerrogativas institucionais, concernentes à sua organização ou ao seu funcionamento. Precedentes. Tese de violação do art. 21, caput, do CPC. Matéria não debatida na instância de origem. Impossibilidade de se analisar o tema pela estreita via do recurso especial.
>
> 1. Este Superior Tribunal de Justiça firmou compreensão segundo a qual os Tribunais Federais, Estaduais ou de Contas, por integrarem a Administração

Pública Direta e por não possuírem personalidade jurídica, mas, apenas, judiciária, somente poderão estar em Juízo, excepcionalmente, para a defesa das prerrogativas institucionais, concernentes à sua organização e ao seu funcionamento, circunstâncias que, ressalte-se, não se verificam nos vertentes autos, na medida em que a controvérsia em debate diz respeito com valores relativos ao pagamento dos servidores de Tribunal de Justiça. ([...] AgRg no REsp 700136/AP. Agravo Regimental no Recurso Especial. 2004/0155898-9. 24/08/2010.)

3.1.2. Teoria do Órgão

Conforme dito, os órgãos não possuem personalidade jurídica e os serviços de sua competência são realizados por intermédio das pessoas físicas, agentes públicos.

Em razão disso, a **Teoria da Imputação** prevê que os agentes públicos possam agir em nome do Estado, do Ente Federativo que integram, não na qualidade de representantes, mas como se o Estado fossem.

Dessa forma, o ato praticado deverá ser imputado ao Estado e não ao agente público. Ponto importante para a capacidade de ser parte nas ações de indenização por responsabilidade do Estado. Embora o agente público atue de modo que venha a lesar alguém, a respectiva ação reparatória movida pelo particular deve ser feita em face da pessoa jurídica do Estado. Cabendo a este, posteriormente, eventual ação regressiva contra o agente público.

Esse foi o posicionamento consolidado pelo STF, em sede de Repercussão Geral – tema 940 (RE 1027633), no qual, por unanimidade dos votos, entendeu-se que a legitimidade para responsabilidade civil deverá ser primeiramente do Estado, e, somente em um segundo momento, do agente público em ação de regresso.

Portanto, a atuação da pessoa física na qualidade de agente público é inteiramente imputada à pessoa jurídica do Ente Federativo.

3.1.3. Classificação dos órgãos

a) **Quanto à hierarquia**
   1. **Independentes**: Nível mais alto de Poder do órgão. Não se subordinam a nenhum outro. Ex.: Presidência da República.
   2. **Autônomos**: Subordinados aos órgãos independentes e seus agentes. Possuem autonomia financeira e administrativa e atribuições de planejamento e coordenação. Ex.: Ministérios.
   3. **Superiores**: Poder de direção e controle sobre assuntos determinados e específicos da sua competência. Sem autonomia ou independência. Subordinados aos órgãos autônomos. Ex.: Secretarias, Procuradorias, Delegacias.
   4. **Subalternos**: Órgãos de mera execução. Ex.: Seção de pessoal, Setor de RH, zeladoria.

b) **Quanto ao número funcional**
   1. **Singular**: Com um único titular com atribuição de manifestar a vontade pública. Ex.: Presidência da República.

2. **Colegiado:** Mais de um agente público, todos responsáveis por manifestar a vontade de representados ou membros. Ex.: Assembleia Legislativa.

c) **Quanto à estrutura**

1. **Simples/Unitários:** Possuem apenas uma unidade competente para a execução das atividades. Sem outros órgãos que compõem sua estrutura organizacional. Ex.: Presidência da República.

2. **Compostos:** Possuem ligação com outros órgãos com vínculo à mesma estrutura organizacional, com divisão de atividades. Ex.: Congresso Nacional (Senado Federal e Câmara dos Deputados).

d) **Quanto às funções**

1. **Ativos:** Atuação direta na execução da função administrativa (prestação de serviços públicos, execução de obras, poder de polícia). Ex.: PRF.

2. **Consultivos:** Responsáveis pela emissão de pareceres jurídicos, suporte e auxílio técnico. Ex.: MP.

3. **De controle:** Responsáveis por controlar as atividades dos demais órgãos, poderá ser interno ou externo. Ex.: Tribunal de Contas.

3.2. Administração Indireta

Surge a partir do momento em que a Administração Direta necessita **delegar** a execução de seus serviços para outras pessoas jurídicas, descentralizando os serviços até então centralizados em uma única estrutura administrativa.

A **DESCENTRALIZAÇÃO**, portanto, é a transferência dos serviços públicos para outras pessoas, delegando atribuições que antes eram apenas do Ente Federativo.

Pode ser de dois tipos:

Descentralização política, quando a pessoa jurídica descentralizada possui autonomia legislativa oriunda diretamente da Constituição Federal. Ex.: Descentralização do Estado nos Entes Federativos.

Descentralização administrativa, criação por lei específica de Entidades com personalidade jurídica e autoadministração (art. 37, XIX, CF).

ATENÇÃO! A Administração Indireta **não é hierarquicamente subordinada** à Administração Direta, todavia, esta faz a chamada **SUPERVISÃO MINISTERIAL** daquela. Ou seja, **fiscaliza** o cumprimento dos objetivos da finalidade pública e a atuação das entidades indiretas.

> **Decreto-Lei nº 200/1967**
>
> **Art. 19:** Todo e qualquer órgão da Administração Federal, direta ou indireta, está sujeito à supervisão do Ministro de Estado competente, excetuados unicamente os órgãos mencionados no art. 32, que estão submetidos à supervisão direta do Presidente da República.

Esta questão é relevante para a denominação dos recursos interpostos perante a Administração Pública, os quais devem ser avaliados por uma autoridade superior. No caso da Administração Direta, o recurso hierárquico será avaliado pela própria entidade a que pertence o órgão. Já nas situações que envolvam a administração indireta, o recurso hierárquico destinado à autoridade do ente que o criou será denominado de recurso hierárquico impróprio.

Outro ponto importante é o fato de que a Administração Indireta é também chamada de descentralizada e caso concentre, criando órgãos dentro da própria estrutura da entidade, toda a execução do serviço delegado, configura a chamada **descentralização concentrada**.

Ponto importante que merece destaque, na administração indireta, no tocante à exigência de concurso público para a admissão de pessoal, tema consolidado pelo Tribunal de Contas da União.

> **Súmula nº 231 (TCU)**
> A exigência de concurso público para admissão de pessoal se estende a toda a Administração Indireta, nela compreendidas as *Autarquias*, as Fundações instituídas e mantidas pelo Poder Público, as Sociedades de Economia Mista, as Empresas Públicas e, ainda, as demais entidades controladas direta ou indiretamente pela União, mesmo que visem a objetivos estritamente econômicos, em regime de competitividade com a iniciativa privada.

3.2.1. Autarquia

a) Conceito

Autarquia pode ser definida como *"pessoas jurídicas de direito público que desenvolvem atividades administrativas típicas de Estado e gozam de liberdades administrativas nos limites da lei que as criou"* (Marinela, ibid., p. 160).

Entre outras características podemos mencionar que possuem autonomias: administrativa, financeira e legislativa.

b) Previsão legal

A autarquia tem previsão na Constituição Federal, em seu art. 37, XIX:

> **Art. 37.** A administração pública direta e indireta de qualquer dos Poderes da União, dos Estados, do Distrito Federal e dos Municípios obedecerá aos princípios de legalidade, impessoalidade, moralidade, publicidade e eficiência e, também, ao seguinte: *(Redação dada pela Emenda Constitucional nº 19, de 1998)*
>
> ....
>
> **XIX** – somente por lei específica poderá ser criada autarquia e autorizada a instituição de empresa pública, de sociedade de economia mista e de fundação, cabendo à lei complementar, neste último caso, definir as áreas de sua atuação; *(Redação dada pela Emenda Constitucional nº 19, de 1998)*

No mesmo sentido, o Decreto-Lei nº 200/1967, que prevê:

Art. 5º. [...]

I – Autarquia – o serviço autônomo, criado por lei, com personalidade jurídica, patrimônio e receita próprios, para executar atividades típicas da Administração Pública, que requeiram, para seu melhor funcionamento, gestão administrativa e financeira descentralizada. (g.n.)

c) Criação e extinção

A criação da Autarquia somente poderá ser mediante lei. Não se permite a criação por outra espécie normativa por expressa previsão constitucional.

d) Finalidade

A Autarquia tem como finalidade exercer atividade típica de Estado.

e) Fiscalização

A fiscalização será exercida pelo Tribunal de Contas do respectivo órgão.

f) Licitação

Estão obrigadas a realizar procedimento licitatório para aquisição de produtos ou serviços.

g) Servidores Públicos

Serão considerados servidores públicos os agentes que, após provimento de **cargo público** criado por lei, para preenchimento por meio de concurso público de provas, ou, de provas e títulos, sob um sistema estatutário (art. 37, II, da CF).

Ficam submetidos a teto remuneratório, previsto no art. 37, XI, da CF, proibição de cumulação de cargos públicos, entre outros institutos oriundos do direito público.

h) Duplo grau de jurisdição

Súmula nº 620 (STF)

A sentença proferida contra Autarquias não está sujeita a reexame necessário, salvo quando sucumbente em execução de dívida ativa".

3.2.1.1. Autarquias em regime especial

3.2.1.1.1 Agências Reguladoras – Lei nº 9.986/2000

São autarquias criadas com a finalidade de controlar e fiscalizar atividades do interesse coletivo. Podem ser de controle de serviços públicos ou atividades de fomento e ainda exploração de atividades econômicas de interesse público.

A nomeação dos **dirigentes** com mandato por prazo determinado pelo Presidente da República, após aprovação do Senado Federal, nos termos da Constituição Federal:

Art. 52. Compete privativamente ao Senado Federal:

....

III – aprovar previamente, por voto secreto, após arguição pública, a escolha de: [...]

f) titulares de outros cargos que a lei determinar;

A Lei nº 9.986/2000 trata sobre o tema da seguinte forma:

> **Art. 5º.** O Presidente ou o Diretor-Geral ou Diretor-Presidente (CD I) e os demais membros do Conselho Diretor ou da Diretoria (CD II) serão brasileiros, de reputação ilibada, formação universitária e elevado conceito no campo de especialidade dos cargos para os quais serão nomeados, devendo ser escolhidos pelo Presidente da República e por ele nomeados, após aprovação pelo Senado Federal, nos termos da alínea f do inciso III do art. 52 da Constituição Federal.
>
> **Parágrafo único.** O Presidente ou o Diretor-Geral ou Diretor-Presidente será nomeado pelo Presidente da República dentre os integrantes do Conselho Diretor ou da Diretoria, respectivamente, e investido na função pelo prazo fixado no ato da nomeação.

A legislação que criou a Agência Reguladora deve trazer o prazo do mandato de cada entidade:

> **Art. 6º.** O mandato dos Conselheiros e dos Diretores terá o prazo fixado na lei de criação de cada Agência.
>
> **Parágrafo único.** Em caso de vacância no curso do mandato, este será completado por sucessor investido na forma prevista no art. 5º.

A lei que regulamenta as Agências Reguladoras prevê as hipóteses de exoneração do cargo de Dirigente:

> **Art. 9º.** Os Conselheiros e os Diretores somente perderão o mandato em caso de renúncia, de condenação judicial transitada em julgado ou de processo administrativo disciplinar.

Após o dirigente deixar o cargo, não pode exercer atividade, ainda que na esfera privada, que seja relacionada com a área que atuava antes, durante **6 meses**, no mínimo. A lei específica de cada agência reguladora pode prever um prazo maior (Ex.: 12 meses – ANEEL).

> **Art. 8º.** Os membros do Conselho Diretor ou da Diretoria Colegiada ficam impedidos de exercer atividade ou de prestar qualquer serviço no setor regulado pela respectiva agência, por período de 6 (seis) meses, contados da exoneração ou do término de seu mandato, assegurada a remuneração compensatória. *(Redação dada pela Lei nº 13.848, de 2019)*

Importante frisar que as Agências Reguladoras possuem poder normativo no âmbito de sua área de atuação, para suas atividades fim.

3.2.1.1.2 Agências Executivas

As agências executivas podem ser autarquias, ou ainda, fundações de direito público, que recebem essa "qualificação" da Administração Pública Direta, com o objetivo de buscar maior eficiência por meio de um contrato de gestão com o Ministério supervisor, ao qual estão vinculadas.

Elas nascem como Autarquias ou Fundações e se transformam em Agências Executivas, após cumprirem os requisitos legais.

Se para as agências reguladoras a função é de fiscalizar, as agências executivas têm como objetivo a eficiência.

A Constituição Federal de 1988 faz menção ao tema:

> Art. 37. A administração pública direta e indireta de qualquer dos Poderes da União, dos Estados, do Distrito Federal e dos Municípios obedecerá aos princípios de legalidade, impessoalidade, moralidade, publicidade e eficiência e, também, ao seguinte: *(Redação dada pela Emenda Constitucional nº 19, de 1998)*
>
> [...]
>
> § 8º A autonomia gerencial, orçamentária e financeira dos órgãos e entidades da administração direta e indireta poderá ser ampliada mediante contrato, a ser firmado entre seus administradores e o poder público, que tenha por objeto a fixação de metas de desempenho para o órgão ou entidade, cabendo à lei dispor sobre: *(Incluído pela Emenda Constitucional nº 19, de 1998)* (Regulamento) (Vigência)
>
> I - o prazo de duração do contrato; *(Incluído pela Emenda Constitucional nº 19, de 1998)*
>
> II - os controles e critérios de avaliação de desempenho, direitos, obrigações e responsabilidade dos dirigentes; *(Incluído pela Emenda Constitucional nº 19, de 1998)*
>
> III - a remuneração do pessoal. *(Incluído pela Emenda Constitucional nº 19, de 1998)*

O legislador infraconstitucional também tratou do tema com a Lei nº 9.649/1998:

> Art. 51. O Poder Executivo poderá qualificar como Agência Executiva a autarquia ou fundação que tenha cumprido os seguintes requisitos:
>
> I - ter um plano estratégico de reestruturação e de desenvolvimento institucional em andamento;
>
> II - ter celebrado Contrato de Gestão com o respectivo Ministério supervisor.
>
> § 1º A qualificação como Agência Executiva será feita em ato do Presidente da República.
>
> § 2º O Poder Executivo editará medidas de organização administrativa específicas para as Agências Executivas, visando assegurar a sua autonomia de gestão, bem como a disponibilidade de recursos orçamentários e financeiros para o cumprimento dos objetivos e metas definidos nos Contratos de Gestão.

No âmbito federal o Decreto nº 2.487, de 2 de fevereiro de 1998, trata do tema.

> Dispõe sobre a qualificação de autarquias e fundações como Agências Executivas, estabelece critérios e procedimentos para a elaboração, acompanhamento e avaliação dos contratos de gestão e dos planos estratégicos de reestruturação e de desenvolvimento institucional das entidades qualificadas e dá outras providências.

3.2.2. Fundação

A fundação de direito público é reconhecidamente como uma das maiores divergências existentes entre os estudiosos da área.

Tal justificativa se faz presente considerando a ausência de precisão legislativa do tema, deixando, assim, ao campo da interpretação da norma a resolução do problema.

A ideia primária de fundação, como sendo a destinação de um patrimônio público, de um ente instituidor para uma finalidade específica, tal como as fundações privadas, que se criam mediante um patrimônio particular, destinado a um fim específico, as fundações públicas têm o mesmo princípio.

A divergência inicial surge no tocante à existência ou não da fundação de direito público, pois, para alguns doutrinadores, a sua existência se confunde com a Autarquia, em decorrência da semelhança dos institutos.

Segundo o ilustre jurista Celso Antônio Bandeira de Mello (2009, p. 172), *"fundações públicas são simplesmente autarquias"*.

No mesmo sentido a Professora Maria Sylvia Zanella di Pietro (2003, p. 372),

> o Poder Público pode criar fundação de direito público, denominada tão somente fundação pública, sendo, nesse caso, uma espécie de autarquia, também chamada autarquia fundacional, com regime jurídico administrativo e com todas as prerrogativas e sujeições que lhe são próprias.

Outro ponto polêmico existente entre aqueles que defendem a fundação de direito público está na sua criação.

Isso, pois, o dispositivo constitucional que fala sobre o tema, art. 37, XIX, traz a seguinte redação:

> somente por lei específica poderá ser criada autarquia e **autorizada** a instituição de empresa pública, de sociedade de economia mista e de **fundação, cabendo à lei complementar**, neste último caso, definir as áreas de sua atuação. (g.n.)

Por essa interpretação, pode-se perceber que a criação de uma fundação pública dependerá dos elementos: i) *lei autorizativa*; ii) *lei complementar para regulamentar a matéria*.

Para aqueles que defendem ser fundação uma espécie de autarquia, deveriam seguir o trâmite da própria autarquia para sua criação: lei.

Para a criação da autarquia será necessária a lei, não sendo admitida outra espécie normativa.

Já para o jurista Diógenes Gasparini (2006, p. 360) a criação da fundação pública dependerá de seguir a interpretação literal do disposto no art. 37, XIX, da CF.

A criação depende de lei autorizativa, com a regulamentação por Lei Complementar (art. 37, XIX, da CF).

> Art. 37. A administração pública direta e indireta de qualquer dos Poderes da União, dos Estados, do Distrito Federal e dos Municípios obedecerá aos princípios de legalidade, impessoalidade, moralidade, publicidade e eficiência e, também, ao seguinte: *(Redação dada pela Emenda Constitucional n° 19, de 1998)*
>
> ....
>
> XIX - somente por lei específica poderá ser criada autarquia e autorizada a instituição de empresa pública, de sociedade de economia mista e de fundação, cabendo à lei complementar, neste último caso, definir as áreas de sua atuação; *(Redação dada pela Emenda Constitucional n° 19, de 1998)* (g.n.)

O conceito legal encontra-se no Decreto-Lei n° 200 de 1967:

> Art. 5°. Para os fins desta lei, considera-se:
>
> ....
>
> IV - Fundação Pública – a entidade dotada de personalidade jurídica de direito privado, sem fins lucrativos, criada em virtude de autorização legislativa, para o desenvolvimento de atividades que não exijam execução por órgãos ou entidades de direito público, com autonomia administrativa, patrimônio próprio gerido pelos respectivos órgãos de direção, e funcionamento custeado por recursos da União e de outras fontes.

3.2.2.1. Natureza de Direito Público

As fundações, quando são criadas pelo regime do direito público, possuem natureza jurídica de autarquias. Nesse caso, são chamadas de **AUTARQUIAS FUNDACIONAIS** ou **FUNDAÇÕES AUTÁRQUICAS.**

Estas têm todas as prerrogativas e limitações do regime jurídico público, devendo observar todos os princípios, inclusive da indisponibilidade do interesse público.

3.2.2.2. Natureza de Direito Privado

Quando criadas sob o direito privado, as regras do direito público derrogam parcialmente as regras do direito civil. Têm regime parecido com o das empresas estatais, visto que não gozam dos benefícios e privilégios da administração pública, tal como as fundações de direito público. Ex.: Fundações governamentais.

A escolha da personalidade jurídica da fundação, se pública ou privada, cabe ao ente instituidor.

3.2.3. Empresas Estatais

As empresas estatais são o gênero, das quais a Empresa Pública e a Sociedade de Economia Mista são espécies.

São criadas por autorização em lei específica e têm personalidade jurídica de direito privado, cujas normas são parcialmente derrogadas pelo direito público. No entanto, para serem constituídas, devem ter seus atos registrados no Cartório de Pessoas Jurídicas.

A extinção se dá, também, por lei específica (princípio do paralelismo das formas).

Podem ter o objetivo da prestação de serviços públicos por delegação, com responsabilidade objetiva, ou a exploração de atividade econômica, com a responsabilidade definida pelo direito civil.

Não se aplica o regime de precatórios da Fazenda Pública, e nem as garantias processuais do Estado.

IMPORTANTE!!! Os bens das empresas estatais NÃO são bens públicos, portanto podem ser penhorados. EXCETO quando estão afetados à atividade pública, hipótese em que serão imprescritíveis e impenhoráveis.

No caso das empresas públicas exploradoras de atividade econômica, não há qualquer ressalva, podendo os bens ser livremente onerados com direitos de garantia ou ainda penhorados.

IMPORTANTE!!! O controle de suas atividades quanto ao cumprimento dos objetivos definidos na lei instituidora não é através da hierarquia perante a Administração Direta, mas sim através do chamado CONTROLE FINALÍSTICO.

Quanto à fiscalização contábil, financeira, orçamentária, esta é realizada pelo Tribunal de Contas.

3.2.3.1. Sociedades de economia mista

a) **Conceito**

Preciso o conceito da Professora Fernanda Marinela (Ibid., p. 203) sobre Sociedade de Economia Mista como sendo a

> pessoa jurídica cuja criação é autorizativa por lei. É um instrumento de ação do Estado, dotada de personalidade de direito privado, mas submetida a certas regras especiais decorrentes de sua finalidade pública, constituída sob a forma de sociedade anônima, cujas ações, com direito a voto, pertencem, em sua maioria, ao ente político ou à entidade de sua Administração Indireta, admitindo-se que seu remanescente acionário seja propriedade particular. As suas finalidades também são prestar serviços públicos ou explorar atividade econômica.

b) Previsão legal

A Sociedade de Economia Mista tem previsão legal no art. 4º da Lei nº 13.303/2016:

> Art. 4º. Sociedade de economia mista é a entidade dotada de personalidade jurídica de direito privado, com criação autorizada por lei, sob a forma de sociedade anônima, cujas ações com direito a voto pertençam em sua maioria à União, aos Estados, ao Distrito Federal, aos Municípios ou a entidade da administração indireta.

A Constituição Federal também faz menção a Sociedade de Economia Mista, em seu art. 37, XIX:

> Art. 37. A administração pública direta e indireta de qualquer dos Poderes da União, dos Estados, do Distrito Federal e dos Municípios obedecerá aos princípios de legalidade, impessoalidade, moralidade, publicidade e eficiência e, também, ao seguinte: *(Redação dada pela Emenda Constitucional nº 19, de 1998)*
>
> ....
>
> XIX – somente por lei específica poderá ser criada autarquia e autorizada a instituição de empresa pública, de sociedade de economia mista e de fundação, cabendo à lei complementar, neste último caso, definir as áreas de sua atuação; *(Redação dada pela Emenda Constitucional nº 19, de 1998)*

c) Criação e extinção

Para o dispositivo previsto na Constituição Federal de 1988, será necessária lei autorizativa para a criação de uma Sociedade de Economia Mista.

Diferentemente da Autarquia, que necessita de lei para sua criação, a Fundação, a Empresa Pública e a Sociedade de Economia Mista necessitam de lei autorizando a criação.

No mesmo sentido a Lei nº 13.303/2016:

> Art. 13. A lei que **autorizar** a criação da empresa pública e da sociedade de economia mista deverá dispor sobre as diretrizes e restrições a serem consideradas na elaboração do estatuto da companhia, em especial sobre: (g.n.)

Para sua criação deverá preencher dois requisitos: i) *lei autorizativa*; ii) *registro no órgão competente – cartório de pessoas jurídicas*.

Em decorrência do Princípio da Simetria Constitucional, se a criação somente poderá ser realizada mediante lei autorizativa, sua extinção também deverá ocorrer mediante lei, não sendo possível por outra espécie normativa.

d) Finalidade

A Sociedade de Economia mista tem duas finalidades: i) explorar atividade econômica; ii) exercer atividade típica de Estado.

Quando exploradoras de atividade econômica, deverão gozar das mesmas "garantias" que as entidades de direito privado.

> **Art. 173.** Ressalvados os casos previstos nesta Constituição, a exploração direta de atividade econômica pelo Estado só será permitida quando necessária aos imperativos da segurança nacional ou a relevante interesse coletivo, conforme definidos em lei.
>
> ....
>
> § 2º As empresas públicas e as sociedades de economia mista não poderão gozar de privilégios fiscais não extensivos às do setor privado.

O Constituinte deixou claro que a sociedade de economia mista não poderá usufruir de qualquer benefício não extensivo ao setor da iniciativa privada.

Contudo, o regime jurídico da Sociedade de Economia Mista, nos casos em que explore atividade econômica, será considerado de direito privado, com a aplicação de alguns institutos de direito público. Esse fato leva o nome de **sistema híbrido**, tendo em vista que a expressa previsão legal de equiparar aos entes de direito privado não autoriza a exclusão de atividades oriundas do direito público.

e) Capital social

A composição do capital será na sua maioria pública (mínimo 50% + 1), sendo possível a participação de capital privado.

f) Forma societária

Serão constituídas como Sociedade Anônima – S/A.

g) Competência para julgamento das ações

Será de competência da Justiça Comum o julgamento das ações, nos ditames da Súmula nº 556 do STF.

> **Súmula nº 556 (STF)**
>
> É competente a Justiça Comum para julgar as causas em que é parte sociedade de economia mista".

No entanto, será de competência da Justiça Federal o julgamento das ações em que a União participe como assistente ou opoente.

> **Súmula nº 517 (STF)**
>
> As sociedades de economia mista só têm foro na Justiça Federal, quando a União intervém como assistente ou opoente".

h) Fiscalização

A fiscalização será exercida pelo Tribunal de Contas do respectivo órgão, e também, após a edição da Lei nº 13.307/2016, passou a ser examinada pelo Controle Interno de cada empresa estatal. Trata-se de órgão obrigatório, exigido por lei, para trazer maior controle e fiscalização dos atos praticados pela entidade.

i) Licitação

A Lei nº 13.303/2016 determina a obrigatoriedade de licitar as empresas públicas e sociedades de economia mista, independentemente da finalidade da estatal (art. 28).

j) Empregados públicos

O quadro de pessoal na empresa pública será regido pela CLT, após provimento de emprego público criado por lei, para preenchimento por meio de concurso público de provas, ou, de provas e títulos. (art. 37, II, da CF).

Importante destacar que o regramento jurídico desses empregados públicos será pela CLT e não pelo estatuto dos servidores públicos.

Como exemplo na relação de direitos trabalhistas, oriundos da CLT, podemos mencionar a ausência de direito à estabilidade prevista pela Constituição Federal, aos servidores efetivos, com base na OJ nº 247 SBDI-1 do TST.

> 247. Servidor Público. Celetista Concursado. Despedida Imotivada. Empresa Pública ou Sociedade de Economia Mista. Possibilidade (Alterada – Res. nº 143/2007) – DJ 13/11/2007
>
> I – A despedida de empregados de empresa pública e de sociedade de economia mista, mesmo admitidos por concurso público, independe de ato motivado para sua validade;
>
> II – A validade do ato de despedida do empregado da Empresa Brasileira de Correios e Telégrafos (ECT) está condicionada à motivação, por gozar a empresa do mesmo tratamento destinado à Fazenda Pública em relação à imunidade tributária e à execução por precatório, além das prerrogativas de foro, prazos e custas processuais.

Ficam também submetidos a teto remuneratório, previsto no art. 37, XI, da CF, salvo nos casos em que a empresa não receber recursos da Administração para seu custeio.

Quanto a seus dirigentes, a Lei nº 13.303/2016 alterou significativamente o quadro diretivo, em sua forma de nomeação e sua composição.

As Estatais devem ter um Conselho de Administração que irá ser responsável pelo assunto de gestão. A composição deve ter no mínimo 7, e no máximo 11 membros, designados para o cargo de Diretor de Estatal. Pelo menos um quarto (25%) dos membros deve ser independente, sendo pelo menos obrigatório haver um nesta condição.

3.2.3.2. Empresa Pública

a) Conceito

Para Fernanda Marinela (Ibid., p. 203),

A empresa pública é a pessoa jurídica criada por força de autorização legal como instrumento de ação do Estado, dotada de personalidade de direito privado, mas submetida a certas regras especiais decorrente da finalidade pública que persegue. É constituída sob quaisquer das formas admitidas em direito, com capital formado unicamente por recursos públicos, de pessoas da Administração Direta ou Indireta. Poderá ser federal, estadual ou municipal, a depender da predominância acionária. Pode prestar serviços públicos ou explorar atividade econômica.

Exemplos: Correios e Telégrafos, Caixa Econômica Federal, SERPRO e INFRAERO.

b) Previsão legal

Tem previsão legal no art. 3º da Lei nº 13.303/2016:

> **Art. 3º.** Empresa pública é a entidade dotada de personalidade jurídica de direito privado, com criação autorizada por lei e com patrimônio próprio, cujo capital social é integralmente detido pela União, pelos Estados, pelo Distrito Federal ou pelos Municípios.

A Constituição Federal também faz menção a Empresa Pública, em seu art. 37, XIX:

> **Art. 37.** A administração pública direta e indireta de qualquer dos Poderes da União, dos Estados, do Distrito Federal e dos Municípios obedecerá aos princípios de legalidade, impessoalidade, moralidade, publicidade e eficiência e, também, ao seguinte: *(Redação dada pela Emenda Constitucional nº 19, de 1998)*
>
> ....
>
> **XIX –** somente por lei específica poderá ser criada autarquia e autorizada a instituição de empresa pública, de sociedade de economia mista e de fundação, cabendo à lei complementar, neste último caso, definir as áreas de sua atuação; *(Redação dada pela Emenda Constitucional nº 19, de 1998)*

c) Criação e extinção

Para o dispositivo previsto na Constituição Federal de 1988, será necessária lei autorizativa para a criação da Empresa Pública, assim como da Sociedade de Economia Mista.

No mesmo sentido, a Lei nº 13.303/2016:

> **Art. 13.** A lei que **autorizar** a criação da empresa pública e da sociedade de economia mista deverá dispor sobre as diretrizes e restrições a serem consideradas na elaboração do estatuto da companhia, em especial sobre:" (g.n.)

Para sua criação deverá preencher dois requisitos: i) *lei autorizativa*; ii) *registro no órgão competente – cartório de pessoas jurídicas.*

Em decorrência do Princípio da Simetria Constitucional, se a criação somente poderá ser realizada mediante lei autorizativa, sua extinção também deverá ocorrer mediante lei, não sendo possível por outra espécie normativa.

d) Finalidade

No tocante à finalidade, poderão ser: i) *explorar atividade econômica*; ii) *exercer atividade típica de Estado*.

Quando exploradoras de atividade econômica deverão gozar das mesmas "garantias" que as entidades de direito privado:

> Art. 173. Ressalvados os casos previstos nesta Constituição, a exploração direta de atividade econômica pelo Estado só será permitida quando necessária aos imperativos da segurança nacional ou a relevante interesse coletivo, conforme definidos em lei. [...]
>
> § 2º As empresas públicas e as sociedades de economia mista não poderão gozar de privilégios fiscais não extensivos às do setor privado.

O Constituinte deixou claro que a sociedade de economia mista não poder usufruir de qualquer benefício não extensivo ao setor da iniciativa privada.

Adotam também, assim como a Sociedade de Economia Mista, um **sistema híbrido**.

e) Capital social

A composição do capital será na totalidade público.

f) Forma societária

Qualquer forma societária prevista em lei.

g) Competência para julgamento das ações

A Constituição Federal trouxe, em seu art. 109, I, a competência para a Justiça Federal:

> Art. 109. Aos juízes federais compete processar e julgar:
>
> I - as causas em que a União, entidade autárquica ou **empresa pública federal** forem interessadas na condição de autoras, rés, assistentes ou oponentes, exceto as de falência, as de acidentes de trabalho e as sujeitas à Justiça Eleitoral e à Justiça do Trabalho; (g.n.)

h) Fiscalização

A fiscalização será exercida pelo Tribunal de Contas do respectivo órgão, e também, após a edição da Lei nº 13.307/2016, passou a ser examinada pelo Controle Interno de cada empresa estatal.

Trata-se de órgão obrigatório, exigido por lei, para trazer maior controle e fiscalização dos atos praticados pela entidade.

i) Licitação

A Lei nº 13.303/2016 determina a obrigatoriedade de licitar as empresas públicas e sociedades de economia mista, independente da finalidade da estatal (art. 28).

j) Empregados públicos

O quadro de pessoal na empresa pública será regido pela CLT, após provimento de emprego público criado por lei, para preenchimento por meio de concurso público de provas, ou, de provas e títulos (art. 37, II, da CF).

Importante destacar que o regramento jurídico desses empregados públicos será pela CLT e não pelo estatuto dos servidores públicos.

Como exemplo na relação de direitos trabalhistas, oriundos da CLT, podemos mencionar a ausência de direito à estabilidade prevista pela Constituição Federal, aos servidores efetivos, com base na OJ nº 247 SBDI-1 do TST.

> **247. Servidor Público. Celetista Concursado. Despedida Imotivada. Empresa Pública ou Sociedade de Economia Mista. Possibilidade (Alterada – Res. nº 143/2007) – DJ 13/11/2007**
>
> I – A despedida de empregados de empresa pública e de sociedade de economia mista, mesmo admitidos por concurso público, independe de ato motivado para sua validade;
>
> II – A validade do ato de despedida do empregado da Empresa Brasileira de Correios e Telégrafos (ECT) está condicionada à motivação, por gozar a empresa do mesmo tratamento destinado à Fazenda Pública em relação à imunidade tributária e à execução por precatório, além das prerrogativas de foro, prazos e custas processuais.

Ficam também submetidos a teto remuneratório, previsto no art. 37, XI, da CF, salvo nos casos em que a empresa não receber recursos da Administração para seu custeio.

Quanto a seus dirigentes, a Lei nº 13.303/2016 alterou significativamente o quadro diretivo, em sua forma de nomeação e sua composição.

As Estatais devem ter um Conselho de Administração que irá ser responsável pelo assunto de gestão. A composição deve ter no mínimo 7, e no máximo 11 membros, designados para o cargo de Diretor de Estatal. Pelo menos um quarto (25%) dos membros deve ser independente, sendo pelo menos obrigatório haver um nesta condição.

3.2.4. Consórcios Públicos

Conforme já explicado, a Administração Indireta é formada por pessoas jurídicas criadas mediante a descentralização de um serviço público anteriormente exercido pela Administração Direta.

Como é sabido, a Administração Direta, composta pelos entes públicos (União, Estados e Municípios), quando visam à melhor execução dos serviços que lhes incumbem, criam pessoas jurídicas específicas para executar esses serviços públicos, tal como as autarquias e fundações, hipótese em que transferem também a titularidade do mesmo, compondo assim a Administração Indireta.

Ocorre que outra forma de prestar os serviços públicos que competem a determinado ente é mediante a **GESTÃO ASSOCIADA DO SERVIÇO COM OUTRAS PESSOAS DE DIREITO PÚBLICO INTERNO**, ou seja, outros entes.

Dessa forma, podem se juntar mais de um Município, Municípios com Estados, Estados com a União e, de forma conjunta, executar com uma melhor desenvoltura um serviço público predeterminado, nos limites territoriais dos entes envolvidos.

Para o Professor Marçal Justen Filho (2016, p. 132),

> O consórcio público com personalidade jurídica de direito público consiste numa associação pública entre os entes políticos diversos, constituída a partir de autorizações legislativas, investida na titularidade de atribuições e poderes públicos para relação de cooperação federativa, tendo por objeto o desenvolvimento de atividades permanentes e contínuas.

A previsão legal se encontra na **Lei nº 11.107/2005** e no **Decreto nº 6.017/2007**, nos quais, em seu art. 1º da lei faz menção às linhas gerais.

> Art. 1º. Esta Lei dispõe sobre normas gerais para a União, os Estados, o Distrito Federal e os Municípios contratarem consórcios públicos para a realização de objetivos de interesse comum e dá outras providências.

A legislação tratou das **normas gerais** para os consórcios públicos, sempre com **objetivos de interesse comum**. A formalização de um consórcio depende de objetivo de interesse comum entre os entes participantes.

Outra definição legal para Consórcio Público vem do art., 2º, I, do Decreto nº 6.017/2007. Vejamos:

> Art. 2º. [...]
> ....
>
> I – consórcio público: pessoa jurídica formada exclusivamente por entes da Federação, na forma da **Lei nº 11.107, de 2005**, para estabelecer relações de cooperação federativa, inclusive a realização de objetivos de interesse comum, constituída como associação pública, com personalidade jurídica de direito público e natureza autárquica, ou como pessoa jurídica de direito privado sem fins econômicos; (g.n.)

Para a constituição do Consórcio Público será necessário autorização legislativa de cada ente político participante. Após essa autorização legislativa inicial, será assinado um protocolo de intenções entre os interessados.

Lei nº 11.107/2005
Art. 3º. O consórcio público será constituído por contrato cuja celebração dependerá da prévia subscrição de protocolo de intenções.

Os entes instituidores do Consórcio Público definem se a pessoa jurídica criada será de direito público, na forma de associação pública, ou de direito privado, obedecendo à legislação civil. Quando for de direito público integrará a Administração Indireta dos entes.

Portanto, o Consórcio Público nada mais é que a união de vários entes federativos, formando uma **nova pessoa jurídica**, para a execução de políticas públicas com as prerrogativas de cessão de servidores, repasse de verbas, distribuição de funções e responsabilidades entre os entes para a melhor eficiência e economicidade na prestação de um serviço.

REGRAS IMPORTANTES:
- A União apenas pode participar de consórcio de Municípios quando também fizerem parte os respectivos Estados (art. 1º, § 2º, da Lei nº 11.107/2005).
- A área de atuação do consórcio se limita à soma dos territórios dos entes envolvidos.
- Apenas faz parte da Administração Indireta dos Entes envolvidos o Consórcio constituído com personalidade jurídica de **DIREITO PÚBLICO**.
- O Consórcio Público pode ser contratado por **DISPENSA** de licitação. (art. 24, XXVI, da Lei nº 8.666/1993).
- Fiscalização pelo Tribunal de Contas (art. 12 do Decreto nº 6.017/2007).
- Repasse de recursos mediante contrato de rateio. (art. 13 do Decreto nº 6.017/2007).

3.3. Entidades paraestatais

3.3.1. Conceito

Entidades paraestatais são pessoas jurídicas privadas que desempenham atividade de interesse público, sem fins lucrativos, em colaboração com o Estado, que as fomenta. As paraestatais **não integram a administração direta ou indireta** e o serviço prestado não é exclusivo do Estado. As paraestatais formam o chamado **Terceiro Setor**.

3.3.2. Tipos

3.4. Serviços sociais autônomos (sistema "s")

São criados ou previstos por lei, com finalidade de prestação de serviço social e de formação profissional vinculada ao sistema sindical.

Remuneração por contribuição social, nos termos da CF/1988:

> Art. 240. Ficam ressalvadas do disposto no art. 195 as atuais contribuições compulsórias dos empregadores sobre a folha de salários, destinadas às entidades privadas de serviço social e de formação profissional vinculadas ao sistema sindical.

Outras características

- Serviço filantrópico.
- Manutenção de atividades por dotações orçamentárias ou contribuições parafiscais.
- Prestam serviço assistencial ou de ensino a categorias profissionais.
- Devem obedecer às regras de direito público para processo seletivo e licitação, tais como: Procedimento impessoal e transparente.
- Compõem o chamado Sistema "S": SESI, SESC, SENAI, SENAC, SEBRAE e outros.

3.5. Entidades de apoio

Pessoas jurídicas instituídas por servidores públicos que se vinculam ao poder público por meio de convênio, para atuar em prol de serviços sociais junto a hospitais e universidades públicas.

A realização das atividades é na própria sede da entidade pública à qual estão vinculados os servidores que instituíram a entidade de apoio. Ex.: FIPE e a Fundação Zerbini.

Possuem prerrogativa legal de dispensa de licitação para a contratação pelo Poder Público, nos termos da Lei nº 8.666/1993, art. 24, inc. XIII – Lei de Licitações:

> XIII – na contratação de instituição brasileira incumbida regimental ou estatutariamente da pesquisa, do ensino ou do desenvolvimento institucional, ou de instituição dedicada à recuperação social do preso, desde que a contratada detenha inquestionável reputação ético-profissional e não tenha fins lucrativos;

Outras características

- Constituição sob a forma de fundação, associação ou cooperativa.
- Prestação de serviços não exclusivos do Estado, em caráter privado.
- Servem como meio de a administração pública arrecadar e como forma de incentivo para que a iniciativa privada invista na estrutura da instituição pública, na qual a entidade de apoio se instala.

3.6. Organizações sociais

Previstas na Lei nº 9.637/1998, as organizações sociais são pessoas jurídicas de direito privado, qualificadas como tais em razão de desenvolverem atividades em prol do ensino, pesquisa científica, desenvolvimento tecnológico, proteção e preservação do meio ambiente, cultura e saúde.

Art. 1º. O Poder Executivo poderá qualificar como organizações sociais pessoas jurídicas de direito privado, sem fins lucrativos, cujas atividades sejam dirigidas ao ensino, à pesquisa científica, ao desenvolvimento tecnológico, à proteção e preservação do meio ambiente, à cultura e à saúde, atendidos aos requisitos previstos nesta Lei.

ATENÇÃO! Devem contar com a participação obrigatória do Poder Público no Conselho de Administração, nos termos da respectiva lei:

Art. 3º. O conselho de administração deve estar estruturado nos termos que dispuser o respectivo estatuto, observados, para os fins de atendimento dos requisitos de qualificação, os seguintes critérios básicos:

I – ser composto por:

a) 20 a 40% (vinte a quarenta por cento) de membros natos representantes do Poder Público, definidos pelo estatuto da entidade;

b) 20 a 30% (vinte a trinta por cento) de membros natos representantes de entidades da sociedade civil, definidos pelo estatuto;

c) até 10% (dez por cento), no caso de associação civil, de membros eleitos dentre os membros ou os associados;

d) 10 a 30% (dez a trinta por cento) de membros eleitos pelos demais integrantes do conselho, dentre pessoas de notória capacidade profissional e reconhecida idoneidade moral;

e) até 10% (dez por cento) de membros indicados ou eleitos na forma estabelecida pelo estatuto;

II – os membros eleitos ou indicados para compor o Conselho devem ter mandato de quatro anos, admitida uma recondução;

III – os representantes de entidades previstos nas alíneas a e b do inciso I devem corresponder a mais de 50% (cinquenta por cento) do Conselho;

IV – o primeiro mandato de metade dos membros eleitos ou indicados deve ser de dois anos, segundo critérios estabelecidos no estatuto;

V – o dirigente máximo da entidade deve participar das reuniões do conselho, sem direito a voto;

VI – o Conselho deve reunir-se ordinariamente, no mínimo, três vezes a cada ano e, extraordinariamente, a qualquer tempo;

VII – os conselheiros não devem receber remuneração pelos serviços que, nesta condição, prestarem à organização social, ressalvada a ajuda de custo por reunião da qual participem;

VIII – os conselheiros eleitos ou indicados para integrar a diretoria da entidade devem renunciar ao assumirem funções executivas.

Celebram com o Poder Público **contrato de gestão** e também podem ser contratadas com dispensa de licitação, conforme art. 24, inc. XXIV, da Lei nº 8.666/1993:

> **XXIV** – para a celebração de contratos de prestação de serviços com as organizações sociais, qualificadas no âmbito das respectivas esferas de governo, para atividades contempladas no contrato de gestão.

Nos termos da Lei das Organizações Sociais (n° 9.637/1998):

> **Art. 5°.** Para os efeitos desta Lei, entende-se por contrato de gestão o instrumento firmado entre o Poder Público e a entidade qualificada como organização social, com vistas à formação de parceria entre as partes para fomento e execução de atividades relativas às áreas relacionadas no art. 1°.
>
> **Art. 6°.** O contrato de gestão, elaborado de comum acordo entre o órgão ou entidade supervisora e a organização social, discriminará as atribuições, responsabilidades e obrigações do Poder Público e da organização social.
>
> **Parágrafo único.** O contrato de gestão deve ser submetido, após aprovação pelo Conselho de Administração da entidade, ao Ministro de Estado ou autoridade supervisora da área correspondente à atividade fomentada.

Outras características

- Instituição sob a forma de fundação, associação ou cooperativa.
- Prestação de serviços públicos não exclusivos do Estado.
- Do contrato, advém a obrigação de cumprir os objetivos estabelecidos com o investimento público.
- Fiscalização realizada pela Administração Pública, e também pelo Tribunal de Contas.

3.7. Organização da sociedade civil de interesse público (OSCIP)

Pessoas jurídicas privadas que podem ser também fundação ou associação, qualificadas como OSCIP, nos termos da Lei n° 9.790/1999.

> **Art. 1°.** Podem qualificar-se como Organizações da Sociedade Civil de Interesse Público as pessoas jurídicas de direito privado sem fins lucrativos que tenham sido constituídas e se encontrem em funcionamento regular há, no mínimo, **3 (três) anos,** desde que os respectivos objetivos sociais e normas estatutárias atendam aos requisitos instituídos por esta Lei. (g.n.)

Os objetivos da OSCIP estão descritos no art. 3° da lei de regência:

> **Art. 3°.** A qualificação instituída por esta Lei, observado em qualquer caso, o princípio da universalização dos serviços, no respectivo âmbito de atuação das Organizações, somente será conferida às pessoas jurídicas de direito privado, sem fins lucrativos, cujos objetivos sociais tenham pelo menos uma das seguintes finalidades:
>
> I – promoção da assistência social;

II – promoção da cultura, defesa e conservação do patrimônio histórico e artístico;

III – promoção gratuita da educação, observando-se a forma complementar de participação das organizações de que trata esta Lei;

IV – promoção gratuita da saúde, observando-se a forma complementar de participação das organizações de que trata esta Lei;

V – promoção da segurança alimentar e nutricional;

VI – defesa, preservação e conservação do meio ambiente e promoção do desenvolvimento sustentável;

VII – promoção do voluntariado;

VIII – promoção do desenvolvimento econômico e social e combate à pobreza;

IX – experimentação, não lucrativa, de novos modelos sócio-produtivos e de sistemas alternativos de produção, comércio, emprego e crédito;

X – promoção de direitos estabelecidos, construção de novos direitos e assessoria jurídica gratuita de interesse suplementar;

XI – promoção da ética, da paz, da cidadania, dos direitos humanos, da democracia e de outros valores universais;

XII – estudos e pesquisas, desenvolvimento de tecnologias alternativas, produção e divulgação de informações e conhecimentos técnicos e científicos que digam respeito às atividades mencionadas neste artigo.

XIII – estudos e pesquisas para o desenvolvimento, a disponibilização e a implementação de tecnologias voltadas à mobilidade de pessoas, por qualquer meio de transporte. *(Incluído pela Lei nº 13.019, de 2014)* (Vigência)

Vinculam-se com o Poder Público por **termo de parceria**.

Art. 9º. Fica instituído o Termo de Parceria, assim considerado o instrumento passível de ser firmado entre o Poder Público e as entidades qualificadas como Organizações da Sociedade Civil de Interesse Público destinado à formação de vínculo de cooperação entre as partes, para o fomento e a execução das atividades de interesse público previstas no art. 3º desta Lei.

Art. 10. O Termo de Parceria firmado de comum acordo entre o Poder Público e as Organizações da Sociedade Civil de Interesse Público discriminará direitos, responsabilidades e obrigações das partes signatárias.

ATENÇÃO! Existem entidades que são expressamente vedadas de se qualificarem como OSCIPs, inclusive as organizações sociais:

Art. 2º. Não são passíveis de qualificação como Organizações da Sociedade Civil de Interesse Público, ainda que se dediquem de qualquer forma às atividades descritas no art. 3º desta Lei:

I – as sociedades comerciais;

II – os sindicatos, as associações de classe ou de representação de categoria profissional;

III – as instituições religiosas ou voltadas para a disseminação de credos, cultos, práticas e visões devocionais e confessionais;

IV – as organizações partidárias e assemelhadas, inclusive suas fundações;

V – as entidades de benefício mútuo destinadas a proporcionar bens ou serviços a um círculo restrito de associados ou sócios;

VI – as entidades e empresas que comercializam planos de saúde e assemelhados;

VII – as instituições hospitalares privadas não gratuitas e suas mantenedoras;

VIII – as escolas privadas dedicadas ao ensino formal não gratuito e suas mantenedoras;

IX – as organizações sociais;

X – as cooperativas;

XI – as fundações públicas;

XII – as fundações, sociedades civis ou associações de direito privado criadas por órgão público ou por fundações públicas;

XIII – as organizações creditícias que tenham quaisquer tipos de vinculação com o sistema financeiro nacional a que se refere o *art. 192 da Constituição Federal. (g.n.)*

Outras características

- Não é delegação da atividade estatal e sim fomento para a atividade.
- Fiscalização realizada pela Administração Pública, e também pelo Tribunal de Contas.

3.8. Organização da sociedade civil (OSC)

Instituição com finalidade pública, desenvolvida para fins sociais, de modo a permitir a maior participação do cidadão nas atividades do Poder Público. Está descrita na Lei nº 13.019/2014:

> Art. 2º. – Para os fins desta Lei, considera-se:
>
> I – organização da sociedade civil: *(Redação dada pela Lei nº 13.204, de 2015)*
>
> a) entidade privada sem fins lucrativos que não distribua entre os seus sócios ou associados, conselheiros, diretores, empregados, doadores ou terceiros eventuais resultados, sobras, excedentes operacionais, brutos ou líquidos, dividendos, isenções de qualquer natureza, participações ou parcelas do seu patrimônio, auferidos mediante o exercício de suas atividades, e que os aplique integralmente na consecução do respectivo objeto social, de forma imediata ou por meio da constituição de fundo patrimonial ou fundo de reserva; *(Incluído pela Lei nº 13.204, de 2015)*
>
> b) as sociedades cooperativas previstas na Lei nº 9.867, de 10 de novembro de 1999; as integradas por pessoas em situação de risco ou vulnerabilidade pessoal ou social; as alcançadas por programas e ações de combate à pobreza e de geração de trabalho e renda; as voltadas para fomento, educação e capacitação de trabalhadores rurais ou capacitação de agentes de assistência técnica

e extensão rural; e as capacitadas para execução de atividades ou de projetos de interesse público e de cunho social. *(Incluído pela Lei nº 13.204, de 2015)*

c) as organizações religiosas que se dediquem a atividades ou a projetos de interesse público e de cunho social distintas das destinadas a fins exclusivamente religiosos; *(Incluído pela Lei nº 13.204, de 2015)*

O vínculo com o Poder Público pode se dar por termo de colaboração, termo de fomento ou acordo de cooperação, conforme a lei que os conceitua:

> **Art. 2º.** – Para os fins desta Lei, considera-se:
>
> **VII – termo de colaboração:** instrumento por meio do qual são formalizadas as parcerias estabelecidas pela administração pública com organizações da sociedade civil para a consecução de finalidades de interesse público e recíproco propostas pela administração pública que envolvam a transferência de recursos financeiros; *(Redação dada pela Lei nº 13.204, de 2015)*
>
> **VIII – termo de fomento:** instrumento por meio do qual são formalizadas as parcerias estabelecidas pela administração pública com organizações da sociedade civil para a consecução de finalidades de interesse público e recíproco propostas pelas organizações da sociedade civil, que envolvam a transferência de recursos financeiros; *(Redação dada pela Lei nº 13.204, de 2015)*
>
> **VIII-A – acordo de cooperação:** instrumento por meio do qual são formalizadas as parcerias estabelecidas pela administração pública com organizações da sociedade civil para a consecução de finalidades de interesse público e recíproco que não envolvam a transferência de recursos financeiros; *(Incluído pela Lei nº 13.204, de 2015)* (g.n.)

Outras características

- A OSC deve divulgar na internet todas as ações que realizar decorrentes da parceria com o Poder Público, para efetivar a transparência.
- A escolha das entidades para formar a parceria se dá por chamamento público.

Capítulo 4

4. ATOS ADMINISTRATIVOS

4.1. Fato administrativo. Fato da administração. Atos Administrativos.

Fato administrativo pode ser definido como um acontecimento qualquer com repercussão no universo jurídico. Para a Professora Maria Sylvia Zanella di Pietro (2009, p. 91), *"se o fato não produz qualquer efeito jurídico no Direito Administrativo, ele é denominado fato da administração"*.

Ato administrativo é, na lição de José dos Santos Carvalho Filho (2017, p. 105),

> a exteriorização da vontade de agentes da Administração Pública ou de seus delegatários, nessa condição, que, sob o regime de direito público, vise à produção de efeitos jurídicos, com o fim de atender ao interesse público.

4.1.1. Atributos do ato administrativo

4.1.1.1. Presunção de legitimidade

Os atos possuem fé pública e os fatos nos quais se embasam são tidos como verdadeiros até que se prove o contrário.

Trata-se de uma presunção relativa, *iuris tantum*, na qual se permite prova em sentido contrário.

4.1.1.2. Autoexecutoriedade

O ato administrativo passa a ser exequível desde o momento de sua expedição, sem a necessidade de qualquer pronunciamento do Poder Judiciário.

Mesmo com essa execução de imediato do ato, não se pode falar da ausência de limites para tal atributo, em decorrência do princípio da inafastabilidade do Poder Judiciário, previsto no art. 5°, XXXV, da CF.

4.1.1.3. Imperatividade

Também conhecido como coercibilidade, está diretamente relacionado à obrigatoriedade do cumprimento dos efeitos do ato, sem deixar a critério do cidadão interpretação sobre sua aplicação.

A aplicação da imperatividade está relacionada apenas aos atos que impõem obrigações, não sendo a todos os atos, como por exemplo uma certidão.

4.1.1.4. Tipicidade

É o atributo relacionado à existência prévia de um tipo legal. Não existe ato administrativo sem um tipo legal previsto em lei.

4.2. Elementos do ato administrativo

4.2.1. Competência

Os atos administrativos têm sua competência prevista em **lei**. Os institutos da **delegação e avocação** (art. 15 da Lei n° 9.784/1999) somente serão possíveis por expressa previsão legal.

4.2.2. Finalidade

A finalidade obrigatória a ser percorrida por todo ato administrativo será sempre para alcançar o **interesse público**. Também pode ser compreendido como finalidade o resultado previsto para cada ato, porém, não se pode falar em finalidade do ato para atender interesse privado.

Teoria do desvio de finalidade – a finalidade principal do ato deixaria de ser o interesse público para atender o interesse particular.

Como complemento a esta teoria, o Professor José dos Santos Carvalho Filho (2017, p. 125) trata o desvio de finalidade com a necessidade de estar caracterizada a vontade, elemento subjetivo, de transgredir o interesse público, em que

> o desvio pressupõe *animus*, vale dizer, a intenção deliberada de ofender o objetivo de interesse público que lhe deve nortear o comportamento. Sem esse elemento subjetivo, haverá ilegalidade, mas não propriamente desvio de finalidade.

O desvio de finalidade estará sujeito à análise pelo Poder Judiciário, no qual, segundo o STF, a Constituição Federal permite a apreciação dos atos administrativos discricionários pelo Poder Judiciário, quando órgão administrativo utilizar-se de seu poder discricionário para atingir fim diverso daquele que a lei fixou, ou seja, quando ao utilizar-se indevidamente dos critérios da conveniência e oportunidade, o agente desvia-se da finalidade de persecução do interesse público. (MS 37097-DF)

4.2.3. Forma

É o instrumento pelo qual o ato se exterioriza. Como regra o ato deverá ser **formal-escrito**. **Excepcionalmente** admitem-se atos por meio de gestos, sinais, apitos, entre outros, desde que previstos em lei.

Para o Professor Celso Antônio Bandeira de Mello (2016, p. 424), que traz o nome de "formalização", a ideia de ser ato escrito é a regra,

> a formalização do ato administrativo é escrita, por razões de segurança e certeza jurídicas. Entretanto, há atos expressos por via oral (por exemplo, ordens verbais para assuntos rotineiros) ou por gestos (ordens de um guarda sinalizando o trânsito), o que, todavia, é exceção, ou até mesmo, por sinais convencionais, como é o caso dos sinais semafóricos de trânsito.

Silêncio administrativo – diversas teses buscam desvendar a figura do "silêncio administrativo", no entanto, duas teses se destacam: i) *omissão pura;* ii) *"silêncio qualificado"*.

Quando não existir a necessidade e nem prazo para a manifestação expressa da administração pública, e esta não o faz, estamos diante da omissão pura, em que não existirá ato propriamente dito.

Nesse caso, poderá ocorrer até um ilícito passível de responsabilidade pelos danos causados.

Já o silêncio qualificado, segundo Marçal Justen Filho (2016, p. 225), *"é aquele que permite inferir a vontade da Administração Pública em determinado sentido, a isso se somando a possibilidade de reconhecer a omissão como manifestação daquela vontade".*

4.2.4. Motivo x Motivação x Móvel

O **motivo** pode ser compreendido como as razões de fato e direito para a prática do ato. Já a **motivação** do ato é exposição, pela administração, dos motivos aplicados ao mesmo. **Móvel** do ato administrativo é a real intenção do agente público na prática daquele ato.

A definição do Professor Celso Antônio Bandeira de Mello (2016, p. 411) quanto ao móvel do ato administrativo exaure a distinção com o motivo, de forma definitiva, sendo o *"móvel representação subjetiva, psicológica, interna do agente e corresponde àquilo que suscita a vontade do agente (intenção)"*.

Tema polêmico na doutrina e na jurisprudência diz respeito à obrigatoriedade da motivação dos atos administrativos.

Em que pesem entendimentos em sentido contrário (Carvalho Filho, 2017, p. 125), a Constituição Federal de 1988 trouxe de forma explícita a necessidade de motivar seus atos no art. 93, X: "as decisões administrativas dos tribunais serão motivadas".

Teoria dos motivos determinantes – os atos administrativos uma vez motivados carregam seus fundamentos até sua extinção. Pela teoria dos motivos determinantes, quando se tem a motivação do ato, esses elementos – fato e jurídico – a ele concedidos vincularão ao ato.

4.2.5. Objeto

O objeto do ato administrativo é o resultado a ser alcançado por ele, que deverá ser sempre **lícito**.

4.3. Classificações

4.3.1. Quanto à liberdade

a) **Atos vinculados:** A lei determina como o ato deve ser feito, sem deixar margem de escolha, conveniência e oportunidade, para o agente público atuar, prevendo, inclusive, a obrigatoriedade da atuação.

b) **Atos discricionários:** Embora estejam também previstos em lei, conferem autonomia ao agente público para analisar a situação concreta e decidir qual a melhor atuação considerando a oportunidade e conveniência.

Para melhor definir os dois institutos, na lição da Professora Maria Sylvia Zanella di Pietro (2018, p. 245)

> a atuação da Administração Pública no exercício da função administrativa é vinculada quando a lei estabelece a única solução possível diante de determinada situação de fato; ela fixa todos os requisitos, cuja existência a Administração deve limitar-se a constatar, sem qualquer margem de apreciação subjetiva.

Continua a autora,

> E a atuação é discricionária quando a Administração, diante do caso concreto, tem a possibilidade de apreciá-la segundo critérios de oportunidade e conveniência e escolher uma dentre duas ou mais soluções, todas válidas para o direito.

4.3.2. Quanto à formação

a) **Simples** – Somente um órgão ou autoridade pública é necessário para concretizar o ato.

b) **Compostos** – Para a realização do ato deve haver o ato principal e o acessório (de ratificação) do mesmo órgão. Ex.: Atos que dependem de homologação.

De forma distinta, o conceito de Maria Sylvia Zanella di Pietro (2018, p. 256) que entende ser ato composto aquele *"que resulta da manifestação de vontade de mais de dois ou mais órgãos, em que a vontade é um dever instrumental em relação a de outro, que edita o ato principal"*.

c) **Complexos** – Atos que dependem de um conjunto de vontades de mais de um órgão da Administração Pública. Ex.: Concessão de aposentadoria (Ato do órgão a que o agente é vinculado + aprovação pelo Tribunal de contas).

De forma diversa à autora (Id., ibid.), acima referida, define os atos complexos como *"os que resultam da manifestação de dois ou mais órgãos, sejam eles singulares ou colegiados, cuja vontade se funde para transformar um **ato único**"*.

4.3.3. Quanto aos destinatários

a) **Gerais (abstratos)** – destinados a pessoas indeterminadas em decorrência de uma situação de fato (Ex.: Obrigatoriedade de uso de uniforme). Dependem de publicação para terem efeitos.

b) **Individuais** – Direcionados para uma situação específica e individualizada. Podem ser múltiplos (Ex.: nomeação de vários candidatos em concurso) ou singulares (Ex.: Ordem a um servidor).

4.3.4. Quanto ao objeto

a) **Atos de império** – Atuação com a supremacia do interesse público sobre o particular. Ex.: Atos de Poder de Polícia.

b) **Atos de gestão** – Em situação de equivalência e aplicação das regras do particular. Ex.: Ato de alienação de imóvel público.

c) **Atos de mero expediente** – Atos de andamento às atividades administrativas, sem necessariamente emanar vontade ou ordem. Ex.: Despacho de encaminhamento.

Com relação aos atos de gestão a doutrina se posicionou no sentido de chamá-los de atos de direito privado da Administração, em que *"são apenas atos da Administração, precisamente pelo fato de serem regidos pelo direito privado"* (Id., ibid., p. 254).

4.3.5. Quanto à estrutura

a) **Concretos** – Recaem sobre uma situação específica. Ex.: Aplicação de suspensão a um servidor.

b) **Abstratos** – Regra geral a ser aplicada sempre que o fato subsumir ao ato. Ex.: Circular de horário de funcionamento de órgão público.

4.3.6. Quanto aos efeitos

a) **Constitutivos** – Criam, modificam ou extinguem uma nova situação. Ex.: Nomeação de servidor.

b) **Declaratórios** – Reconhecem situação já existente. Ex.: Certidão de tempo de serviço.

c) **Internos** – Quando produzem efeitos dentro da Administração pública para os servidores, ou fora, para os cidadãos. Ex.: Regimento interno ou placas de trânsito.

d) **Externo** – será aquele que passa a produzir efeitos para fora da Administração Pública.

4.4. Espécies

4.4.1. Atos normativos

Em regra, esses atos são gerais e abstratos, ou seja, para pessoas indeterminadas, cuja finalidade principal é dar fiel execução à lei, decorrendo, portanto, do Poder Normativo da Administração Pública.

a) **Regulamento:** Materializado por Decreto emitido pelo Chefe do Poder Executivo. Pode ser executivo, para o estrito cumprimento da lei, ou ainda autônomo, para tutelar situações como se lei fosse.

b) **Aviso:** Expedido por Ministérios ou Secretarias para informar à sociedade sobre suas atividades.

c) **Instrução normativa:** Editado por qualquer autoridade pública para a execução de um decreto ou regulamento.

d) **Regimento:** Para normas e regramento interno de um órgão. Válido apenas para seus agentes.

e) **Deliberações:** Exteriorização da vontade dos agentes públicos por meio de um órgão colegiado.

f) **Resolução:** Disciplina assuntos específicos do Poder Legislativo, Judiciário e Agências Reguladoras.

4.4.2. Atos ordinatórios

a) **Portaria:** Ato individual com ordens internas e efeito sobre destinatários específicos. Ex.: Nomeação de servidor.

b) **Circular:** Expedição de normas uniformes e gerais para uma coletividade de servidores de um determinado órgão. Ex.: Circular normativa sobre vestimentas adequadas para servidores do órgão X.

c) **Ordem de serviço:** Distribuição escalonada de serviço. Ex.: Determinação de atividades e responsabilidades para um setor.

d) **Despacho:** Decisões sobre situações particulares e individualizadas dentro de processos administrativos.

e) **Memorando:** Meio de comunicação interna de setores de um mesmo órgão público. Ex.: Solicitação de informações da Secretaria de Governo para a Secretaria de Meio Ambiente.

f) **Ofício:** Meio de comunicação externa entre setores de órgãos diversos ou particulares. Ex.: Ofício para banco requerendo informações.

4.4.3. Atos negociais

a) **Autorização:** É ato unilateral, precário (revogável a qualquer tempo) e discricionário (a depender da oportunidade e conveniência auferida pela autoridade pública) que autoriza o uso de um bem público ou a prestação de um serviço público, por um particular de maneira privativa. Como um exemplo de autorização, o fechamento de rua para fazer um evento.

O interesse é do particular beneficiário e, em razão da precariedade, não cabe indenização caso seja revogada a autorização.

b) **Permissão:** "Ato administrativo unilateral, discricionário e precário, gratuito ou oneroso, pelo qual a Administração Pública faculta ao particular a execução de serviço público ou a utilização privativa de bem público" (Id., ibid., p. 262). Ex.: Instalação de banca de jornal numa praça.

Pode ser a permissão de uso de bem público por tempo determinado, não sendo possível a revogação antes do termo final, sob pena de indenização ao particular.

c) **Licença:** É ato unilateral e vinculado, no qual, após o preenchimento dos requisitos legais ficará a Administração Pública vinculada à prática do ato.

Nesta hipótese, o particular deve preencher os requisitos legais para obter a licença pleiteada, a qual será fiscalizada pelo Estado. Ex.: Licença para construir.

A Jurisprudência admite que, excepcionalmente, exista a revogação da licença para construir, caso haja a superveniência de razão de interesse público motivado (REsp 1011581-RS).

d) **Admissão:** Ato também vinculado e unilateral que permite ao particular usufruir de um serviço. Ex.: Admissão em hospital público.

e) **Aprovação:** Ato discricionário com objetivo de controle de mérito e legalidade da atividade administrativa. O controle poderá ser preventivo ou posterior.

f) **Homologação:** Ato vinculado cuja finalidade primordial é controlar a legalidade do ato que o antecedeu.

4.4.4. Atos enunciativos

a) **Atestado:** Emitido pela Administração após verificação de fato.

b) **Certidão:** Emitido para confirmar e veicular informação de fato já ocorrido e registrado nos bancos públicos de dados.

c) **Apostila (averbação):** Edição de documento público para adicionar novas informações.

d) **Parecer:** Emissão de opinião por órgão consultivo.

4.4.5. Atos punitivos

Aplicação de sanções pelo Poder Público para punir infrações de seus servidores ou particulares.

4.5. Extinção

a) **Extinção natural** – Esgotamento dos efeitos do ato administrativo. Ex.: Cumprimento integral de ordem emanada.

b) **Renúncia** – Hipótese em que o particular abre mão de direito que o Poder Público lhe conferiu. Ex.: Não quer mais utilizar o bem público que lhe foi autorizado.

c) **Desaparecimento** – Hipótese em que o objeto sobre o qual o ato recai deixa de existir. Ex.: Punição de servidor público que acaba por falecer durante o processo.

d) **Invalidação** – Pode ser por anulação ou revogação.

e) **Anulação** – Quando o ato for **contrário às leis ou aos demais atos normativos** (ilegalidade). Poderá ser anulado pela própria **Administração Pública** – Princípio da Autotutela – **ou pelo Poder Judiciário** – art. 5º, XXXV, da CF. Quando declarado nulo, sua decisão terá efeitos *ex tunc*.

Ponto importante de debate referente ao tema, vem sendo cada vez mais destacada a necessidade de conferir o direito à ampla defesa e ao contraditório, disposto no art. 5º, LV, da CF, sempre que interferir em interesses de terceiros.

Importante observação se faz quando se discute a extensão que o Poder Judiciário poderia adentrar no mérito do ato administrativo, ou somente, ficaria restrito à legalidade formal, sem a possibilidade de "invadir" o campo da conveniência e oportunidade, também conhecido como "mérito do ato".

Em decisão recente, Mandado de Segurança nº 37.097 – DF, impetrado pelo Partido Democrático Trabalhista – PDT, em face do Presidente da República, visando anular o ato de nomeação e posse do Diretor-Geral da Polícia Federal em decorrência de notícias veiculadas pela imprensa após a saída do ex-Ministro de Estado da Justiça e Segurança Pública, em sede de medida liminar decidiu de forma acertada sobre o tema.

> O Poder Judiciário, ao exercer o controle jurisdicional, não se restringirá ao exame estrito da legalidade do ato administrativo, devendo entender por legalidade ou legitimidade não só a conformação do ato com a lei, como também como a moral administrativa e com o interesse coletivo, em fiel observância ao "senso

comum de honestidade, equilíbrio e ética das Instituições". (MS 37097- DF – Relator Min. Alexandre de Moraes)

Dessa forma, caberá análise por parte do Poder Judiciário não somente nas hipóteses em que ocorra a ilegalidade, como também sempre que violar princípios norteadores do direito.

f) **Revogação** – Extinção do ato quando for **conveniente e oportuno** à Administração pública, atingindo, portanto, o mérito do ato. Somente poderá ser revogado pela **Administração Pública** – Princípio da Autotutela – com **efeitos ex nunc**. Neste ponto cabe lembrar a

> **Súmula nº 473 (STF)**
> A administração pode anular seus próprios atos, quando eivados de vícios que os tornam ilegais, porque deles não se originam direitos; ou revogá-los, por motivo de conveniência ou oportunidade, respeitados os direitos adquiridos, e ressalvada, em todos os casos, a apreciação judicial.

Obs.: São irrevogáveis atos declarados como tais em lei; os já consumados; os que já geraram direito adquirido e os vinculados.

g) **Cassação** – Extinção do ato por descumprimento de seus requisitos por parte do beneficiário/particular. Também é chamado de ilegalidade superveniente. Ex.: Particular que obtém licença para uma finalidade e a desvia, sem comunicação prévia.

h) **Caducidade** – Lei superveniente que altera os requisitos do ato anteriormente concedido, passando este a não valer mais por estar em desconformidade com a nova lei.

4.6. Convalidação

É a correção de um ato com vícios passíveis de serem sanados por se tratar de nulidade relativa, desde que não gere prejuízos a terceiros e seja mais conveniente ao interesse público. Ex.: Ato realizado por agente incompetente para aquela atribuição, mas convalidado por seu superior hierárquico a quem realmente competiu a realização de tal ato. Desta forma, o Superior hierárquico vai confirmar o ato realizado por seu subordinado, convalidando-o.

A legislação infraconstitucional trouxe a previsão de convalidação no art. 55 da Lei nº 9.784/1999:

> **Art. 55.** Em decisão na qual se evidencie não acarretarem lesão ao interesse público nem prejuízo a terceiros, os atos que apresentarem defeitos sanáveis poderão ser convalidados pela própria Administração.

Dessa forma, para a convalidação do ato deverão ser preenchidos três requisitos: i) *não acarretar lesão a interesse público*; ii) *não causar prejuízos a terceiros*; iii) *apresentar vícios sanáveis*.

Em que pese o dispositivo legal, art. 55, mencionar o termo "poderão", a renomada autora Weida Zancaner (1990, p. 55) entende que somente em *"uma hipótese em que a Administração*

Pública pode optar entre o dever de convalidar e o dever de invalidar segundo critérios discricionários. É o caso de ato discricionário praticado por autoridade incompetente".

Continua a autora (Id., ibid),

> se alguém pratica em lugar de outrem um dado ato discricionário e esse alguém não era o titular do poder para expedi-lo, não poderá pretender que o agente a quem competia tal poder seja obrigado a repraticá-lo sem vício (convalidá-lo), porquanto poderá discordar da providência tomada.

4.7. Efeitos

Todos os atos emanados causam efeitos no mundo jurídico e no plano físico. No mínimo, o efeito do ato é aquele pretendido pela autoridade pública que o emana. Por exemplo, se o ato pretendido é a desapropriação de uma casa para a construção de uma escola, o efeito jurídico é a transferência da propriedade para o Poder Público, e o efeito físico é a imissão na posse com a demolição do bem e a nova construção.

Muitas das vezes os efeitos dos atos administrativos ultrapassam as partes envolvidas na relação inicial e atingem terceiros, como por exemplo o dever que o vizinho de patrimônio tombado tem de não construir próximo ao bem, de modo a prejudicá-lo.

Além disso, ocorre ainda a situação em que, em razão do tempo e também das consequências geradas ao próprio particular ou administrado destinatário do ato administrativo, o ato emanado torna-se garantia de direitos fundamentais.

Em razão dessas hipóteses existem dois institutos: A teoria do fato consumado e a estabilização dos efeitos dos atos administrativos.

ATENÇÃO! Ambos não se confundem. É preciso ater-se às diferenças e características de cada um, pois o primeiro não se aplica ao Direito Administrativo, enquanto o segundo, sim.

A **teoria do fato consumado** dispõe que um ato emanado com vícios, embora nulo ou anulável, pode continuar vigente no mundo jurídico em razão do LAPSO TEMPORAL e da completa realização do ato tornarem impossível a reversão para a situação anterior.

No direito administrativo não é possível aplicar este instituto, pois os tribunais entendem que feriria o princípio da legalidade, primordial às diretrizes do Poder Público.

Neste sentido, a jurisprudência não permitiu a aplicação nas seguintes situações fáticas:

- Servidor que toma posse em concurso público em razão de liminar concedida em ação ordinária ou mandado de segurança contra o Poder Público.

  Mesmo que do momento da posse passem vários anos, a posse concedida ao servidor através de liminar é precária em razão da natureza da decisão e também do dever de obediência à estrita legalidade.

  Em razão disso, sobrevindo decisão definitiva que entende pela ilegalidade ou pela ausência de direitos quanto à posse ou a nomeação, deve o servidor ser exonerado do serviço, tendo sua posse declarada nula e tornada sem efeito. Não se aplicando a teoria do fato consumado para manter um servidor empregado a despeito da lei (RMS 24430 – AC).

- Exploração de atividade lesiva ao meio ambiente com ausência de licença ambiental.

Não se aplica a teoria do fato consumado para criar direito inexistente, ainda que a atividade ambiental tenha sido praticada por vários anos e esteja, aparentemente, consolidada (AG.REG no REXTRA RE 609748 – RJ).

Por outro lado, a **Estabilização dos efeitos** dos atos administrativos pode acontecer quando a retirada do ato causar prejuízo maior do que sua manutenção, de modo a ferir direitos básicos e fundamentais, bem como a segurança jurídica e boa-fé.

A estabilização dos efeitos não significa que o ato foi convalidado, mas apenas que ele continuará produzindo seus efeitos no mundo jurídico, mesmo estando viciado, em razão da proteção de um bem maior que engloba o cidadão e o interesse público.

Para ilustrar esta segunda situação, usa-se o primeiro exemplo acerca da posse inválida de funcionário público. Conforme dito, pela inaplicabilidade da teoria do fato consumado, o servidor não pode ser mantido no serviço caso seja sua nomeação e posse invalidadas, porém, alguns efeitos decorrentes do ato de nomeação devem ser mantidos.

Exemplo, os atos praticados por este funcionário, quando no exercício da função irregularmente, em tese não poderiam ser mantidos, visto que o servidor tinha uma posse precária e, após sua invalidação, seus atos são nulos ou sem efeitos.

Ocorre que os particulares ou administrados que se beneficiaram do ato não tinham como saber desta situação fática, além de gozarem plenamente dos efeitos dos atos emanados por aquele funcionário irregular com boa-fé.

Muitas das vezes o ato daquele funcionário já criou para o particular ou administrado uma situação consolidada de direitos, de forma que a retirada do ato iria de encontro com a segurança jurídica.

Em razão disso, admite-se a chamada **TEORIA DO FUNCIONÁRIO DE FATO**, que nada mais é do que a manutenção dos atos daquele que aparentava ser servidor público de forma válida e regular, cujos efeitos já criaram direitos para os respectivos destinatários, em atenção aos princípios da confiança, boa-fé e segurança jurídica.

Da mesma forma, embora tornada sem efeito a posse do servidor irregular ou com posse por liminar precária, o salário pago pelo serviço prestado também não será devolvido, sob pena de enriquecimento sem causa da Administração.

Capítulo 5

5. RESPONSABILIDADE CIVIL DO ESTADO

5.1. Responsabilidade Civil do Estado

O Poder Público, enquanto Estado, embora possua prerrogativas em face dos particulares, sob o argumento da primazia do interesse público, não se exime de ressarcir os danos causados decorrentes de sua atuação.

Considerando que a Administração Pública, através de seus órgãos, não responde diretamente pelos atos, em razão de não possuir personalidade jurídica, bem como em função da teoria do órgão, transfere ao Estado (ente federativo) o dever de reparação.

A responsabilidade civil, todavia, diferentemente da esfera privada, não precisa decorrer necessariamente de um ato ilícito, podendo também restar configurada por um ato lícito que cause dano.

5.1.1. Teorias relacionadas ao tema

5.1.1.1. Teoria da Irresponsabilidade do Estado

Na época dos Estados Absolutistas, nos quais havia o conceito de **Estado soberano**, governado pelo Rei, adotava-se a **teoria da irresponsabilidade civil do Estado**.

O poder era absoluto e contra ele não podia haver questionamentos. A teoria é oriunda do *"The king can do no wrong"*, que significa que o rei não erra.

Portanto, eventuais atos danosos não poderiam ser imputados ao Rei (responsável pelo governo público), pois seria uma afronta à sua soberania.

Apenas para curiosidade, resta salientar que os Estados Unidos deixaram de adotar teoria da irresponsabilidade do Estado em 1946, por intermédio do *Federal Tort Claim*, e ainda, a Inglaterra, em 1947, com o *Crown Proceedings*.

5.1.1.2. Teoria da Responsabilidade Subjetiva – falta do serviço

A teoria da responsabilidade subjetiva surge no direito francês, em especial, após a Revolução Francesa que trazia a figura do *"Faute du Service"*, traduzindo, falta do serviço, em que o Estado seria responsabilizado pela falta da prestação dos serviços.

Para o Professor Celso Antônio Bandeira de Mello (2011, p. 1019), responsabilidade subjetiva

> é a obrigação de indenizar que incumbe a alguém em razão de um procedimento contrário ao Direito – culposo ou doloso – consistente em causar um dano a outrem ou em deixar de impedi-lo quando obrigado a isso.
>
> Em face dos princípios publicísticos não é necessária a identificação de uma culpa individual para deflagrar-se a responsabilidade do Estado. Esta noção civilista é ultrapassada pela ideia denominada de faute du service entre os franceses. Ocorre a 'culpa do serviço ou falta do serviço' quando este não funciona, devendo funcionar, funciona mal ou funciona atrasado. Esta é a tríplice modalidade pela qual se apresenta e nela se traduz um elo entre a responsabilidade tradicional do Direito Civil e a responsabilidade objetiva.

A falta do serviço poderá ser identificada em três situações (Carvalho Filho, 2017, p. 593): i) *a inexistência do serviço;* ii) *o mau funcionamento do serviço;* iii) *retardamento do serviço.*

5.1.1.3. Teoria da Responsabilidade Objetiva

A responsabilidade objetiva do Estado foi mencionada pela primeira vez no Brasil na Constituição de 1946; vejamos:

> Art. 194. As pessoas jurídicas de direito público interno são civilmente responsáveis pelos danos que seus funcionários, nessa qualidade, causarem a terceiros.
>
> **Parágrafo Único** – Caber-lhes-á ação regressiva contra os funcionários causadores do dano, quando tiver havido culpa destes.

Os textos constitucionais subsequentes também trouxeram a ideia de responsabilidade objetiva do Estado. Hoje, a responsabilidade do Estado, em regra, é **OBJETIVA**, por força do art. 37, § 6º, da CF/1988:

> Art. 37. [...]
>
> § 6º As pessoas jurídicas de direito público e as de direito privado prestadoras de serviços públicos responderão pelos danos que seus agentes, nessa quali-

dade, causarem a terceiros, assegurado o direito de regresso contra o responsável nos casos de dolo ou culpa.

Pela análise do artigo supra, infere-se que, em verdade, para o Poder Público responder por um dano causado, deve apenas ser comprovado o **nexo causal**, uma vez que não é necessária a demonstração de dolo ou culpa para a devida imputação de responsabilidade.

Caso o serviço seja prestado por delegatário ou concessionário, este responderá objetivamente pelo dano, ficando o Estado com a responsabilidade subsidiária, na hipótese de o primeiro não conseguir arcar com os custos.

Neste sentido, a jurisprudência:

> Constitucional. Responsabilidade do Estado. Art. 37, § 6°, Da Constituição. Pessoas Jurídicas de Direito Privado Prestadoras de Serviço Público. Concessionário ou Permissionário do Serviço de Transporte Coletivo. Responsabilidade Objetiva em Relação a Terceiros Não-Usuários do Serviço. Recurso Desprovido. I – A responsabilidade civil das pessoas jurídicas de direito privado prestadoras de serviço público é objetiva relativamente a terceiros usuários e não-usuários do serviço, segundo decorre do art. 37, § 6°, da Constituição Federal. II – A inequívoca presença do nexo de causalidade entre o ato administrativo e o dano causado ao terceiro não-usuário do serviço público, é condição suficiente para estabelecer a responsabilidade objetiva da pessoa jurídica de direito privado. III – Recurso extraordinário desprovido.
>
> (RE 591874/MS, Relator(a): Min. Ricardo Lewandowski. 26/08/2009. Órgão Julgador: Tribunal Pleno)

Conforme será estudado em capítulo próprio, o dolo ou culpa será apurado para fins de eventual ação de regresso perante o servidor público responsável pelo ato causador do dano.

Além disso, o dano causado pode ser em prejuízo a um usuário do serviço público ou não. Em qualquer caso, é devida a indenização pelo dano causado.

Ainda, dentro da Teoria da Responsabilidade Objetiva do Estado podemos mencionar a existência de duas divisões i) *risco administrativo*; ii) *risco integral*.

Risco Administrativo pode ser definido como aquela teoria que admite excludentes de responsabilidade do Estado. Não será responsabilizada a administração pública em qualquer situação sem que sejam admitidas excludentes ao caso (ex.: caso fortuito, força maior e culpa exclusiva da vítima).

Já pela teoria do **Risco Integral** a administração pública será responsabilizada por toda e qualquer situação, não sendo admitida qualquer excludente de responsabilidade.

Nas lições da Professora Maria Sylvia Zanella di Pietro (2019, p. 647-8), a aplicação do risco integral, no direito brasileiro,

> é o que ocorre nos casos de **danos causados por acidentes nucleares** (art. 21, XXIII, d, da Constituição Federal) e também na hipótese de **danos decorrentes de atos terroristas, atos de guerra ou eventos correlatos, contra aeronaves de empresas aéreas brasileiras,** conforme previsto nas Leis n° 10.309, de 22/11/2001, e 10.744, de 9/10/2003. Também o Código Civil previu

algumas hipóteses de risco integral nas relações obrigacionais, conforme artigos 246, 393 e 399.

Além das duas situações trazidas anteriormente pela renomada Professora, a Constituição Federal elevou também como risco integral o **dano ambiental** – art. 225, § 6º, da CF.

Dessa forma, podemos mencionar que se admite o **risco integral,** no direito pátrio, **em três hipóteses: *i) dano nuclear (art. 22, XXIII, d, da CF); ii) decorrentes de atos terroristas (Leis nºs 10.309/2001 e 10.744/2003); e, iii) dano ambiental (art. 225, § 6º, da CF).***

5.2. Responsabilidade por omissão

A Constituição Federal de 1988, ao fazer estabelecer a responsabilidade objetiva, diante da demonstração do nexo de causalidade, traz um ponto polêmico no tocante aos atos omissivos.

> Art. 37. [...]
>
> § 6º As pessoas jurídicas de direito público e as de direito privado prestadoras de serviços públicos responderão pelos danos que seus agentes, nessa qualidade, **causarem** a terceiros, assegurado o direito de regresso contra o responsável nos casos de dolo ou culpa. (g.n.)

A redação faz menção expressa aos atos causados, ou seja, não se tem referência aos **atos omissivos**.

Aos atos omissivos, Celso Antônio Bandeira de Mello (2011, p. 477) faz menção no sentido de que

> será preciso distinguir se omissão constitui, ou não, fato gerador da responsabilidade civil do Estado. **Nem toda conduta omissiva retrata um desleixo do Estado em cumprir um dever legal;** se assim for, não se configurará a responsabilidade estatal. **Somente quando o Estado se omitir diante do dever legal de impedir a ocorrência do dano é que será responsável civilmente e obrigado a reparar os prejuízos.** (grifo meu)

A afirmativa do brilhante autor traz a reflexão de uma das maiores divergências existentes do direito administrativo, em que não se pode dizer que a responsabilidade civil nos atos omissivos seja subjetiva, em que pesem os entendimentos contrários.

Isso em decorrência da responsabilidade, nesses casos, somente será permitida após demonstração da culpa da administração pública pela omissão causadora do dano. Não se pode falar em indenizar por ato omissivo quando a administração não tinha o dever legal de impedir o dano.

5.3. Responsabilidade por obras públicas

Situação peculiar é o caso de obras públicas. Existem duas possibilidades.

Se a **obra pública**, realizada de forma íntegra e regular, causar dano pelo fato de ter sido feita, fala-se em responsabilidade **OBJETIVA,** caso se comprove o **nexo de causalidade.**

Por outro lado, caso o problema tenha surgido por conta de uma falha do empreiteiro da obra, que executou um contrato administrativo, nesse caso a responsabilidade será apenas sobre o empreiteiro, cabendo somente responsabilizar o Estado de forma subsidiária.

5.4. Responsabilidade por atos jurisdicionais

Como regra, não há dever de indenização por **atos jurisdicionais**, exceto os de **NATUREZA PENAL**, por força do que dispõe o art. 5º:

> **LXXV** – o Estado indenizará o condenado por erro judiciário, assim como o que ficar preso além do tempo fixado na sentença;

Além disso, em caso de dolo ou fraude, o juiz também responde pelo dano que causar.

5.5. Responsabilidade por atos legislativos

Os atos legislativos primários – **Leis em sentido amplo** – podem gerar prejuízos àqueles atingidos por ela, no entanto, outra divergência aqui também reside no direito administrativo.

A função típica do Parlamento é legislar, além de fiscalizar; porém, os efeitos causados por conta da legislação devidamente aprovada na Casa de Leis devem ser interpretados sob diversos pontos, como veremos a seguir.

Primeiramente, a **livre consciência do voto**, exercida pelo Parlamentar, em qualquer esfera, não pode ser punível, tendo em vista se tratar de sua principal atribuição legiferante: **o voto**.

Este também é o entendimento do autor José dos Santos Carvalho Filho (2017, p. 613) que assevera: *"entendemos que o ato legislativo não pode mesmo causar a responsabilidade civil do Estado, se a lei é produzida em estrita conformidade com os mandamentos constitucionais"*.

Outro ponto, ainda relacionado ao tema, diz respeito ao dano jurídico lícito. Por essa teoria, em casos excepcionais, o Estado seria obrigado a indenizar, mesmo que estritamente legal, mas, nas situações que venham causar prejuízos em decorrência de legislação que suprimiu direito para *"um grupo de indivíduos (p. ex.: o de propriedade), à custa de algum outro benefício conferido a um universo maior de destinatários"* (Zockun, 2010, p. 123-150).

Nas hipóteses de responsabilização por danos ocasionados por leis, ou qualquer outro ato normativo, que seja declarado inconstitucional, via **Ação Direta de Inconstitucionalidade – ADI**, deverá ser responsabilizado o Estado. Porém, para que os lesados recebam a indenização, devem ingressar com ação própria, pois o efeito não é automático.

Nesses casos, pouco importa se a inconstitucionalidade foi material ou formal.

5.6. Prescrição

O prazo prescricional para ingressar em ação regressiva contra o Estado, administração direta, autarquias e fundações será de 5 (cinco) anos – (Decreto nº 20.910/1932). Já para os entes de personalidade jurídica de direito privado será o prazo prescricional de 3 (três) anos do Código Civil (art. 206, § 3º).

5.7. Legitimidade processual – RE 1027633

Outro tema polêmico dentro do estudo da responsabilidade civil do Estado diz respeito à legitimidade processual **passiva** para a ação, em especial, quanto ao servidor.

A propositura da demanda judicial em face do órgão público era de aceitação no universo jurídico, pairando apenas dúvidas quanto à propositura de demanda direta contra o servidor causador do dano.

O Supremo Tribunal Federal decidiu no RE 1027633, em 14/08/2019, que passa a ter vigência a tese,

> A teor do disposto no artigo 37, parágrafo 6º do artigo 37 da Constituição Federal, segundo o qual as pessoas jurídicas de direito público e as de direito privado prestadoras de serviços públicos responderão pelos danos que seus agentes causarem à terceiros.

Com base nesse entendimento, exauriu-se a divergência quanto à legitimidade, ou não, do servidor público como sujeito passivo da ação sem a necessidade da inclusão do Poder Público.

Desde então, resta legítima apenas a demanda perante o órgão público, cabendo a este – órgão público – acionar o causador do dano por meio de ação regressiva.

5.8. Ação regressiva

O texto constitucional prevê o direito de regresso da Administração Pública diante daquele servidor ou não que causou o prejuízo.

> Art. 37. [...]
> § 6º As pessoas jurídicas de direito público e as de direito privado prestadoras de serviços públicos responderão pelos danos que seus agentes, nessa qualidade, causarem a terceiros, assegurado o **direito de regresso contra o responsável nos casos de dolo ou culpa**. (g.n.)

Caberá ação regressiva contra o servidor público que agir com dolo ou culpa em suas atribuições, e por consequência, gerou prejuízo ao Estado.

Em que pesem poucos doutrinadores tratarem do tema, com as devidas venias diante de entendimentos contrários, não se trata aqui de uma faculdade do administrador público ingressar com ação regressiva, mas sim, de uma obrigatoriedade em rever os valores pagos a título de indenização àquele que sofreu o dano.

Ou seja, estamos diante de um ato vinculado do administrador público, que na hipótese de omissão, dolosa ou culposa, **deverá** responder pela prática do ato.

No mesmo sentido Marçal Justen Filho (2016, p. 1242): *"se o particular promover a ação para responsabilização apenas do Estado, caberá a este o dever-poder de promover a ação regressiva contra o agente estatal cuja conduta gerou condenação"*.

CAPÍTULO 6

6. CONTROLE DA ADMINISTRAÇÃO

6.1. Conceito

Em síntese, é o conjunto de ações e instrumentos que permite a fiscalização por parte do povo e também do próprio poder público da atuação do Estado e de seus agentes.

Segundo a autora Fernanda Marinela (Ibid., p. 1082), o controle da Administração tem como definição *"o conjunto de mecanismos jurídicos e administrativos por meio dos quais se exerce o poder de fiscalização e de revisão da atividade administrativa"*.

6.1.1. Legislativo

O controle feito pelo Poder Legislativo de forma direta, no âmbito do Parlamento, através da manifestação do Congresso Nacional ou por apenas uma de suas casas (Senado Federal ou Câmara dos Deputados) ou com auxílio do Tribunal de Contas.

Exemplo de controle parlamentar direto: Art. 49, V, CF.

> **Art. 49.** É da competência exclusiva do Congresso Nacional:
>
> ....
>
> **V** – sustar os atos normativos do Poder Executivo que exorbitem do poder regulamentar ou dos limites de delegação legislativa;

Muito embora a função do Poder Legislativo seja a de legislar, é o ordenamento jurídico que permite que as casas legislativas operem o controle de atos de outras esferas de poder, de modo a manter o equilíbrio entre os três poderes. O art. 49 da Constituição Federal elenca as formas de controle que o Congresso Nacional tem para efetivar a boa administração pública.

O Congresso é responsável ainda por julgar anualmente as contas do Presidente da República e apreciar a execução dos planos de governo, sendo esta mais uma hipótese de controle, visto que poderá atuar frente a eventuais irregularidades encontradas.

Exemplo 2: Aprovação pelo Senado de nomeação de agentes políticos (art. 52, III, CF).

> **Art. 52.** Compete privativamente ao Senado Federal:
>
> ....
>
> III – aprovar previamente, por voto secreto, após arguição pública, a escolha de:
>
> **a)** Magistrados, nos casos estabelecidos nesta Constituição;
>
> **b)** Ministros do Tribunal de Contas da União indicados pelo Presidente da República;
>
> **c)** Governador de Território;
>
> **d)** Presidente e diretores do banco central;
>
> **e)** Procurador-Geral da República;
>
> **f)** titulares de outros cargos que a lei determinar;

6.1.1.1. Comissão Parlamentar de Inquérito – CPI

Outro instrumento previsto na Constituição Federal, para o controle dos atos, é a **Comissão Parlamentar de Inquérito – CPI**, que tem poder próprio das autoridades judiciais para a apuração de fato determinado e por prazo preestabelecido. Suas conclusões são encaminhadas ao Ministério Público para que promova a responsabilização civil ou criminal dos investigados.

A **Comissão Parlamentar de Inquérito** tem previsão legal no art. 58, § 3°, da CF.

> **Art. 58.** O Congresso Nacional e suas Casas terão comissões permanentes e temporárias, constituídas na forma e com as atribuições previstas no respectivo regimento ou no ato de que resultar sua criação.
>
> ....
>
> **§ 3°** As comissões parlamentares de inquérito, que terão poderes de investigação próprios das autoridades judiciais, além de outros previstos nos regimentos das respectivas Casas, serão criadas pela Câmara dos Deputados e pelo Senado Federal, em conjunto ou separadamente, mediante requerimento de um terço de seus membros, para a apuração de fato determinado e por prazo certo, sendo suas conclusões, se for o caso, encaminhadas ao Ministério Público, para que promova a responsabilidade civil ou criminal dos infratores.

Note-se que a CPI poderá ser criada por um terço da Câmara dos Deputados ou do Senado Federal, em conjunto ou separadamente. No primeiro caso, criação conjunta, teremos as denominadas CPMI, já no caso de uma criação isolada de qualquer uma das casas legislativas, estaremos diante de uma CPI.

Outro ponto importante de se ressaltar diz respeito à necessidade de **apuração de fato certo e determinado**, não sendo possível a apuração de fatos genéricos. Caso seja instaurada uma CPI para apuração de fato indeterminado, ela será nula, pois, contraria o texto legal expresso. Ex.: não se pode criar uma CPI para apuração dos problemas na saúde pública, por se tratar de assunto que tem uma abrangência grande, podendo ser falta de médico, de medicamento nas instalações, entre outros.

Importante, também, destacar a necessidade de determinar um **prazo certo** para a apuração da CPI. Quanto ao tempo, não se admite, também, uma CPI *ad eternum*, sem prazo determinado.

Cada Casa Legislativa disporá sobre o prazo de validade que, geralmente, será de 120 (cento e vinte) dias, como na Câmara dos Deputados.

Quanto à produção dos trabalhos realizados ao longo da investigação, cabe ressaltar que a CPI não tem competência para julgar ou punir ninguém, competência esta, de dizer o direito, conferida apenas ao Poder Judiciário.

Após a realização dos trabalhos será apresentado um **relatório final** das atividades, que será devidamente encaminhado ao Ministério Público, sendo o órgão competente pelo próprio texto constitucional, para promover a responsabilização, diante dos fatos apresentados, caso entenda necessário.

Em julgados recentes do STF, vem sendo permitido o encaminhamento do material conclusivo a outros órgãos, que não sejam somente o Ministério Público. Vejamos:

> As CPIs possuem permissão legal para encaminhar relatório circunstanciado não só ao Ministério Público e à AGU, mas, também, a outros órgãos públicos, podendo veicular, inclusive, documentação que possibilite a instauração de inquérito policial em face de pessoas envolvidas nos fatos apurados (art. 58, § 3°, CRFB/1988, c/c art. 6°-A da Lei 1.579/1952, incluído pela Lei 13.367/2016). [MS 35.216 AgR, rel. Min. Luiz Fux, j. 17/11/2017, publ. *DJE* de 27/11/2017.]

A maior discussão sobre o tema diz respeito aos poderes de investigação da CPI, que, pelo texto constitucional, remete aos poderes típicos de autoridade judiciária.

Primeiramente, cumpre ressaltar que a competência para a *jurisdictio* é exclusiva do Poder Judiciário. Nenhum outro Poder possui competência legal para dizer do direito.

> CPI: conforme o art. 58, § 3°, da Constituição, as CPIs detêm o poder instrutório das autoridades judiciais – e não maior que o dessas – de modo que a elas se poderão opor os mesmos limites formais e substanciais oponíveis aos juízes, entre os quais os derivados de direitos e garantias constitucionais. [HC 80.240, rel. Min. Sepúlveda Pertence, j. 20/06/2001, P, DJ de 14/10/2005.]

Assim, a CPI pode utilizar-se de poderes de investigação próprios de autoridade judicial, contudo, devendo ser limitado apenas aos fatos investigativos.

O que a CPI pode fazer[1]:
- convocar ministro de Estado;
- tomar depoimento de autoridade federal, estadual ou municipal;

---

1 https://www.camara.leg.br/noticias/456820-o-que-a-cpi-pode-ou-nao-fazer/

- ouvir suspeitos (que têm direito ao silêncio para não se autoincriminar) e testemunhas (que têm o compromisso de dizer a verdade e são obrigadas a comparecer);
- ir a qualquer ponto do território nacional para investigações e audiências públicas;
- prender em flagrante delito;
- requisitar informações e documentos de repartições públicas e autárquicas;
- requisitar funcionários de qualquer poder para ajudar nas investigações, inclusive policiais;
- pedir perícias, exames e vistorias, inclusive busca e apreensão (vetada em domicílio);
- determinar ao Tribunal de Contas da União (TCU) a realização de inspeções e auditorias; e
- quebrar sigilo bancário, fiscal e de dados (inclusive telefônico, ou seja, extrato de conta e não escuta ou grampo).

O que a CPI não pode fazer:
- condenar;
- determinar medida cautelar, como prisões, indisponibilidade de bens, arresto, sequestro;
- determinar interceptação telefônica e quebra de sigilo de correspondência;
- impedir que o cidadão deixe o território nacional e determinar apreensão de passaporte;;
- expedir mandado de busca e apreensão domiciliar; e
- impedir a presença de advogado do depoente na reunião (advogado pode: ter acesso a documentos da CPI; pedir esclarecimento de equívoco ou dúvida; opor a ato arbitrário ou abusivo; ter manifestações analisadas pela CPI até para impugnar prova ilícita).

A quebra do sigilo telefônico somente será permitida nas hipóteses previstas na própria Constituição Federal – art. 5º, XII – matéria essa pacificada nos Tribunais Superiores.

> CPI não tem poder jurídico de, mediante requisição, a operadoras de telefonia, de cópias de decisão nem de mandado judicial de interceptação telefônica, quebrar sigilo imposto a processo sujeito a segredo de justiça. Este é oponível a CPI, representando expressiva limitação aos seus poderes constitucionais. [**MS 27.483 MC-REF**, rel. Min. Cezar Peluso, 14/08/2008, publ. *DJE* de 10/10/2008.]
>
> A quebra do sigilo, por ato de CPI, deve ser necessariamente fundamentada, sob pena de invalidade. A CPI – que dispõe de competência constitucional para ordenar a quebra do sigilo bancário, fiscal e telefônico das pessoas sob investigação do Poder Legislativo – somente poderá praticar tal ato, que se reveste de gravíssimas consequências, se justificar, de modo adequado, e sempre mediante indicação concreta de fatos específicos, a necessidade de adoção dessa medida excepcional. Precedentes. A fundamentação da quebra de sigilo há de ser contemporânea à própria deliberação legislativa que a decreta. A exigência de motivação – que há de ser contemporânea ao ato da CPI que ordena a quebra de sigilo – qualifica-se como pressuposto de validade jurídica da própria deliberação emanada desse órgão de investigação legislativa, não podendo ser por este suprida, em momento ulterior, quando da prestação de informações em sede mandamental. Precedentes. A quebra de sigilo – que se apoia em fundamentos genéricos e que não indica fatos concretos e precisos referentes à

pessoa sob investigação – constitui ato eivado de nulidade. Revela-se desvestido de fundamentação o ato de CPI, que, ao ordenar a ruptura do sigilo inerente aos registros fiscais, bancários e telefônicos, apoia-se em motivação genérica, destituída de base empírica idônea e, por isso mesmo, desvinculada de fatos concretos e específicos referentes à pessoa investigada. [**MS 23.868**, rel. Min. Celso de Mello, j. 30/08/2001, publ. *DJ* de 21/06/2002.]

A busca e apreensão de documentos também traz divergência quanto à extensão do seu entendimento, no qual o STF julgou, em decisão monocrática, da seguinte forma:

> Impossibilidade jurídica de CPI praticar atos sobe os quais incida a cláusula constitucional da reserva de jurisdição, como a busca e apreensão domiciliar (...). Possibilidade, contudo, de a CPI ordenar busca e apreensão de bens, objetos e computadores, desde que essa diligência não se efetive em local inviolável, como os espaços domiciliares, sob pena, em tal hipótese, de invalidade da diligência e de ineficácia probatória dos elementos informativos dela resultantes. Deliberação da CPI/Petrobras que, embora não abrangente do domicílio dos impetrantes, ressentir-se-ia da falta da necessária fundamentação substancial. Ausência de indicação, na espécie, de causa provável e de fatos concretos que, se presentes, autorizariam a medida excepcional da busca e apreensão, mesmo a de caráter não domiciliar. [**MS 33.663 MC**, rel. Min. Celso de Mello, 19/06/2015, dec. monocrática, *DJE* de 18/08/2015.]

6.1.2. Tribunal de Contas

Quanto ao controle pelos Tribunais de Contas, como **órgãos auxiliares do Poder Legislativo**, efetiva-se a fiscalização de quaisquer entes ou entidades públicas ou privadas que recebem dinheiro público para a realização de suas atividades.

Previsão Constitucional: Art. 71, CF:

> **Art. 71.** O controle externo, a cargo do Congresso Nacional, será exercido com o **auxílio** do Tribunal de Contas da União, ao qual compete: (g.n.)

O Supremo Tribunal Federal já decidiu,

> os Tribunais de Contas ostentam posição eminente na estrutura constitucional brasileira, não se achando subordinados, por qualquer vínculo de ordem hierárquica, ao Poder Legislativo, de que não são órgãos delegatários nem organismos de mero assessoramento técnico. A competência institucional dos Tribunais de Contas não deriva, por isso mesmo, de delegação dos órgãos do Poder Legislativo, mas traduz emanação que resulta, primariamente, da própria Constituição da República. (ADI 4.190, j. 10/03/2010- rel. Min. Celso de Mello)

A competência do Tribunal de Contas está prevista na Constituição Federal de 1988, sendo importante destacar a vedação prevista no disposto do art. 31, § 4º:

> Art. 31. A fiscalização do Município será exercida pelo Poder Legislativo Municipal, mediante controle externo, e pelos sistemas de controle interno do Poder Executivo Municipal, na forma da lei.
>
> ....
>
> § 4º É vedada a criação de Tribunais, Conselhos ou órgãos de Contas Municipais.

Assim, aos Municípios, que até a promulgação da Constituição Federal do Brasil, em 5 de outubro de 1988, não criaram seus Tribunais Municipais, deverão ter suas contas julgadas pelos órgãos de controle do respectivo Estado.

Apenas os Municípios de São Paulo[2] e Rio de Janeiro[3] possuem Tribunais de Contas Municipais, devendo todos os demais prestarem contas perante o órgão estadual.

Outro ponto importante relacionado ao Tribunal de Contas diz respeito à expressa previsão do art. 31, § 2º, da CF:

> § 2º O parecer prévio, emitido pelo órgão competente sobre as contas que o Prefeito deve anualmente prestar, só deixará de prevalecer por decisão de dois terços dos membros da Câmara Municipal.

Pelo regramento Constitucional, as contas anuais dos Chefes do Executivo serão analisadas pelos Tribunais de Contas e, posteriormente, pelo Parlamento, que poderá permanecer ou ser alterado pelo quórum de dois terços da Casa de Leis.

O Supremo Tribunal Federal, em 2016, no RE 848826/DF e 729744/MG, em sede de repercussão geral, consolidou entendimento de que a decisão final quanto às contas dos Prefeitos será de responsabilidade do Legislativo Municipal.

Pela decisão, o parecer do órgão de controle pela rejeição das contas tem o caráter opinativo, cabendo ao Poder Legislativo municipal a confirmação ou não da decisão.

6.2. Administrativo

É o controle realizado pela própria Administração sobre suas condutas, tendo como fundamento o **princípio da autotutela**[4], em que o Poder Público revê seus próprios atos. Os Poderes Legislativo e Judiciário também exercem o controle administrativo em sua função atípica, sobre suas respectivas estruturas.

Analisa tanto os aspectos de legalidade, anulando o ato, como também de conveniência e oportunidade, revogando-o.

---

2 Criado pela Lei nº 7.213, de 20 de novembro de 1968.
3 Criado pela Lei nº 183, de 23 de outubro de 1980.
4 **Súmula nº 346, STF:** "A Administração Pública pode declarar a nulidade dos seus próprios atos".
Súmula nº 473, STF: "A administração pode anular seus próprios atos, quando eivados de vícios que os tornam ilegais, porque deles não se originam direitos; ou revogá-los, por motivo de conveniência ou oportunidade, respeitados os direitos adquiridos, e ressalvada, em todos os casos, a apreciação judicial".

Pode ser feito através de provocação do particular ou outro órgão, como também por iniciativa de ofício.

Quando realizado por provocação, pode se dar por:

- **REPRESENTAÇÃO** (particular requer a anulação do ato prejudicial);
- **RECLAMAÇÃO** (particular requer a retirada de ato que viola seu direito), ou;
- **PEDIDO DE RECONSIDERAÇÃO** (requer a retratação de uma decisão anteriormente proferida por autoridade pública).

6.2.1. Finalidade

Conforme previsão constitucional, o controle administrativo, também chamado interno, tem as seguintes funções:

> **Art. 74.** Os Poderes Legislativo, Executivo e Judiciário manterão, de forma integrada, sistema de controle interno com a finalidade de:
>
> I – avaliar o cumprimento das metas previstas no plano plurianual, a execução dos programas de governo e dos orçamentos da União;
>
> II – comprovar a legalidade e avaliar os resultados, quanto à eficácia e eficiência, da gestão orçamentária, financeira e patrimonial nos órgãos e entidades da administração federal, bem como da aplicação de recursos públicos por entidades de direito privado;
>
> III – exercer o controle das operações de crédito, avais e garantias, bem como dos direitos e haveres da União;
>
> IV – apoiar o controle externo no exercício de sua missão institucional.
>
> § 1º Os responsáveis pelo controle interno, ao tomarem conhecimento de qualquer irregularidade ou ilegalidade, dela darão ciência ao Tribunal de Contas da União, sob pena de responsabilidade solidária.
>
> § 2º Qualquer cidadão, partido político, associação ou sindicato é parte legítima para, na forma da lei, denunciar irregularidades ou ilegalidades perante o Tribunal de Contas da União.

6.2.2. Por subordinação e por vinculação

O controle por subordinação, também chamado de **CONTROLE HIERÁRQUICO**, ocorre na estrutura de uma mesma pessoa jurídica, sobre seus órgãos e agentes, objetivando a coordenação de atividades e a revisão de atos inconvenientes ou inoportunos ao interesse coletivo.

Já o controle por vinculação, também chamado de **SUPERVISÃO MINISTERIAL** ou **CONTROLE FINALÍSTICO**, ocorre entre diferentes pessoas jurídicas, notadamente pela Administração Direta sobre a criada Administração Indireta.

Considerando que neste último caso não há subordinação entre as pessoas jurídicas mencionadas, a Administração direta, em razão da vinculação com a entidade criada para a Administração Indireta, pode fiscalizar os atos desta para averiguar a realização em conformidade com os parâmetros de excelência na prestação do serviço público.

Exemplo: Fiscalização pelo Poder Executivo das atividades de seus Ministérios vinculados.

6.2.3. Órgãos de controle interno

- **Controladoria Geral:** Interno a cada ente federativo com função de fiscalizar os atos da estrutura do Poder Executivo. Vincula-se ao Chefe do Executivo.
- **Conselho Nacional de Justiça – CNJ:** Órgão do Poder Judiciário, presidido pelo Presidente do STF, com função de controlar a atuação financeira e administrativa do Judiciário, bem como os deveres funcionais dos juízes.
- **Conselho Nacional do Ministério Público – CNMP:** Exerce o controle Administrativo e financeiro do Ministério Público.
- **Corregedorias:** Interno nos três poderes do Estado para controlar a execução das respectivas atividades.
- **Ouvidoria:** Controla a atuação dos membros e recebe denúncias para apuração, efetivando os princípios da impessoalidade e moralidade.

> **INFORMATIVO 882: CNJ e anulação de concurso público.**
>
> A Segunda Turma, por maioria, concedeu a ordem em mandados de segurança para cassar ato do Conselho Nacional de Justiça (CNJ) que, nos autos de processo de controle administrativo, determinou a anulação de concurso público para admissão nas serventias extrajudiciais no Estado do Rio de Janeiro.
>
> No caso, a anulação se deu em razão da incompatibilidade com os princípios da moralidade e da impessoalidade, caracterizada pela existência de relacionamento pessoal entre o presidente da comissão do concurso e duas candidatas aprovadas. O CNJ também assentou a parcialidade da comissão examinadora ao entender que houve favorecimento das candidatas na correção das questões das provas.
>
> A Turma pontuou que o CNJ, na sua competência de controle administrativo, não pode substituir-se ao examinador, seja nos concursos para o provimento de cargos em cartórios, seja em outros concursos para provimento de cargos de juízes ou de servidores do Poder Judiciário. (...)
>
> MS 28797/DF, rel. Min. Dias Toffoli, red. p/ o ac. Min. Ricardo Lewandowski, j. 17/10/2017 (MS-28797).

6.3. Judicial

O controle da Administração Pública pelo Poder Judiciário realiza-se através das ações constitucionalmente previstas, quais sejam Mandado de Segurança, Ação Popular, Habeas Data, Ação Civil Pública e Mandado de Injunção.

> **Súmula nº 429 (STF)**
> A existência de recurso administrativo com efeito suspensivo não impede o uso do mandado de segurança contra omissão da autoridade.
>
> **Súmula nº 430 (STF)**
> Pedido de reconsideração na via administrativa não interrompe o prazo para o mandado de segurança.

6.3.1. Controles interno e externo

O controle interno é realizado dentro de cada Poder, como por exemplo o controle administrativo. Já o externo é realizado através de outro órgão (controle legislativo ou judicial), ou até mesmo pelo povo (controle popular).

Exemplo: Art. 31, CF.

> **Art. 31.** A fiscalização do Município será exercida pelo Poder Legislativo municipal, mediante controle externo, e pelos sistemas de controle interno do Poder Executivo municipal, na forma da lei.
>
> **§ 1º** O controle externo da Câmara Municipal será exercido com o auxílio dos Tribunais de Contas dos Estados ou do Município ou dos Conselhos ou Tribunais de Contas dos Municípios, onde houver. **[CONTROLE DE OUTRO ÓRGÃO]**
>
> **§ 2º** O parecer prévio, emitido pelo órgão competente sobre as contas que o Prefeito deve anualmente prestar, só deixará de prevalecer por decisão de dois terços dos membros da Câmara Municipal.
>
> **§ 3º** As contas dos Municípios ficarão, durante sessenta dias, anualmente, à disposição de qualquer contribuinte, para exame e apreciação, o qual poderá questionar-lhes a legitimidade, nos termos da lei. **[CONTROLE POPULAR]** (g.n.)

6.3.2. Controles de legalidade e de mérito

O controle de legalidade diz respeito à adequação do ato com as disposições legais e o ordenamento jurídico, devendo ser realizado no estrito cumprimento da lei, sob pena de ANULAÇÃO.

Por outro lado, o controle de mérito avalia se o ato foi ou se ainda é conveniente e oportuno, atendendo aos princípios da razoabilidade, proporcionalidade e finalidade, sob pena de REVOGAÇÃO.

6.3.3. Prévio, concomitante e posterior

Quanto ao momento, o controle pode ocorrer antes, durante ou após a realização do ato.

Exemplo: No controle judicial, através da ação popular, o controle será realizado posteriormente à prática do ato. Já no controle legislativo de aprovação da nomeação de cargos políticos, realiza-se anteriormente à efetiva nomeação pretendida.

6.4. Controle da atividade política do Estado

ATENÇÃO! O controle dos atos da administração pública não se confunde com o controle da atividade política do Estado.

A atividade política é controlada com o fim de adequar as políticas públicas aos dispositivos legais preestabelecidos (declaração de estado de defesa, concessão de anistia).

Já os atos da administração pública controlados são os atos administrativos ou atos próprios da função de competência de cada Poder.

Capítulo 7

7. LICITAÇÃO

7.1. Conceito

Licitação é o procedimento administrativo, pelo qual um ente público, no exercício da função administrativa, abre a todos os interessados, que se sujeitem às condições fixadas no instrumento convocatório, a possibilidade de formularem propostas dentre as quais selecionará e aceitará a mais conveniente para a celebração do contrato.

Nas lições do Professor Marçal Justen Filho (2014, p. 495),

> licitação é um procedimento administrativo disciplinado por lei e por um ato administrativo prévio, que determina critérios objetivos visando à seleção da proposta de contratação mais vantajosa e a promoção do desenvolvimento nacional sustentável, com observância do princípio da isonomia, conduzido por um órgão dotado de competência específica.

Importante destacarmos alguns pontos do conceito: procedimento administrativo, lei, critérios objetivos, proposta mais vantajosa, promoção do desenvolvimento nacional sustentável.

No tocante ao desenvolvimento nacional sustentável, podemos dizer que foi uma inovação legislativa inserida pela Lei nº 12.349/2010, que alterou o disposto no art. 3º da Lei nº 8.666/1993. Podemos entender o desenvolvimento nacional sustentável como aquele que busca o crescimento econômico em conjunto com a preservação ambiental.

7.2. Base legal

A licitação tem como base legal a Constituição Federal/1988 nos seus arts. 22, XXVII e 37, XXI e nas Leis n° 8.666/1993, 10.520/2002 (pregão), 12.349/2010 e 12.462/2011.

7.3. Princípios

7.3.1. Legalidade

Esse princípio é de suma importância em matéria de licitação, pois esta constitui um procedimento inteiramente **vinculado à lei,** em que todas as suas fases estão rigorosamente disciplinadas pelos dispositivos legais.

O art. 4° da Lei n° 8.666/1993 estabelece que todos quantos participem de licitação promovida pelos órgãos ou entidades a que se refere o art. 1°, da mesma lei, têm direito público subjetivo à fiel observância do pertinente procedimento estabelecido em lei.

7.3.2. Impessoalidade

Todos os licitantes devem ser tratados igualmente, em termos de direitos e obrigações, devendo a Administração, em suas decisões, pautar-se por critérios objetivos, sem levar em consideração as condições pessoais do licitante ou as vantagens por ele oferecidas, salvo as expressamente previstas na lei ou no instrumento convocatório.

7.3.3. Moralidade

Esse princípio exige da Administração comportamento não apenas lícito, mas também consoante com a moral, os bons costumes, as regras de boa administração, os princípios da justiça e de equidade, a ideia comum de honestidade.

Destacando, também, que o dever de moralidade cabe aos licitantes, assim como aos participantes do processo licitatório.

7.3.4. Igualdade ou Isonomia

O princípio da igualdade aqui vem com o objetivo de tornar **igualitária a participação no certame licitatório.**

Este princípio pode ser tratado como um dos mais importantes do processo licitatório, pois, na medida em que esta visa não apenas permitir à Administração a escolha da melhor proposta, como também assegurar igualdade de direitos a todos os interessados em contratar.

Merece destaque a alteração introduzida pela Lei n° 12.349/2010 que autoriza o reconhecimento de vantagens às propostas mais adequadas à realização da política desenvolvimentista, ou seja, admite-se uma proposta mais elevada desde que venha ela promover o desenvolvimento sustentável do país. No entanto, essa evolução normativa merece uma atenção especial, pois não se pode admitir a dispensa de regras objetivas de avaliação para evitar abusos de atos decisórios na prática.

Exceções ao princípio da igualdade são o art. 3°, § 2°, Lei n° 8.666/1993 e art. 44 da LC n° 123/2006.

> Lei n° 8.666/1993
>
> **Art. 3°.** A licitação destina-se a garantir a observância do princípio constitucional da isonomia, a seleção da proposta mais vantajosa para a administração e a promoção do desenvolvimento nacional sustentável e será processada e julgada em estrita conformidade com os princípios básicos da legalidade, da impessoalidade, da moralidade, da igualdade, da publicidade, da probidade administrativa, da vinculação ao instrumento convocatório, do julgamento objetivo e dos que lhes são correlatos.
>
> ....
>
> **§ 2°.** Em igualdade de condições, como critério de desempate, será assegurada preferência, sucessivamente, aos bens e serviços:
>
> I – *(Revogado pela Lei n° 12.349, de 2010)*
>
> II – produzidos no País;
>
> III – produzidos ou prestados por empresas brasileiras;
>
> IV – produzidos ou prestados por empresas que invistam em pesquisa e no desenvolvimento de tecnologia no País; *(Incluído pela Lei n° 11.196, de 2005)*
>
> V – produzidos ou prestados por empresas que comprovem cumprimento de reserva de cargos prevista em lei para pessoa com deficiência ou para reabilitado da Previdência Social e que atendam às regras de acessibilidade previstas na legislação". *(Incluído pela Lei n° 13.146, de 2015)* (Vigência)
>
> LC n° 123/2006 – "Art. 44. Nas licitações será assegurada, como critério de desempate, preferência de contratação para as microempresas e empresas de pequeno porte.
>
> **§ 1°** Entende-se por empate aquelas situações em que as propostas apresentadas pelas microempresas e empresas de pequeno porte sejam iguais ou até 10% (dez por cento) superiores à proposta mais bem classificada.
>
> **§ 2°** Na modalidade de pregão, o intervalo percentual estabelecido no § 1o deste artigo será de até 5% (cinco por cento) superior ao melhor preço.

7.3.5. Publicidade

Diz o art. 3°, § 3°, da Lei n° 8.666/1993: "A licitação não será sigilosa, sendo públicos e acessíveis ao público os atos de seu procedimento, salvo quanto ao conteúdo das propostas, até a respectiva abertura".

Tem como objetivo permitir o acompanhamento e controle do procedimento por todos os interessados. Este princípio é oriundo do princípio republicano no qual dispõe que a titularidade dos direitos é o povo.

Como exceção ao princípio da publicidade podemos destacar o previsto na Lei n° 12.527/2011 que determina o sigilo das informações quando se colocar em risco a satisfação de outros interesses atribuídos ao Estado.

A publicidade do edital, bem como dos demais atos, deverá ser feita em Diário Oficial, portal da transparência, e na hipótese do órgão público não ter Diário Oficial deverá ser publicado em jornal de grande circulação.

7.3.6. Vinculação ao instrumento convocatório

Este princípio está relacionado à Administração e aos contribuintes, pois estes não podem deixar de atender aos requisitos do instrumento convocatório. Dessa forma, torna o processo licitatório mais seguro para todos, evitando qualquer forma de interpretação subjetiva que possa ser feita, ou mesmo, solicitação fora daquilo que está previsto no instrumento.

Todas as regras exigidas durante o certame deverão estar previstas no edital, sob pena de serem consideradas inexigíveis, pois, não possuem previsão legal.

7.3.7. Julgamento objetivo

O julgamento das propostas deve ser claro, preciso e objetivo, sem margem a qualquer interpretação subjetiva do julgador.

> **Lei nº 8.666/1993** – Art. 45. O julgamento das propostas será **objetivo**, devendo a Comissão de licitação ou o responsável pelo convite realizá-lo em conformidade com os tipos de licitação, os critérios previamente estabelecidos no ato convocatório e de acordo com os fatores exclusivamente nele referidos, de maneira a possibilitar sua aferição pelos licitantes e pelos órgãos de controle. (g.n.)

7.3.8. Adjudicação compulsória

Não se fala em direito adquirido do licitante, porém, caso a administração pública resolva contratar, deverá ser feito com aquele que venceu o objeto da licitação. Tem previsão legal pelos arts. 50 e 64, § 3º, da Lei nº 8.666/1993.

> **Art. 50.** A Administração não poderá celebrar o contrato com preterição da ordem de classificação das propostas ou com terceiros estranhos ao procedimento licitatório, sob pena de nulidade.
>
> **Art. 64.**
>
> ....
>
> **§ 3º** Decorridos 60 (sessenta) dias da data da entrega das propostas, sem convocação para a contratação, ficam os licitantes liberados dos compromissos assumidos.

A **adjudicação ao vencedor é obrigatória**, salvo se este desistir expressamente do contrato ou não firmar no prazo prefixado, a menos que comprove justo motivo. Este princípio também veda a abertura de nova licitação enquanto válida a adjudicação anterior.

7.4. Obrigatoriedade de licitação

A regra geral em nosso ordenamento jurídico, imposta diretamente pelo art. 37, XXI, da CF/1988, é a exigência de que a celebração, pela Administração Pública, de contratos de obras, serviços, compras e alienações seja precedida de licitação pública.

Art. 37. [...]
....
XXI – ressalvados os casos especificados na legislação, as obras, serviços, compras e alienações serão contratados mediante processo de licitação pública que assegure igualdade de condições a todos os concorrentes, com cláusulas que estabeleçam obrigações de pagamento, mantidas as condições efetivas da proposta, nos termos da lei, o qual somente permitirá as exigências de qualificação técnica e econômica indispensáveis à garantia do cumprimento das obrigações.

Há situações, também previstas em lei, em que os contratos são realizados sem licitação. São os casos de dispensa e inexigibilidade de licitação, previstos nos arts. 24 e 25 da Lei nº 8.666/1993.

7.4.1. Causas de dispensa e inexigibilidade

A CF/1988 deixa em aberto a possibilidade de serem fixadas, por lei ordinária, hipóteses em que a licitação deixa de ser obrigatória.

Diferença entre dispensa e inexigibilidade. Na dispensa, há possibilidade de competição que justifique a licitação, de modo que a lei faculta a dispensa, que fica inserida na competência discricionária da Administração. **Nos casos de inexigibilidade, não há possibilidade de competição,** porque só existe um objeto ou uma pessoa que atenda às necessidades da Administração.

7.4.1.1. Dispensa

A. Pequeno valor – art. 24, I e II da Lei nº 8.666/1993

Art. 24. É dispensável a licitação:

I – para obras e serviços de engenharia de valor até 10% (dez por cento) do limite previsto na alínea «a», do inciso I do artigo anterior, desde que não se refiram a parcelas de uma mesma obra ou serviço ou ainda para obras e serviços da mesma natureza e no mesmo local que possam ser realizadas conjunta e concomitantemente; *(Redação dada pela Lei nº 9.648, de 1998)*

II – para outros serviços e compras de valor até 10% (dez por cento) do limite previsto na alínea «a», do inciso II do artigo anterior e para alienações, nos casos previstos nesta Lei, desde que não se refiram a parcelas de um mesmo serviço, compra ou alienação de maior vulto que possa ser realizada de uma só vez; *(Redação dada pela Lei nº 9.648, de 1998)*

É dispensável a licitação para obras e serviços de engenharia de valor até 10% do limite do valor previsto no art. 23 da Lei nº 8.666/1993, a qual, após atualização pelo Decreto nº 9.412/2018, passou a ser de R$ 33.000,00, para obras e serviços de engenharia, e, R$ 17.600,00 para os demais produtos e serviços.

A Medida Provisória nº 961, de 6 de maio de 2020, aumentou ainda mais esses valores, e passou a disponibilizar os seguintes valores:

Art. 1º – Ficam autorizados à administração pública de todos os entes federativos, de todos os Poderes e órgãos constitucionalmente autônomos:

I – a dispensa de licitação de que tratam os **incisos I e II do caput do art. 24 da Lei nº 8.666, de 21 de junho de 1993,** até o limite de:

a) para obras e serviços de engenharia até R$ 100.000,00 (cem mil reais), desde que não se refiram a parcelas de uma mesma obra ou serviço, ou, ainda, para obras e serviços da mesma natureza e no mesmo local que possam ser realizadas conjunta e concomitantemente; e

b) para outros serviços e compras no valor de até R$ 50.000,00 (cinquenta mil reais) e para alienações, desde que não se refiram a parcelas de um mesmo serviço, compra ou alienação de maior vulto que possa ser realizada de uma só vez; (g.n.)

Os valores acima descritos são ampliados quando se tratar de pessoas da administração indireta, por expressa previsão legal.

§ 1º Os percentuais referidos nos incisos I e II do caput deste artigo serão **20% (vinte por cento)** para compras, obras e serviços contratados por **consórcios públicos, sociedade de economia mista, empresa pública e por autarquia ou fundação qualificadas, na forma da lei, como Agências Executivas.** (g.n.)

Repare que no texto legal é feita a exclusão das autarquias na modalidade Agências Reguladoras, somente para os casos de Agências Executivas.

A exceção ao direito/dever de licitar pode ser realizada desde que não se refiram a parcelas de uma mesma obra ou serviço, ou ainda de obras e serviços da mesma natureza e no mesmo local que possam ser realizados conjunta ou concomitantemente.

Para outros serviços e compras de valor até 10% do limite previsto na Lei, desde que não se refiram a parcelas de um mesmo serviço, compra ou alienação de maior vulto que possa ser realizada de uma só vez.

B. Razão de situação excepcional – art. 24, III e IV da Lei nº 8.666/1993

Art. 24. [...]
....

III – nos casos de **guerra ou grave perturbação da ordem**;

IV – nos casos de **emergência ou de calamidade pública**, quando caracterizada urgência de atendimento de situação que possa ocasionar prejuízo ou comprometer a segurança de pessoas, obras, serviços, equipamentos e outros bens, públicos ou particulares, e somente para os bens necessários ao atendimento da situação emergencial ou calamitosa e para as parcelas de obras e serviços que possam ser concluídas no prazo máximo de 180 (cento e oitenta) dias consecutivos e ininterruptos, **contados da ocorrência da emergência ou calamidade,** vedada a prorrogação dos respectivos contratos. (g.n.)

A **Calamidade Pública** assim pode ser definida na licão do Prof. Hely Lopes Meirelles (2016, p. 146):

caracteriza-se como a situação de perigo e de anormalidade social que decorre de fatos da natureza, como inundações, terremotos, vendavais, epidemias, secas e "outros eventos físicos flagrantes que afetam profundamente a segurança ou a saúde pública, os bens particulares, o transporte coletivo, a habitação ou o trabalho em geral.

A legislação fala apenas "**da ocorrência da calamidade pública**", ou seja, apenas a constatação dos elementos necessários para a calamidade pública, **sem a necessidade formal de decreto por parte do Chefe do Executivo** (Carvalho Filho, 2017, p. 261). Em sentido contrário o jurista Diógenes Gasparini que entende a necessidade de decretar calamidade pública por parte do Poder Público. Com a devida venia parece mais prudente, para evitar descontroles por parte do administrador, ser obrigatória a expedição da calamidade por normativa própria do Chefe do Executivo.

A calamidade pública foi definida pelo Decreto nº 7.257, de 4 de agosto de 2010, que trouxe um conceito importante ao preceito exposto do inciso IV do art. 2 da Lei nº 8.666/1993:

> Art. 2º. [...]
>
> ....
>
> IV – estado de calamidade pública: situação anormal, provocada por desastres, causando danos e prejuízos que impliquem o comprometimento substancial da capacidade de resposta do poder público do ente atingido;

Para o reconhecimento da calamidade pública deverão ser preenchidos alguns requisitos legais existentes, em especial:

> Art. 7º. [...]
>
> § 1º O requerimento previsto no caput deverá ser realizado diretamente ao Ministério da Integração Nacional, no prazo máximo de dez dias após a ocorrência do desastre, devendo ser instruído com **ato do respectivo ente federado que decretou a situação de emergência ou o estado de calamidade pública** e conter as seguintes informações:
>
> I – tipo do desastre, de acordo com a codificação de desastres, ameaças e riscos, definida pelo Ministério da Integração Nacional;
>
> II – data e local do desastre;
>
> III – descrição da área afetada, das causas e dos efeitos do desastre;
>
> IV – estimativa de danos humanos, materiais, ambientais e serviços essenciais prejudicados;
>
> V – declaração das medidas e ações em curso, capacidade de atuação e recursos humanos, materiais, institucionais e financeiros empregados pelo respectivo ente federado para o restabelecimento da normalidade; e
>
> VI – outras informações disponíveis acerca do desastre e seus efeitos. (g.n.)

Dessa forma, encontra-se superada a discussão no tocante à necessidade, ou não, da formalização do decreto por parte do ente estatal decretando a calamidade pública.

Perceba que, pelo disposto no Decreto que regulamenta a matéria, existe a necessidade do preenchimento de diversos elementos até a finalização do processo. Não basta apenas um ato unilateral do Chefe do executivo local para passar a dispor dos efeitos legais da calamidade pública.

No tocante aos casos de **emergência**, também previstos no inciso IV, não se tem nenhum dispositivo legal exigindo a formalização por meio de Decreto para declaração da situação.

A constatação de uma situação como sendo emergencial passa diretamente pelo fato de existir um planejamento pela Administração Pública, em especial, para a realização de suas licitações e contratações.

A ideia da contratação emergencial deve ser interpretada em caráter excepcional, em que o conceito de serviço público não pode ser interrompido, mas, ao mesmo tempo, se faz necessária a contratação do produto ou serviço que não poderá esperar o fim de um certame licitatório sob pena de *"perecimento do interesse público, consubstanciado pelo desatendimento de alguma demanda social ou pela solução de continuidade de atividade administrativa"* (Niebuhr, 2011, p. 248).

Pode-se mencionar que este prazo, por ora, não pode ser prorrogado e nem interpretado de forma extensiva, para evitar entendimentos abusivos por parte do administrador público. No entanto, sua flexibilização vem sendo reconhecida em algumas decisões[1], desde que não exista culpa por parte da administração.

A distinção entre a real necessidade de contratar em decorrência da emergencial e a "emergência fabricada" foi destacada pelos autores Lúcia Valle Figueiredo e Sérgio Ferraz (1994, p. 54), em que *"a emergência real, configurada em situações imprevisíveis, se distingue da emergência fabricada, a qual resulta da incúria ou inércia da Administração Pública"*.

Os órgãos de controle – Ministério Público e Tribunal de Contas – combatem de forma veemente os contratos emergenciais, pois, a emergência deverá ser encarada como forma extraordinária ao regramento obrigatório do dever de licitar.

Deve-se evitar a contratação emergencial, somente aos casos de fato indispensáveis, em atenção especial àquilo que foi definido como "emergência fabricada".

A ideia do confronto entre a "emergência fabricada" x interesse público traz a reflexão de um ponto interessante por parte do administrador público.

De um lado, importante ressaltar a necessidade que se tem da existência de um planejamento mínimo adequado que envolve as licitações e os contratos administrativos.

No entanto, para os teóricos que jamais se perfilaram à função de servir o público, talvez encontrem dificuldades de entender a realidade no cotidiano das administrações públicas de todo o país.

Isso porque, somente quem está na ponta das atividades pode relatar os entraves existentes para aplicar uma norma, que em muitos casos são elaboradas sem o menor conhecimento de aplicação ao caso prático, tornando-se praticamente inexequíveis.

De um lado é importante ressaltar a realidade do agente público que trabalha com realidades distintas, e, por muitas vezes inadequadas para a extração do melhor resultado possível.

Já no outro canto, podemos narrar a situação em que de fato existe uma desídia por parte do administrador na realização do certame, com o intuito de criar essa situação de emergência.

---

1   TCU – Decisões nos 820/1996 e 927/2000.

Quando a ocorrência surgir por conta da desídia do agente público, a exceção da contratação direta deverá ser repelida, tendo em vista a conduta dolosa ou culposa do responsável. Esse, por exemplo, tem sido o entendimento do Superior Tribunal de Justiça[2].

A conduta do agente movida pela desídia não poderá ser acobertada pelos órgãos do Poder Judiciário.

Em outra frente, o entendimento também diz respeito à apuração de responsabilidade dos agentes em decorrência de contratos emergenciais, conforme Orientação Normativa nº 11/2009 da AGU:

> A contratação direta com fundamento no inc. IV do art. 24 da Lei nº 8.666, de 1993, exige que, concomitantemente, seja apurado se a situação emergencial foi gerada por falta de planejamento, desídia ou má gestão, hipótese que quem lhe deu causa será responsabilizado na forma da lei.

Na Orientação Normativa da Advocacia-Geral da União determina que se apure concomitantemente se a contratação emergencial surgiu em decorrência da desídia ou má gestão do administrador.

De outro lado, entende-se também a necessidade da contratação emergencial, mesmo que realizada por conta de dolo ou culpa do administrador público. Isso em decorrência do princípio da continuidade do serviço público.

Para o renomado autor Joel de Menezes Niebuhr (Ibid., p. 250), *"Não é razoável desautorizar a dispensa e, com isso, prejudicar o interesse público, que, sem o objeto a ser contratado, acabaria desatendido"*.

No mesmo sentido Marçal Justen Filho (2014, p. 407-408):

> No caso de haver risco de lesão a interesses, a contratação deve ser realizada, se existir urgência efetivamente e se a contratação for a melhor nas circunstâncias do caso. Assim, a contratação deve se dar pelo menor prazo possível e com objeto mais limitado, apenas na medida necessária para afastar o risco de dano irreparável.

C. Entidades sem fins lucrativos – art. 24, XIII e XX, da Lei nº 8.666/1993

> XIII – na contratação de instituição brasileira incumbida regimental ou estatutariamente da pesquisa, do ensino ou do desenvolvimento institucional, ou de instituição dedicada à recuperação social do preso, desde que a contratada detenha inquestionável reputação ético-profissional e não tenha fins lucrativos;
>
> ....
>
> XX – na contratação de associação de portadores de deficiência física, sem fins lucrativos e de comprovada idoneidade, por órgãos ou entidades da Administração Pública, para a prestação de serviços ou fornecimento de mão de obra, desde que o preço contratado seja compatível com o praticado no mercado.

---

2   Superior Tribunal de Justiça. REsp nº 1.192.563-SP, rel. Min. Herman Benjamin, Segunda Turma, j. 12/05/2015, publicado em 06/08/2015.

Esses dois casos citados anteriormente são típicas situações em que o legislador cuidou do **fator social**, em especial, como forma de inclusão de entidades, sem fins lucrativos, que trabalhem com recuperação de presos e às pessoas com deficiência.

A observação legal relativa ao preço compatível de mercado prevista no inciso XX deve ser interpretada também ao disposto no inciso XIII. Não se pode fazer outra interpretação do dispositivo legal, considerando as regras de interpretação da norma, juntamente, com os princípios norteadores do direito administrativo.

A Súmula nº 25 do TCU traz essa dimensão:

> A contratação de instituição sem fins lucrativos, com dispensa de licitação, com fulcro no art. 24, inciso XIII, da Lei nº 8.666/93, somente é admitida nas hipóteses em que houver nexo efetivo entre o mencionado dispositivo, a natureza da instituição e o objeto contratado, além de comprovada a compatibilidade com os preços de mercado.

No mesmo sentido, importante ainda destacar que cabe à Administração Pública fiscalizar a pertinência entre o objeto contratado e os objetivos da instituição.

D. Licitação deserta – art. 24, V, da Lei nº 8.666/1993

> V – quando não acudirem interessados à licitação anterior e esta, justificadamente, não puder ser repetida sem prejuízo para a Administração, mantidas, neste caso, todas as condições preestabelecidas;

A dispensa, no caso de licitação deserta, deve observar a manutenção das condições estabelecidas no edital; não pode existir, sob pena de nulidade, alteração substancial das regras anteriores.

Entretanto, necessário se faz distinguir licitação deserta de licitação fracassada.

Para a primeira – deserta – podemos definir como aquela licitação em que não aparecem interessados em participar do certame. Nesse caso, poderá ser admitida a contratação direta, desde que sejam mantidas as condições estabelecidas em edital (art. 24, V).

Já a licitação fracassada pode ser definida como aquela em que não há candidatos habilitados a participar da licitação, ou ainda, tenham suas propostas desclassificadas.

Nesse caso, deverá ser observado o disposto no art. 48, § 3º, da Lei nº 8.666/1993:

> Art. 48. [...]
> ....
>
> § 3º Quando todos os licitantes forem inabilitados ou todas as propostas forem desclassificadas, a administração poderá fixar aos licitantes o prazo de oito dias úteis para a apresentação de nova documentação ou de outras propostas escoimadas das causas referidas neste artigo, facultada, no caso de convite, a redução deste prazo para três dias úteis. *(Incluído pela Lei nº 9.648, de 1998)*

Assim, caso a licitação tenha sido deserta, o administrador **poderá**, uma faculdade, abrir prazo de oito dias úteis para apresentação de nova documentação ou de outra proposta, visando, assim, aproveitar os atos até então praticados durante o processo. Nos casos em que a licitação ocorrer pela modalidade convite, o prazo será reduzido para três dias úteis.

E. Outros casos

> **XXIV** – para a celebração de contratos de prestação de serviços com as organizações sociais, qualificadas no âmbito das respectivas esferas de governo, para atividades contempladas no contrato de gestão. (Lei n° 8.666/1993, art. 24) (g.n.)

A hipótese prevista no inciso XXIV traz uma observação no tocante à relação da entidade com esfera de governo, não sendo possíveis, assim, contratos, com dispensa de licitação, entre entidades e esferas distintas de governo.

> **VII** – quando as propostas apresentadas consignarem preços manifestamente superiores aos praticados no mercado nacional, ou forem incompatíveis com os fixados pelos órgãos oficiais competentes, casos em que, observado o parágrafo único do art. 48 desta Lei e, persistindo a situação, será admitida a adjudicação direta dos bens ou serviços, por valor não superior ao constante do registro de preços, ou dos serviços; (Lei n° 8.666/1993, art. 24)

A hipótese anteriormente citada menciona o caso de ocorrência de conluio entre as partes, em que as empresas participantes combinam determinado valor entre si, acarretando prejuízo ao erário público.

> **XI** – Na contratação de remanescente de obra, serviço ou fornecimento, **em consequência da rescisão contratual**, desde que atendida a ordem de classificação da licitação anterior e aceitas as mesmas condições oferecidas pelo licitante vencedor; inclusive quanto ao preço devidamente corrigido; (Lei n° 8.666/1993, art. 24) (g.n.)

Essa hipótese merece atenção com relação aos seguintes pontos. Primeiramente, a dispensa de licitação ocorrerá apenas após a rescisão do contrato original, e ainda, desde que o objeto não tenha sido concluído.

No mesmo sentido, deverá o Administrado seguir a ordem de classificação da licitação, e havendo contratação, definir as mesmas condições que aquela que venceu o processo tinha efetuado.

> **X** – Para a compra ou locação de imóveis destinado ao atendimento das finalidades precípuas da Administração, cujas necessidades de instalação e localização condicionem sua escolha, desde que o preço seja compatível com o valor do mercado, segundo avaliação prévia; (Lei ° 8.666/1993, art. 24)

A compra ou locação de imóvel pela administração pública, desde que com finalidades precípuas, e ainda, com preço compatível de mercado, após avaliação pode ser dispensado de licitação.

XII – nas compras de hortifrutigranjeiros, pão e outros gêneros perecíveis, no tempo necessário para a realização dos processos licitatórios correspondentes, realizadas diretamente com base no preço do dia; (Lei nº 8.666/1993, art. 24)

Para a compra de produtos hortifrutigranjeiros, pão e outros gêneros perecíveis, somente será permitida a dispensa de licitação durante o período do certame licitatório de compra do produto, ou seja, não será permitida a compra permanente desses produtos sem licitação.

XV – para a aquisição ou restauração de obras de arte e objetos históricos, de autenticidade certificada, desde que compatíveis ou inerentes às finalidades do órgão ou entidade. (Lei nº 8.666/1993, art. 24)

A aquisição ou restauração de obras de arte ou objetos históricos deverá obedecer dois requisitos previstos em dispositivo legal: certificação de reconhecimento e compatibilidade com as finalidades do órgão.

XIX – para as compras de material de uso pelas Forças Armadas, com exceção de materiais de uso pessoal e administrativo; (Lei nº 8.666/1993, art. 24) (g.n.)

O dispositivo destaca a necessidade de contratação de materiais de uso pessoal e administrativo por meio de licitação. A dispensa seria somente aos casos de materiais de uso das Forças Armadas, no restante, processo licitatório.

XXVII – na contratação da coleta, processamento e comercialização de resíduos sólidos urbanos recicláveis ou reutilizáveis, em áreas com sistema de coleta seletiva de lixo, efetuados por associações ou cooperativas formadas exclusivamente por pessoas físicas de baixa renda reconhecidas pelo poder público como catadores de materiais recicláveis, com o uso de equipamentos compatíveis com as normas técnicas, ambientais e de saúde pública. (Lei nº 8.666/1993, art. 24)

A finalidade do inciso XXVII é estritamente social, na qual se pode dispensar a licitação, nos casos de contrato entre o Poder Público com as Associações ou Cooperativas, compostas por pessoas de baixa renda.

7.4.1.2. Inexigibilidade

A licitação, via de regra, é inexigível quando seu objeto for singular, não houver possibilidade de licitar. Essa é a previsão expressa da Lei nº 8.666/1993: "Art. 25. É inexigível a licitação quando houver inviabilidade de competição, em especial...".

Discussão que ocorre sobre o tema diz respeito aos casos que estão compreendidos como dispensa, bem como, inexigibilidade de licitação. A dúvida se ficaria o administrador obrigado a utilizar um dos critérios ou se ficaria para aplicação conforme sua discricionariedade.

Em que pese à divergência doutrinária nos filiamos à corrente do Professor José dos Santos Carvalho Filho (2017, p. 280), que destaca um procedimento de identificação da exceção ao dever de licitar.

Para o autor, o primeiro passo seria verificar a competitividade, ou não, do produto ou serviço a ser adquirido. Caso não exista competitividade, ficará o administrador restrito à lei, resumindo, tornando-a inexigível. Dessa forma, não se pode falar em discricionariedade do administrador público.

A própria legislação faz as exigências para a formalização da inexigibilidade de licitação (Lei n° 8.666/1993, art. 26, par. único).

> **Art. 26. [...]**
>
> **Parágrafo único.** O processo de dispensa, de inexigibilidade ou de retardamento, previsto neste artigo, será instruído, no que couber, com os seguintes elementos:
>
> I – caracterização da situação emergencial ou calamitosa que justifique a dispensa, quando for o caso;
>
> II – razão da escolha do fornecedor ou executante;
>
> III – justificativa do preço.
>
> IV – documento de aprovação dos projetos de pesquisa aos quais os bens serão alocados.
>
> **a)** exclusividade de fornecedor (art. 25, I)
>
> I – para aquisição de materiais, equipamentos, ou gêneros que só possam ser fornecidos por produtor, empresa ou representante comercial exclusivo, vedada a preferência de marca, devendo a comprovação de exclusividade ser feita através de atestado fornecido pelo órgão de registro do comércio do local em que se realizaria a licitação ou a obra ou o serviço, pelo Sindicato, Federação ou Confederação Patronal, ou, ainda, pelas entidades equivalentes;

a) Fornecedor exclusivo – art. 25, I, da Lei n° 8.666/1993

As condições previstas no inciso I demonstram que a exclusividade de fornecedor pode ser efetivada quando houver uma comprovação, mediante expedição de atestado pelos órgãos previstos na parte final. Vale ressaltar, também, que é expressa a vedação à escolha de marcas para evitar burla ao princípio da competitividade.

Nesse sentido, a **Súmula n° 255 (TCU)**

> Nas contratações em que o objeto só possa ser fornecido por produtor, empresa ou representante comercial exclusivo, é dever do agente público responsável pela contratação à adoção das providências necessárias para confirmar a veracidade da documentação comprobatória da condição de exclusividade.

b) Empresa com notória especialização – art. 25, II, da Lei n° 8.666/1993

> II – para a contratação de serviços técnicos enumerados no art. 13 desta Lei, de natureza singular, com profissionais ou empresas de notória especialização, vedada a inexigibilidade para serviços de publicidade e divulgação;

Deverá a empresa possuir o reconhecimento público na sua área de atuação. Assim, como no caso do inciso III, deverá ser de conhecimento comum a especialização na área.

O Tribunal de Contas da União – TCU expediu duas súmulas sobre o tema:

Súmula nº 252

A inviabilidade de competição para a contratação de serviços técnicos, a que alude o inciso II do art. 25 da Lei nº 8.666/1993, decorre da presença simultânea de três requisitos: serviço técnico especializado, entre os mencionados no art. 13 da referida lei, natureza singular do serviço e notória especialização do contratado.

Súmula nº 39

A dispensa de licitação para a contratação de serviços com profissionais ou firmas de notória especialização, de acordo com alínea 'd' do art. 126, § 2º, do Decreto-lei 200, de 25/02/67, só tem lugar quando se trate de serviço inédito ou incomum, capaz de exigir, na seleção do executor de confiança, um grau de subjetividade, insuscetível de ser medido pelos critérios objetivos de qualificação inerentes ao processo de licitação.

Repare que a Súmula nº 252 do TCU condiciona a inexigibilidade de licitação, na modalidade prevista no inciso II, quando estiverem previstos três requisitos de forma simultânea, a saber: i) *serviço técnico especializado*; ii) *natureza singular do serviço*; iii) *notória especialização do contratado.*

c) **Serviço técnico especializado** – São aqueles previstos no art. 13 da Lei nº 8.666/1993:

Art. 13. Para os fins desta Lei, consideram-se serviços técnicos profissionais especializados os trabalhos relativos a:

I – estudos técnicos, planejamentos e projetos básicos ou executivos;

II – pareceres, perícias e avaliações em geral;

III – assessorias ou consultorias técnicas e auditorias financeiras ou tributárias; *(Redação dada pela Lei nº 8.883, de 1994)*

IV – fiscalização, supervisão ou gerenciamento de obras ou serviços;

V – patrocínio ou defesa de causas judiciais ou administrativas;

VI – treinamento e aperfeiçoamento de pessoal;

VII – restauração de obras de arte e bens de valor histórico.

[...]

d) **Natureza singular do serviço** – "singulares são os serviços porque apenas podem ser prestados, de certa maneira e com determinado grau de confiabilidade, por um determinado profissional ou empresa"[3].

e) **Notória especialização do contratado** – reconhecimento público especializado que determina a essencialidade a plena satisfação do contrato.

f) Artistas renomados (art. 25, III)

---

3   STJ, REsp 436.869.

III - para contratação de profissional de qualquer setor artístico, diretamente ou através de empresário exclusivo, desde que consagrado pela crítica especializada ou pela opinião pública.

O inciso em destaque traz uma carga de subjetividade ao administrador, pois, ao mesmo tempo que cria exceção à regra do dever de licitar, o termo "consagrado pela opinião pública" deixa grande margem a interpretação.

7.5. Modalidades

I - Concorrência
II - Tomada de preço
III - Convite
IV - Concurso
V - Leilão
VI - Pregão

O art. 22, § 8°, da Lei n° 8.666/1993 declara que fica **vedada** a criação de outras modalidades de licitação ou combinação das ali referidas. Outra observação importante também diz respeito ao serviço de publicidade, o qual deverá ser licitado em legislação própria (Lei n° 12.232/2010).

7.5.1. Concorrência

É a modalidade de licitação que se realiza com ampla publicidade para assegurar a participação de quaisquer interessados que preencham os requisitos previstos no edital.

Definição legal segundo o art. 22, § 1°, da Lei n° 8.666/1993:

> Concorrência é a modalidade de licitação entre quaisquer interessados que, na fase inicial de habilitação preliminar, comprovem possuir os requisitos mínimos de qualificação exigidos no edital para execução de seu objeto.

Valor: Grandes Valores;
N° Licitantes: Independe;
Participação: Sem restrição;
Objeto: Sem restrição;
Forma de divulgação: Edital com publicação com 30 dias de antecedência. Quando se tratar de licitação por "melhor técnica" ou "técnica e preço" ou empreitada por regime integral deverá ser respeitada antecedência de 45 dias.

A Concorrência será obrigatória:

1. Obras e serviços de engenharia de valor superior a R$ 3.300.000,00 (três milhões e trezentos mil reais); (Dec. n° 9.412/2018);
2. Compras e serviços que não sejam de engenharia, de valor superior a R$ 1.430.000,00 (um milhão, quatrocentos e trinta mil reais);
3. Compra e alienação de bens imóveis, qualquer que seja o seu valor, ressalvado o disposto no art. 19, que admite concorrência ou leilão para alienação de bens adquiridos em procedimentos judiciais ou mediante dação em pagamento;
4. Concessões de direito real de uso – art. 23, § 3°, da Lei n° 8.666/1993;
5. Licitações internacionais com ressalva para a tomada de preços e para o convite, na hipótese do art. 23, § 3°, da Lei n° 8.666/1993;
6. Alienação de bens móveis de valor superior ao previsto no art. 23, II, b;
7. Para o registro de preços (art. 15, § 3°, I da Lei n° 8.666/1993 c/c art. 11 da Lei n° 10.520/2002);
8. Concessão de serviços públicos (art. 2°, I e II, da Lei n° 8.987/1995);
9. Concessão florestal (art. 13, § 1°, da Lei n° 11.284/2006).

7.5.2. Tomada de preço

É a modalidade de licitação realizada entre interessados devidamente cadastrados ou que preencham os requisitos para cadastramento até o 3° dia anterior à data do recebimento das propostas, observada a necessária qualificação.

Definição legal do art. 22, § 2°, da Lei n° 8.666/1993:

> Tomada de preços é a modalidade de licitação entre interessados devidamente cadastrados ou que atenderem a todas as condições exigidas para cadastramento até o terceiro dia anterior à data do recebimento das propostas, observada a necessária qualificação.

Valor: Médio Valor;

N° Licitantes: Independe;

Participação: Cadastrado ou que tenha requisitos até 3 dias antes do recebimento das propostas;

Objeto: Sem restrição;

Forma de divulgação: Edital com publicação com 15 dias de antecedência para menor preço ou 30 dias para critério "técnica" e "técnica e preço".

Parte da doutrina (Alexandre; Deus; 2017, p. 545) entende que, para preenchimento do previsto no § 2°, basta a entrega da documentação dentro do prazo legal, que não será necessário a aprovação do cadastramento.

Na tomada de preço serão definidos como valores de até R$ 3.300.000,00 (três milhões e trezentos mil reais) para obras e serviços de engenharia e até 1.430.000,00 (um milhão, quatrocentos e trinta mil reais) para outros serviços.

7.5.3. Convite

É a modalidade entre no mínimo três interessados do ramo pertinente a seu objeto, cadastrados ou não, escolhidos e convidados pela unidade administrativa, e da qual podem participar também aqueles que, não sendo convidados, estiverem cadastrados na correspondente especialidade e manifestarem seu interesse com antecedência de 24 horas da apresentação das propostas.

> § 3º Convite é a modalidade de licitação entre interessados do ramo pertinente ao seu objeto, cadastrados ou não, escolhidos e convidados em número mínimo de 3 (três) pela unidade administrativa, a qual afixará, em local apropriado, cópia do instrumento convocatório e o estenderá aos demais cadastrados na correspondente especialidade que manifestarem seu interesse com antecedência de até 24 (vinte e quatro) horas da apresentação das propostas.
>
> [...]
>
> § 6º Na hipótese do § 3º deste artigo, existindo na praça mais de 3 (três) possíveis interessados, a cada novo convite, realizado para objeto idêntico ou assemelhado, é obrigatório o convite a, no mínimo, mais um interessado, enquanto existirem cadastrados não convidados nas últimas licitações.
>
> § 7º Quando, por limitações do mercado ou manifesto desinteresse dos convidados, for impossível a obtenção do número mínimo de licitantes exigidos no § 3º deste artigo, essas circunstâncias deverão ser devidamente justificadas no processo, sob pena de repetição do convite. (art. 22 da Lei nº 8.666/1993)
>
> **Súmula nº 248 TCU**
>
> Não se obtendo o número legal mínimo de três propostas aptas à seleção, na licitação sob a modalidade Convite, impõe-se a repetição do ato, com a convocação de outros possíveis interessados ressalvadas as hipóteses previstas no parágrafo 7º, do art. 22, da Lei nº 8.666/1993.

O convite será obrigatório:

a) Obras e serviços de engenharia no valor de até R$ 330.000,00 (trezentos e trinta mil reais);

b) Demais atividades no valor de até R$ 176.000,00 (cento e setenta e seis mil reais);

Valor: Pequenos Valores;

Nº Licitantes: Mínimo de 3 licitantes;

Participação: Cadastrados ou não até 24h de antecedência;

Objeto: Sem restrição;

Forma de divulgação: Carta-convite enviada com 5 dias úteis de antecedência.

7.5.4. Concurso

Modalidade entre quaisquer interessados para escolha de trabalho técnico, científico ou artístico, mediante a instituição de prêmio ou remuneração aos vencedores. O critério a ser utilizado nessa modalidade será pelo objeto propriamente dito e não pelo valor.

§ 4º Concurso é a modalidade de licitação entre quaisquer interessados para escolha de trabalho técnico, científico ou artístico, mediante a instituição de prêmios ou remuneração aos vencedores, conforme critérios constantes de edital publicado na imprensa oficial com antecedência mínima de 45 (quarenta e cinco) dias. (art. 22 da Lei nº 8.666/1993)

O concurso será precedido de edital (art. 52) e deverá conter:

§ 1º O regulamento deverá indicar:

I – a qualificação exigida dos participantes;

II – as diretrizes e a forma de apresentação do trabalho;

III – as condições de realização do concurso e os prêmios a serem concedidos. (Lei nº 8.666/1993)

Na modalidade Concurso deverá existir contemplação aos vencedores com premiação ou remuneração.

Valor: Independe;

Nº Licitantes: Independe;

Participação: Sem restrição;

Objeto: Trabalho técnico ou científico;

Forma de divulgação: Edital com publicação com 45 dias de antecedência.

7.5.5. Leilão

É a modalidade de licitação entre quaisquer interessados para venda de bens móveis inservíveis para administração ou de produtos legalmente apreendidos ou penhorados, ou para alienação de bens imóveis previsto no art. 19, a quem possa oferecer o maior lance, igual ou superior ao da avaliação.

Importante observar que, na ocorrência de alienação de bens inservíveis, o valor máximo deverá ser de R$ 1.430.000,00 (um milhão, quatrocentos e trinta mil reais), pois caso fique superior deverá ser na modalidade Concorrência.

Outro destaque diz respeito à modalidade Leilão, que será facultativa nas privatizações de serviços públicos, conforme dispõe o art. 27, I e § 3º da Lei nº 9.074/1995.

Valor: Independe;

Nº Licitantes: Independe;

Participação: Sem restrição;

Objeto: Alienação de produtos apreendidos, bens imóveis;

Forma de divulgação: Edital com publicação com 15 dias de antecedência.

7.5.6. Pregão

A Lei nº 10.520/2002 introduziu o Pregão, antes previsto na MP 2.026/2000, e, veio complementar a Lei nº 8.666/1993. Serve para aquisições de bens ou serviços que possam ser objetivamente definidos em edital.

A regra geral do procedimento do Pregão está prevista na Lei nº 10.520/2002, sendo que, de forma suplementar, utiliza-se a Lei nº 8.666/1993, por força expressa do art. 9º da Lei nº 10.520/2002.

> **Art. 9º.** Aplicam-se subsidiariamente, para a modalidade de pregão, as normas da Lei nº 8.666, de 21 de junho de 1993.

É a modalidade de licitação para aquisição de bens e serviços comuns, qualquer que seja o valor estimado da contratação, em que a disputa pelo fornecimento é feita por meio de propostas e lances em sessão pública.

A definição de bens comuns está prevista no par. único do art. 1º da Lei nº 10.520/2002.

> **Art. 1º.** [...]
> Parágrafo único. Consideram-se bens e serviços comuns, para os fins e efeitos deste artigo, aqueles cujos padrões de desempenho e qualidade possam ser objetivamente definidos pelo edital, por meio de especificações usuais no mercado.

Debate antigo na doutrina e na jurisprudência diz respeito à possibilidade da utilização do Pregão para serviços de engenharia.

No entanto, o Decreto nº 10.024, de 20 de setembro de 2019, regulamentou o tema. Em seu artigo 1º faz menção à possibilidade da utilização do Pregão para serviços de engenharia:

> **Art. 1º.** Este Decreto regulamenta a licitação, na modalidade de pregão, na forma eletrônica, para a aquisição de bens e a contratação de serviços comuns, incluídos os serviços comuns de engenharia, e dispõe sobre o uso da dispensa eletrônica, no âmbito da administração pública federal.

Outra inovação diz respeito ao caráter obrigatório da utilização da modalidade Pregão eletrônico para o âmbito da administração pública federal.

> **§ 1º** A utilização da modalidade de pregão, na forma eletrônica, pelos órgãos da administração pública federal direta, pelas autarquias, pelas fundações e pelos fundos especiais é obrigatória. (art. 1º do Dec. nº 10.024/2019)

Com a expedição do Decreto passou a ser **obrigatório o pregão eletrônico para a administração pública direta e indireta do governo federal**. Agora, quanto aos Estados e Municípios, a normativa expedida pelo Chefe do Executivo tornou tal modalidade obrigatória apenas nas hipóteses de transferência voluntária de recursos.

§ 3º Para a aquisição de bens e a contratação de serviços comuns pelos entes federativos, com a utilização de recursos da União decorrentes de transferências voluntárias, tais como convênios e contratos de repasse, a utilização da modalidade de pregão, na forma eletrônica, ou da dispensa eletrônica será obrigatória, exceto nos casos em que a lei ou a regulamentação específica que dispuser sobre a modalidade de transferência discipline de forma diversa as contratações com os recursos do repasse. (art. 1º do Dec. nº 10.024/2019)

Logo na sequência, o Governo Federal editou a Instrução Normativa nº 206, de 18 de outubro de 2019, que estabeleceu regras para os órgãos públicos se adequarem à nova exigência legal.

Prazo de edital: publicação do edital 8 dias úteis.

O critério a ser adotado para o julgamento das propostas é o menor preço.

Esse procedimento possui duas fases:

a) Interna (art. 3º):

> Art. 3º. A fase preparatória do pregão observará o seguinte:
>
> I – a autoridade competente justificará a necessidade de contratação e definirá o objeto do certame, as exigências de habilitação, os critérios de aceitação das propostas, as sanções por inadimplemento e as cláusulas do contrato, inclusive com fixação dos prazos para fornecimento;
>
> II – a definição do objeto deverá ser precisa, suficiente e clara, vedadas especificações que, por excessivas, irrelevantes ou desnecessárias, limitem a competição;
>
> III – dos autos do procedimento constarão a justificativa das definições referidas no inciso I deste artigo e os indispensáveis elementos técnicos sobre os quais estiverem apoiados, bem como o orçamento, elaborado pelo órgão ou entidade promotora da licitação, dos bens ou serviços a serem licitados; e
>
> IV – a autoridade competente designará, dentre os servidores do órgão ou entidade promotora da licitação, o pregoeiro e respectiva equipe de apoio, cuja atribuição inclui, dentre outras, o recebimento das propostas e lances, a análise de sua aceitabilidade e sua classificação, bem como a habilitação e a adjudicação do objeto do certame ao licitante vencedor.
>
> § 1º A equipe de apoio deverá ser integrada em sua maioria por servidores ocupantes de cargo efetivo ou emprego da administração, preferencialmente pertencentes ao quadro permanente do órgão ou entidade promotora do evento.
>
> § 2º No âmbito do Ministério da Defesa, as funções de pregoeiro e de membro da equipe de apoio poderão ser desempenhadas por militares. (Lei nº 10.520/2002)

b) Externa (art. 4º):

> Art. 4º. A fase externa do pregão será iniciada com a convocação dos interessados e observará as seguintes regras:

I – a convocação dos interessados será efetuada por meio de publicação de aviso em diário oficial do respectivo ente federado ou, não existindo, em jornal de circulação local, e facultativamente, por meios eletrônicos e conforme o vulto da licitação, em jornal de grande circulação, nos termos do regulamento de que trata o art. 2º;

II – do aviso constarão a definição do objeto da licitação, a indicação do local, dias e horários em que poderá ser lida ou obtida a íntegra do edital;

III – do edital constarão todos os elementos definidos na forma do inciso I do art. 3º, as normas que disciplinarem o procedimento e a minuta do contrato, quando for o caso;

IV – cópias do edital e do respectivo aviso serão colocadas à disposição de qualquer pessoa para consulta e divulgadas na forma da Lei nº 9.755, de 16 de dezembro de 1998;

V – o prazo fixado para a apresentação das propostas, contado a partir da publicação do aviso, não será inferior a 8 (oito) dias úteis;

VI – no dia, hora e local designados, será realizada sessão pública para recebimento das propostas, devendo o interessado, ou seu representante, identificar-se e, se for o caso, comprovar a existência dos necessários poderes para formulação de propostas **e para a prática de todos os demais atos inerentes ao certame**;

VII – aberta a sessão, os interessados ou seus representantes, apresentarão declaração dando ciência de que cumprem plenamente os requisitos de habilitação e entregarão os envelopes contendo a indicação do objeto e do preço oferecidos, procedendo-se à sua imediata abertura e à verificação da conformidade das propostas com os requisitos estabelecidos no instrumento convocatório;

VIII – no curso da sessão, o autor da oferta de valor mais baixo e os das ofertas *com preços até 10% (dez por cento) superiores àquela poderão fazer novos lances verbais e sucessivos, até a proclamação do vencedor*;

IX – não havendo pelo menos 3 (três) ofertas nas condições definidas no inciso anterior, poderão os autores das melhores propostas, até o máximo de 3 (três), oferecer novos lances verbais e sucessivos, quaisquer que sejam os preços oferecidos;

X – *para julgamento e classificação das propostas, será adotado o critério de menor preço*, observados os prazos máximos para fornecimento, as especificações técnicas e parâmetros mínimos de desempenho e qualidade definidos no edital;

XI – examinada a proposta classificada em primeiro lugar, quanto ao objeto e valor, caberá ao pregoeiro decidir motivadamente a respeito da sua aceitabilidade;

XII – encerrada a etapa competitiva e ordenadas as ofertas, o pregoeiro procederá à abertura do invólucro contendo os documentos de habilitação do licitante que apresentou a melhor proposta, para verificação do atendimento das condições fixadas no edital;

XIII – a habilitação far-se-á com a verificação de que o licitante está em situação regular perante a Fazenda Nacional, a Seguridade Social e o Fundo de Garantia do Tempo de Serviço – FGTS, e as Fazendas Estaduais e Municipais, quando for o caso, com a comprovação de que atende às exigências do edital quanto à habilitação jurídica e qualificações técnica e econômico-financeira;

XIV – os licitantes poderão deixar de apresentar os documentos de habilitação que já constem do Sistema de Cadastramento Unificado de Fornecedores – Sicaf e sistemas semelhantes mantidos por Estados, Distrito Federal ou Municípios, assegurado aos demais licitantes o direito de acesso aos dados nele constantes;

XV – verificado o atendimento das exigências fixadas no edital, o licitante será declarado vencedor;

XVI – se a oferta não for aceitável ou se o licitante desatender às exigências habilitatórias, o pregoeiro examinará as ofertas subsequentes e a qualificação dos licitantes, na ordem de classificação, e assim sucessivamente, até a apuração de uma que atenda ao edital, sendo o respectivo licitante declarado vencedor;

XVII – nas situações previstas nos incisos XI e XVI, o pregoeiro poderá negociar diretamente com o proponente para que seja obtido preço melhor;

XVIII – declarado o vencedor, qualquer licitante poderá manifestar imediata e motivadamente a intenção de recorrer, quando lhe será concedido o prazo de 3 (três) dias para apresentação das razões do recurso, ficando os demais licitantes desde logo intimados para apresentar contrarrazões em igual número de dias, que começarão a correr do término do prazo do recorrente, sendo-lhes assegurada vista imediata dos autos;

XIX – o acolhimento de recurso importará a invalidação apenas dos atos insuscetíveis de aproveitamento;

XX – *a falta de manifestação imediata e motivada do licitante importará a decadência do direito de recurso* e a adjudicação do objeto da licitação pelo pregoeiro ao vencedor;

XXI – decididos os recursos, a autoridade competente fará a adjudicação do objeto da licitação ao licitante vencedor;

XXII – *homologada a licitação pela autoridade competente, o adjudicatário* será convocado para assinar o contrato no prazo definido em edital; e

XXIII – se o licitante vencedor, convocado dentro do prazo de validade da sua proposta, não celebrar o contrato, aplicar-se-á o disposto no inciso XVI. (Lei nº 10.520/2002) (g.n.)

É peculiar no pregão que primeiramente sejam avaliadas as propostas (menor valor) para que depois os licitantes apresentem documentos necessários à habilitação.

No pregão fica vedado, conforme previsão expressa do art. 5º, Lei nº 10.520/2002: a) *garantia de propostas;* b) *aquisição do edital pelos licitantes, como condição para participação do certame;* c) *pagamento de taxas e emolumentos.*

7.5.7. Sistema de Registro de Preço

A legislação que trata do procedimento licitatório dispõe, no art. 15, II, sobre a compra de produtos pelo sistema de registro de preços.

Art. 15. As compras, sempre que possível, deverão:

....

II – ser processadas através de sistema de registro de preços;

Assim, o sistema de registro de preços foi definido pelo Decreto nº 7.892/2013, e, Decreto nº 8.250/2014, que regulamentam as normas na esfera federal. Dessa forma, cabe a cada ente federativo legislar sobre o sistema de registro de preços.

A legislação definiu o sistema de registro de preço como "conjunto de procedimentos para registro formal de preços relativos à prestação de serviços e aquisição de bens, para contratações futuras". (art. 2º)

O principal objetivo do Sistema de Registro de Preço seria a ausência de necessidade de licitações repetidas sobre o mesmo objeto, tornando assim mais econômica a contratação pelo órgão público.

As hipóteses de aplicação do Sistema de Registro de Preços foram definidas no artigo 3º do Decreto nº 7.892/2013:

> **Art. 3º.** O Sistema de Registro de Preços poderá ser adotado nas seguintes hipóteses:
>
> I – quando, pelas características do bem ou serviço, houver necessidade de contratações frequentes;
>
> II – quando for conveniente a aquisição de bens com previsão de entregas parceladas ou contratação de serviços remunerados por unidade de medida ou em regime de tarefa;
>
> III – quando for conveniente a aquisição de bens ou a contratação de serviços para atendimento a mais de um órgão ou entidade, ou a programas de governo; ou
>
> IV – quando, pela natureza do objeto, não for possível definir previamente o quantitativo a ser demandado pela Administração;

O Sistema de Registro de Preços somente poderá ser realizado com uma prévia pesquisa de mercado. Ainda, os preços que forem registrados deverão ser publicados trimestralmente por expressa previsão legal.

A Administração Pública não fica obrigada a contratar com as empresas do sistema de preços, no entanto, caso venha fazer a opção pela ata de registro de preço, será assegurado ao beneficiário do registro preferência em igualdade de condições.

> **Art. 15.**
>
> ....
>
> § 3º O sistema de registro de preços será regulamentado por decreto, atendidas as peculiaridades regionais, observadas as seguintes condições:
>
> I – seleção feita mediante concorrência;
>
> II – estipulação prévia do sistema de controle e atualização dos preços registrados;
>
> III – validade do registro não superior a um ano.

Depois de finalizada a licitação, será feita a "ata de registro de preço", que tem definição legal como "documento vinculativo, obrigacional, com característica de compromisso para futura contratação, em que se registram os preços, fornecedores, órgãos participantes e condições a serem praticadas, conforme as disposições contidas no instrumento convocatório e propostas apresentadas. (art. 2º, II)

O Registro de Preços terá validade de 12 (doze) meses, conforme dispõe o artigo 15, §3º, III da Lei nº 8.666/1993, já incluindo as prorrogações.

No Sistema de Registro de Preços, permite-se aquilo que chamamos de "adesão" a Ata de Registro de Preço, pois nos ditames do artigo 22 do Decreto nº 7.892/2013,

> desde que devidamente justificada a vantagem, a ata de registro de preços, durante sua vigência, poderá ser utilizada por qualquer órgão ou entidade da administração pública federal que não tenha participado do certame licitatório, mediante anuência do órgão gerenciador.

A "adesão" da Ata de Registro de Preço necessita passar por alguns critérios legais, bem como possuem limites no tocante ao seu alcance. Será permitida a adesão por órgão ou entidade não superior a cinquenta por cento dos quantitativos dos itens do instrumento convocatório e registrados na ata de registro, conforme expressamente disposto no artigo 22, §3º do Decreto nº 7.892/2013.

Outro ponto a ser destacado trata da possibilidade de entidades e órgão de outros entes aderirem, de forma facultativa, à Ata de Registro da Administração Pública Federal. Repare, no entanto, que o inverso, adesão do Governo Federal em Ata de Registro de Estado ou de Município não é permitido por força de previsão legal. (§8º e §9º)

Com o advento do COVID-19, surgiram diversos diplomas legais que flexibilizaram os processos licitatórios, em especial, com relação ao Sistema de Registro de Preço.

A Medida Provisória nº 951, de 15 de abril de 2020, e prorrogada pelo ato do Presidente do Congresso Nacional nº 62, de 10 de junho de 2020, passou dispensar a licitação para o enfrentamento do COVID-19.

> **Art. 4º.**
>
> ....
>
> *§4º Na hipótese de dispensa de licitação de que trata o caput, quando se tratar de compra ou contratação por mais de um órgão ou entidade, o sistema de registro de preços, de que trata o inciso II do caput do art. 15 da Lei nº 8.666, de 21 de junho de 1993, poderá ser utilizado.*
>
> *Outra significativa alteração pela Medida Provisória, acima descrita, trata da alteração dos prazos, entre dois e quatro dias úteis, para os órgãos manifestem o interesse ao órgão ou entidade gerenciador da compra. (§6º)*

7.6. Licitação serviços de publicidade – Lei nº 12.232/2010

A Lei nº 12.232/2010 trata da regulamentação do processo licitatório para o serviço de publicidade em todas as esferas normativas.

Resta salientar que a nova legislação não inovou na modalidade de licitação, que deverá ser uma das existentes, mas, exige que o julgamento seja pela "**melhor técnica**" ou "**técnica e preço**" (art. 5º).

A licitação para a contratação de serviço de publicidade está delimitada no art. 2º da Lei nº 12.232/2010, que dispõe:

> **Art. 2º.** Para fins desta Lei, consideram-se serviços de publicidade o conjunto de atividades realizadas integradamente que tenham por objetivo o estudo, o planejamento, a conceituação, a concepção, a criação, a execução interna, a intermediação e a supervisão da execução externa e a distribuição de publicidade aos veículos e demais meios de divulgação, com o objetivo de promover a venda de bens ou serviços de qualquer natureza, difundir ideias ou informar o público em geral.
>
> **§ 1º** Nas contratações de serviços de publicidade, poderão ser incluídos como atividades complementares os serviços especializados pertinentes:
>
> I – ao planejamento e à execução de pesquisas e de outros instrumentos de avaliação e de geração de conhecimento sobre o mercado, o público-alvo, os meios de divulgação nos quais serão difundidas as peças e ações publicitárias ou sobre os resultados das campanhas realizadas, respeitado o disposto no art. 3º desta Lei;
>
> II – à produção e à execução técnica das peças e projetos publicitários criados;
>
> III - à criação e ao desenvolvimento de formas inovadoras de comunicação publicitária, em consonância com novas tecnologias, visando à expansão dos efeitos das mensagens e das ações publicitárias.

A legislação trouxe de forma expressa o objeto da licitação – serviço de publicidade e atividades complementares - e ainda, excluiu qualquer outra atividade descrita no § 2º do mesmo artigo.

> **§ 2º** Os contratos de serviços de publicidade terão por objeto somente as atividades previstas no caput e no § 1º deste artigo, **vedada a inclusão de quaisquer outras atividades**, em especial as de assessoria de imprensa, comunicação e relações públicas ou as que tenham por finalidade a realização de eventos festivos de qualquer natureza, as quais serão contratadas por meio de procedimentos licitatórios próprios, respeitado o disposto na legislação em vigor. (g.n.)

Assim como na modalidade Pregão, a Licitação para Serviços de Publicidade tem uma inversão de fases nas quais primeiro se julgam as propostas e depois se habilitam as empresas, dentro daquelas vencedoras (art. 11, § 4º).

7.7. Fases da licitação

1.) Edital
2.) Habilitação

3.) Classificação
4.) Homologação
5.) Adjudicação

7.7.1. Edital

O edital é o instrumento por meio do qual a Administração torna pública a realização de uma licitação. É o meio utilizado para todas as modalidades de licitação, exceto CONVITE. Considerado como a "lei interna" da licitação, deve fixar as condições de realização da licitação e vincula a Administração e os proponentes.

A intenção de licitar é divulgada pela publicação de aviso com o resumo do edital, nos termos do art. 21 da Lei nº 8.666/1993. O edital é numerado, em séries anuais, deve conter o nome da repartição interessada e de seu setor, a modalidade, o regime de execução e o tipo da licitação, a menção de que será regido por esta Lei, o local, dia e hora para recebimento da documentação e proposta, bem como para início da abertura dos envelopes.

A lei determina como obrigatório: (art. 40)

> **Art. 40.** O edital conterá no preâmbulo o número de ordem em série anual, o nome da repartição interessada e de seu setor, a modalidade, o regime de execução e o tipo da licitação, a menção de que será regida por esta Lei, o local, dia e hora para recebimento da documentação e proposta, bem como para início da abertura dos envelopes, e indicará, obrigatoriamente, o seguinte:
>
> I – objeto da licitação, em descrição sucinta e clara;
>
> **Súmula nº 177 (TCU)**
>
> A definição precisa e suficiente do objeto licitado constitui regra indispensável da competição, até mesmo como pressuposto do postulado de igualdade entre os licitantes, do qual é subsidiário o princípio da publicidade, que envolve o conhecimento, pelos concorrentes potenciais das condições básicas da licitação, constituindo, na hipótese particular da licitação para compra, a quantidade demandada uma das especificações mínimas e essenciais à definição do objeto do pregão.
>
> II – prazo e condições para assinatura do contrato ou retirada dos instrumentos, como previsto no art. 64 desta Lei, para execução do contrato e para entrega do objeto da licitação;
>
> III – sanções para o caso de inadimplemento;
>
> IV – local onde poderá ser examinado e adquirido o projeto básico;
>
> V – se há projeto executivo disponível na data da publicação do edital de licitação e o local onde possa ser examinado e adquirido;
>
> VI – condições para participação na licitação, em conformidade com os arts. 27 a 31 desta Lei, e forma de apresentação das propostas;
>
> **Súmula nº 247 (TCU)**
>
> É obrigatória a admissão da adjudicação por item e não por preço global, nos editais das licitações para a contratação de obras, serviços, compras e alienações, cujo objeto seja divisível, desde que não haja prejuízo para o conjunto ou complexo ou perda de economia de escala, tendo em vista o objetivo de

propiciar a ampla participação de licitantes que, embora não dispondo de capacidade para a execução, fornecimento ou aquisição da totalidade do objeto, possam fazê-lo com relação a itens ou unidades autônomas, devendo as exigências de habilitação adequar-se a essa divisibilidade.

VII – critério para julgamento, com disposições claras e parâmetros objetivos;

VIII – locais, horários e códigos de acesso dos meios de comunicação à distância em que serão fornecidos elementos, informações e esclarecimentos relativos à licitação e às condições para atendimento das obrigações necessárias ao cumprimento de seu objeto;

IX – condições equivalentes de pagamento entre empresas brasileiras e estrangeiras, no caso de licitações internacionais;

X – o critério de aceitabilidade dos preços unitário e global, conforme o caso, permitida a fixação de preços máximos e vedados a fixação de preços mínimos, critérios estatísticos ou faixas de variação em relação a preços de referência, ressalvado o disposto nos parágrafos 1º e 2º do art. 48; *(Redação dada pela Lei nº 9.648, de 1998)*

XI – critério de reajuste, que deverá retratar a variação efetiva do custo de produção, admitida a adoção de índices específicos ou setoriais, desde a data prevista para apresentação da proposta, ou do orçamento a que essa proposta se referir, até a data do adimplemento de cada parcela; *(Redação dada pela Lei nº 8.883, de 1994)*

XII – (Vetado). *(Redação dada pela Lei nº 8.883, de 1994)*

XIII – limites para pagamento de instalação e mobilização para execução de obras ou serviços que serão obrigatoriamente previstos em separado das demais parcelas, etapas ou tarefas;

XIV - condições de pagamento, prevendo:

a) prazo de pagamento não superior a trinta dias, contado a partir da data final do período de adimplemento de cada parcela; *(Redação dada pela Lei nº 8.883, de 1994)*

b) cronograma de desembolso máximo por período, em conformidade com a disponibilidade de recursos financeiros;

c) critério de atualização financeira dos valores a serem pagos, desde a data final do período de adimplemento de cada parcela até a data do efetivo pagamento; *(Redação dada pela Lei nº 8.883, de 1994)*

d) compensações financeiras e penalizações, por eventuais atrasos, e descontos, por eventuais antecipações de pagamentos;

e) exigência de seguros, quando for o caso;

XV – instruções e normas para os recursos previstos nesta Lei;

XVI – condições de recebimento do objeto da licitação;

XVII – outras indicações específicas ou peculiares da licitação.

A legislação prevê um prazo de impugnação de edital para qualquer cidadão de até 3 dias úteis (art. 40, § 1º) e até 2 dias úteis pelo licitante (§ 2º).

Qualquer interessado poderá representar ao Tribunal de Contas para o controle das irregularidades. (art. 113, § 1º).

Antecedência Mínima do Edital:

a) **45 dias para:**

   i) Concorrência – critério "técnica" ou "técnica e preço" ou quando o contrato a ser celebrado contemplar o regime de empreitada integral;

   ii) Concurso.

b) **30 dias para:**

   i) Concorrência – critério "menor preço" ou outro procedimento que não seja empreitada integral;

   ii) Tomada de Preço – critério "técnica" e "técnica e preço".

c) **15 dias para:**

   i) Tomada de Preço – critério menor preço;

   ii) Leilão.

d) **5 dias úteis para convite;**

e) **8 dias úteis para pregão.**

7.7.2. Habilitação

Esta fase é aquela em que se procede à verificação da documentação e de requisitos pessoais dos licitantes, tornando-os habilitados ou inabilitados. É a etapa relacionada às qualidades pessoais dos interessados em licitar.

Como regra, ocorre previamente à análise das propostas, e neste caso o inabilitado é excluído do procedimento e tem como finalidade garantir que o licitante tenha condições técnicas, financeiras e idoneidade para adequadamente cumprir o contrato objeto da licitação.

Pode ser definida como a fase do procedimento em que se verificam as condições dos licitantes. Caso nenhum dos interessados consiga habilitar-se, ocorrerá a chamada licitação fracassada. Essa dará ensejo à contratação direta pela administração.

7.7.3. Classificação

A administração faz o julgamento das propostas, classificando-as pela ordem de preferência, segundo critérios objetivos constantes do edital. Divide-se em:

1º- Há abertura dos envelopes "propostas" dos concorrentes habilitados, em ato público previamente designado, do qual se deverá ser lavrada ata circunstanciada.

2º- Julgamento das propostas, que deve ser objetivo e realizado de acordo com os tipos de licitação.

7.7.4. Homologação

Equivale à aprovação do procedimento, é precedida do exame dos atos que o integraram pela autoridade competente, a qual, se verificar algum vício de ilegalidade, anulará o procedimento ou determinará seu saneamento, se possível. Compete ao Poder Público homologar o procedimento licitatório, sendo ele todo regular.

7.7.5. Adjudicação

É o ato pelo qual se atribui o vencedor objeto da licitação. Não se deve confundir adjudicação com a celebração do contrato. A adjudicação apenas garante ao vencedor que, quando a administração celebrar o contrato relativo ao objeto da licitação, o fará com o vencedor.

Com a adjudicação o licitante vencedor tem **mera expectativa de direito com relação ao contrato,** todavia, traz uma série de restrições com relação à administração pública no tocante à abertura de nova licitação para o mesmo objeto. É o ato final do procedimento de licitação.

7.8. Anulação e revogação

O art. 49 da Lei nº 8.666/1993 prevê a possibilidade da **revogação da licitação por interesse público decorrente de fato superveniente devidamente comprovado**, pertinente e suficiente para justificar tal conduta, bem como a **obrigatoriedade de sua ANULAÇÃO por ilegalidade**, neste último caso podendo agir de ofício ou provocação de terceiro e devidamente fundamentado.

7.9. Recurso administrativo

Terminologia utilizada para designar todos os meios postos à disposição dos administrados para provocar o reexame dos atos administrativos. O art. 109 da Lei nº 8.666/1993 prevê os recursos administrativos cabíveis dos atos decorrentes da licitação e do contrato: recurso, representação e pedido de reconsideração.

O prazo para interposição do recurso e da representação será de 5 dias úteis e do pedido de reconsideração será de 10 dias úteis.

Caberá o recurso nos seguintes casos:

1. Habilitação ou inabilitação;
2. Julgamento das propostas;
3. Anulação ou revogação da licitação;
4. Rescisão do contrato;
5. Aplicação das penas de advertência, suspensão temporária ou multa;
6. Indeferimento do pedido de inscrição de registro cadastral.

A **representação será cabível quando a decisão não tenha previsão de recurso hierárquico** (art. 109, II).

Já para o **pedido de reconsideração** (art. 109, III) existe previsão legal quando for **declarada idoneidade para licitar ou contratar com a Administração** pelo Secretário Municipal ou Estadual ou Ministro de Estado.

7.10. Lei nº 13.979/2020 e Lei nº 14.035/2020 – COVID-19

Diante dos efeitos causados em todo o mundo pelo Coronavírus (COVID-19), um emaranhado de normas jurídicas (leis, decretos, medidas provisórias, entre outras) foi publicado, com efeitos imediatos, em especial, para flexibilizar os regimes jurídicos existentes.

Não existem dúvidas de que todas as relações jurídicas estabelecidas sofrerão alterações significativas, problema esse que abrange todas as áreas jurídicas, em especial, o direito administrativo.

A Lei nº 13.979/2020, devidamente atualizada pela Lei nº 14.035/2020, foi a norma que mais flexibilizou as licitações públicas, trazendo novas premissas até então desconhecidas para os gestores públicos de todo país.

A obrigatoriedade da administração pública de licitar para a compra de produtos ou de serviços surge justamente no sentido de permitir maior transparência e eficiência nas contratações, na qual se permite a **todos** os interessados participarem, nas mesmas condições de tratamento na disputa, efetuando, assim, a melhor aquisição para a sociedade.

7.10.1. Da dispensa de licitação

A Lei nº 13.979/2020, atualizada pela Lei nº 14.035/2020, inovou ao flexibilizar as licitações, em especial, no tocante a sua dispensa, até então definida no art. 4º da Lei no 8.666/1993.

> **Art. 4º.** É dispensável a licitação para aquisição ou contratação de bens, serviços, inclusive de engenharia, e insumos destinados ao enfrentamento da emergência de saúde pública de importância internacional de que trata esta Lei. *(Redação dada pela Lei nº 14.035, de 2020)*

O primeiro ponto que se deve observar diz respeito à dispensa de licitação especificamente a casos relacionados ao coronavírus, não sendo possível ampliar sua interpretação para outros casos correlatos.

De outro lado, importante se faz ressaltar também a inclusão dos serviços de engenharia, tornando, assim, mais abrangente o rol de serviços a serem dispensáveis de licitação.

7.10.2. Prazos

No tocante ao **prazo** estabelecido para a dispensa de licitação, o legislador aplicou o critério **temporário** para tais situações, excepcionais, não sendo possível a utilização da dispensa de licitação sem prazo determinado.

> **Art. 4º. [...]**
> **§ 1º** A dispensa de licitação a que se refere o caput deste artigo é temporária e aplica-se apenas enquanto perdurar a emergência de saúde pública de importância internacional decorrente do coronavírus.

7.10.3. Publicidade

Quanto à publicidade dos atos praticados durante a pandemia, deverá ser publicada, em sítio oficial específico na internet, no prazo máximo de 5 (cinco) dias úteis, contados do ato praticado. A Lei nº 14.035/2020 incluiu no texto original, o prazo de 5 (cinco) dias úteis para a publicação, isso pois, na versão original, não continha qualquer menção ao prazo para a publicidade dos atos, podendo causar problemas na divulgação, diante da ausência temporal para a exposição dos dados.

Ainda, será necessário conter uma série de exigências legais para complementar a publicidade do ato, sendo portanto, elementos obrigatórios para a validade da contratação, sob pena da prática de ato ilegal com as consequências jurídicas dele decorrente.

> Art. 4º. ....
>
> ......
>
> § 2º Todas as aquisições ou contratações realizadas com base nesta Lei serão disponibilizadas, no prazo máximo de 5 (cinco) dias úteis, contado da realização do ato, em site oficial específico na internet, observados, no que couber, os requisitos previstos no § 3º do art. 8º da Lei nº 12.527, de 18 de novembro de 2011, com o nome do contratado, o número de sua inscrição na Secretaria da Receita Federal do Brasil, o prazo contratual, o valor e o respectivo processo de aquisição ou contratação, além das seguintes informações: *(Redação dada pela Lei nº 14.035, de 2020)*
>
> I – o ato que autoriza a contratação direta ou o extrato decorrente do contrato; *(Incluído pela Lei nº 14.035, de 2020)*
>
> II – a discriminação do bem adquirido ou do serviço contratado e o local de entrega ou de prestação; *(Incluído pela Lei nº 14.035, de 2020)*
>
> III – o valor global do contrato, as parcelas do objeto, os montantes pagos e o saldo disponível ou bloqueado, caso exista; *(Incluído pela Lei nº 14.035, de 2020)*
>
> IV – as informações sobre eventuais aditivos contratuais; *(Incluído pela Lei nº 14.035, de 2020)*
>
> V – a quantidade entregue em cada unidade da Federação durante a execução do contrato, nas contratações de bens e serviços. *(Incluído pela Lei nº 14.035, de 2020)*

7.10.4. Da contratação de empresas penalizadas

A flexibilização legal, no tocante às licitações, foi tamanha que trouxe um instrumento até então não previsto pela legislação vigente.

A Lei nº 8.666/1993, em seu art. 87, traz uma série de penalidades aplicáveis àqueles que descumprirem os contratos administrativos, em especial, duas penas de consequências mais severas: ii) suspensão do direito de licitar e contratar com a administração pública; ii) impedimento de contratar com o poder público por prazo não superior a 2 (dois) anos.

Porém, a Lei nº 13.979/2020, com a alteração posterior da Lei nº 14.035/20, mais uma vez inovando no tema licitação, permitiu a contratação de empresas penalizadas, desde que, seja comprovadamente a única fornecedora do produto ou do serviço (§ 3º). Para tanto, exigiu o legislador a obrigatoriedade de garantia, não excedente a 10% (dez por cento) do valor do contrato para a empresa punida.

> **Art. 4º.**
>
> ....
>
> **§ 3º** Na situação excepcional de, comprovadamente, haver uma única fornecedora do bem ou prestadora do serviço, será possível a sua contratação, independentemente da existência de sanção de impedimento ou de suspensão de contratar com o poder público. *(Incluído pela Lei nº 14.035, de 2020)*
>
> **§ 3º-A.** No caso de que trata o § 3º deste artigo, é obrigatória a prestação de garantia nas modalidades previstas no *art. 56 da Lei nº 8.666, de 21 de junho de 1993*, que não poderá exceder a 10% (dez por cento) do valor do contrato. *(Incluído pela Lei nº 14.035, de 2020)*

7.10.5. Produtos usados

A nova legislação trata também da possibilidade de contratar produtos usados, devendo o fornecedor se responsabilizar pelo produto.

> **Art. 4º-A.** A aquisição ou contratação de bens e serviços, inclusive de engenharia, a que se refere o **caput** do art. 4º desta Lei, não se restringe a equipamentos novos, desde que o fornecedor se responsabilize pelas plenas condições de uso e de funcionamento do objeto contratado. *(Incluído pela Lei nº 14.035, de 2020)*

7.10.6. Requisitos

Os requisitos necessários para a contratação por dispensa de licitação vêm previstos no art. 4º-B, vejamos:

> **Art. 4º-B.** Nas dispensas de licitação decorrentes do disposto nesta Lei, presumem-se comprovadas as condições de: *(Incluído pela Lei nº 14.035, de 2020)*
>
> I – ocorrência de situação de emergência; *(Incluído pela Lei nº 14.035, de 2020)*
>
> II – necessidade de pronto atendimento da situação de emergência; *(Incluído pela Lei nº 14.035, de 2020)*
>
> III – existência de risco à segurança de pessoas, de obras, de prestação de serviços, de equipamentos e de outros bens, públicos ou particulares; e *(Incluído pela Lei nº 14.035, de 2020)*
>
> IV – limitação da contratação à parcela necessária ao atendimento da situação de emergência. *(Incluído pela Lei nº 14.035, de 2020)*

7.10.7. Certidões

Outro ponto interessante inovado pela legislação especial trata da dispensa da apresentação das certidões rotineiramente exigidas pelo texto legal.

In casu, quando necessário, desde que justificado o ato pela autoridade competente, poderá dispensar a apresentação das certidões fiscais, ou ainda, do cumprimento de 1 (um) ou mais requisitos de habilitação, conforme determina o dispositivo legal.

> **Art. 4º-F.** Na hipótese de haver restrição de fornecedores ou de prestadores de serviço, a autoridade competente, excepcionalmente e mediante justificativa, poderá dispensar a apresentação de documentação relativa à regularidade fiscal ou, ainda, o cumprimento de 1 (um) ou mais requisitos de habilitação, ressalvados a exigência de apresentação de prova de regularidade trabalhista e o cumprimento do disposto no *inciso XXXIII do caput do art. 7º da Constituição Federal. (Incluído pela Lei nº 14.035, de 2020)*

7.10.8. Prazos processuais

Por força do disposto na lei especial, os prazos para os procedimentos licitatórios, na modalidade pregão presencial ou virtual, serão reduzidos pela metade (art. 4º-G).

7.10.9. Recursos

Os recursos nos processos de licitação sob a égide da Lei nº 13.979/2020 serão recebidos apenas com **efeito devolutivo** (art. 4-G, § 2º).

7.10.10. Duração do contrato

Os contratos regidos pela Lei nº 13.979/2020 possuem prazo de 6 (seis) meses, podendo ser renovados por períodos sucessivos enquanto perdurarem os efeitos do Decreto Legislativo nº 6, de 20 de março de 2020. (art. 4º-H).

Capítulo 8

8. CONTRATOS ADMINISTRATIVOS

8.1. Conceito

Na conceituação clássica do Professor Marçal Justen Filho (2019, p. 1166),

> O contrato administrativo em sentido restrito é um acordo de vontades, em que uma das partes integra a Administração Pública, orientado a construir relação jurídica submetida ao regime de direito público e destinada ou a satisfazer de modo direto necessidades da Administração Pública ou construir uma delegação a um particular da prestação de serviço público, caracterizando-se por regime jurídico que comporta competências anômalas.

Na definição da Professora Fernanda Marinela (Ibid., p. 537),

> Pode-se conceituar "contrato administrativo" como a convenção estabelecida entre duas ou mais pessoas para construir, regular ou extinguir, entre elas, uma relação jurídica patrimonial, tendo sempre a participação do Poder Público, visando à persecução de um interesse coletivo, sendo regido pelo direito público.
>
> **Art. 2º. [...]**
>
> **Parágrafo único.** Para os fins desta Lei, considera-se contrato todo e qualquer ajuste **entre órgãos ou entidades da Administração Pública e particulares**, em que haja um acordo de vontades para a formação de vínculo e a estipulação de obrigações recíprocas, seja qual for a denominação utilizada. (g.n.)

8.2. Características

a) **Partes: verticalidade** – no contrato administrativo, a administração pública deverá ocupar situação diferenciada do particular.

O contrato administrativo é pautado pela **bilateralidade**, pois não existe contrato administrativo unilateral. Estão sujeitos ao regramento contido na Lei nº 8.666/1993, além dos órgãos da administração direta, os fundos especiais; as autarquias; as fundações públicas; as empresas públicas; as sociedades de economia mista e demais entidades controladas direta ou indiretamente pela União, Estados, Distrito Federal e Municípios (§ 1º do art. 1º da Lei).

b) **Formalismo:** os contratos administrativos devem observar a forma escrita e deverão cumprir a formalidade prevista em lei. A exceção está prevista no art. 60, par. único, da Lei nº 8.666/1993:

> Art. 60. [...]
> Parágrafo único. É nulo e de nenhum efeito o contrato verbal com a Administração, salvo o de pequenas compras de pronto pagamento, assim entendidas aquelas de valor não superior a 5% (cinco por cento) do limite estabelecido no art. 23, inciso II, alínea «a» desta Lei, feitas **em regime de adiantamento**. (g.n.)

c) **Comutativo:** os contratos deverão ter obrigações recíprocas às duas partes: Contratante e Contratado.

d) *Intuitu personae:* a contratação está diretamente relacionada com a característica do contratado. Como regra, não se admite subcontratação.

No entanto, a própria legislação (Lei nº 8.666/1993) traz exceção à regra da **subcontratação**, quando em seu artigo 72 a permite de forma parcial na execução do contrato, recaindo sobre partes da obra, serviço ou fornecimento e desde que esteja previsto no edital e/ou contrato.

> Art. 72. O contratado, na execução do contrato, sem prejuízo das responsabilidades contratuais e legais, poderá subcontratar partes da obra, serviço ou fornecimento, até o limite admitido, em cada caso, pela Administração.

Desta regra extraímos quatro lições sobre a subcontratação em contratos administrativos. Quais sejam:

i) Cabe à Administração a decisão sobre aceitação ou não da subcontratação;

ii) É vedada a subcontratação total da obra, do serviço ou do fornecimento, cabendo à Administração estabelecer os limites desta subcontratação;

iii) A subcontratação deve expressamente estar prevista no contrato ou edital;

iv) A responsabilidade pelas obrigações contratuais e legais permanece sendo do contratado, mesmo diante de serviços, obra ou fornecimento parcial realizado por subcontratado.

Nesse sentido, destaca-se julgamento do Tribunal de Contas da União (TCU), no Acórdão 14193/2018, de relatoria do Ministro Weder de Oliveira, de 13/11/2018:

> **Enunciado:** A subcontratação do objeto é admitida apenas parcialmente, desde que motivada sob a ótica do interesse público e com os seus limites devidamente fixados pelo contratante, não podendo a atuação do contratado transformar-se em mera intermediação ou administração de contrato.

e) **Oneroso:** o contrato deverá ter valor econômico, consistente na remuneração dos serviços, obra ou fornecimento efetivamente prestado.

f) **Prazo determinado:** como regra o contrato deverá seguir a vigência do crédito orçamentário, ou seja, com o calendário do ano civil – art. 34 da Lei nº 4.320/1964.

> **Art. 57.** A duração dos contratos regidos por esta Lei ficará adstrita à vigência dos respectivos créditos orçamentários, exceto quanto aos relativos:
>
> **I** – aos projetos cujos produtos estejam contemplados nas metas estabelecidas no Plano Plurianual, os quais poderão ser prorrogados se houver interesse da Administração e desde que isso tenha sido previsto no ato convocatório;
>
> **II** – à prestação de serviços a serem executados de forma contínua, que poderão ter a sua duração prorrogada por iguais e sucessivos períodos com vistas à obtenção de preços e condições mais vantajosas para a administração, limitada a sessenta meses; *(Redação dada pela Lei nº 9.648, de 1998)*
>
> **III** – (Vetado). *(Redação dada pela Lei nº 8.883, de 1994)*
>
> **IV** – ao aluguel de equipamentos e à utilização de programas de informática, podendo a duração estender-se pelo prazo de até 48 (quarenta e oito) meses após o início da vigência do contrato.
>
> **V** – às hipóteses previstas nos incisos IX, XIX, XXVIII e XXXI do art. 24, cujos contratos poderão ter vigência por até 120 (cento e vinte) meses, caso haja interesse da administração. *(Incluído pela Lei nº 12.349, de 2010)*

Exceções:

i) Contratos previstos no plano plurianual desde que tenha interesse demonstrado da Administração Pública - PPA;
ii) Contratos de duração contínua poderão ser prorrogados por períodos idênticos e sucessivos, desde que não ultrapassem 60 meses;
iii) Locação de material de informática – 48 meses.

A Lei nº 13.979/2020, alterada pela MP nº 926/2020, que trata do enfrentamento ao COVID-19, diminuiu o prazo dos contratos administrativos para até seis meses, com a possibilidade de prorrogação por períodos sucessivos enquanto perdurar a necessidade de enfrentamento dos efeitos da saúde pública.

> **Art. 4º-I.** Para os contratos decorrentes dos procedimentos previstos nesta Lei, a administração pública poderá prever que os contratados fiquem obrigados a aceitar, nas mesmas condições contratuais, acréscimos ou supressões ao objeto contratado, em até cinquenta por cento do valor inicial atualizado do contrato. *(Incluído pela Medida Provisória nº 926, de 2020)*

g) **Consensual:** o termo consenso pode ser entendido como o acordo de vontade entre as partes.

Contudo, com relação aos contratos administrativos deverá ser necessário observar alguns pontos relativos à divergência do tema.

Existem, no mínimo, três teses com relação à consensualidade do contrato administrativo. Como não existe uma tese que seja dominante, vejamos uma a uma.

A primeira faz referência à imposição da vontade da Administração Pública, cabendo ao contrato apenas cumpri-la.

Existe, também, a tese que defende a natureza dupla do contrato, na qual uma parte do contrato é imposta ao contratado e outra parte é negociável.

Outra tese, defendida pela Professora Maria Sylvia Zanella di Pietro (2018, p. 304), que alega ser um contrato de adesão, em que *"todas as cláusulas dos contratos administrativos são fixadas unilateralmente pela Administração"*.

Cita ainda a Autora (Id., ibid.) que

> Essa ideia se confirma com a norma do artigo 40, § 2°, da Lei n° 8.666, segundo a qual, dentre os anexos do edital da licitação, deve constar necessariamente "a minuta do contrato a ser firmado entre a Administração e o licitante vencedor".

8.3. Normas legais

É de **competência privativa da União legislar** sobre normas gerais de licitação e contratação para as administrações diretas, autárquicas e fundacionais da União, Estado, Distrito Federal e Municípios. Tal regramento é encontrado na Constituição Federal:

> Art. 22. Compete privativamente a União:
> (...)
> XXVII – normas gerais de licitação e contratação, em todas as modalidades, para as administrações públicas diretas, autárquicas e fundacionais da União, Estados, Distrito Federal e Municípios, obedecido o disposto no art. 37, XXI, e para as empresas públicas e sociedades de economia mista, nos termos do art. 173, § 1°, III.

Ademais, necessário ressaltar que aos outros entes federativos (Estados, Distrito Federal e Municípios) resguardam-se competência para tratar sobre normas específicas relativas à licitação e contratação com a administração. O STF já externou tal entendimento no julgamento das ADIs nos 3735, 1746 e 3670/DF.

> A igualdade de condições dos concorrentes em licitações, embora seja enaltecida pela Constituição (art. 37, XXI), pode ser relativizada por duas vias: (a) pela lei, mediante o estabelecimento de condições de diferenciação exigíveis em abstrato; e (b) pela autoridade responsável pela condução do processo licitatório, que poderá estabelecer elementos de distinção circunstanciais, de qualificação técnica e econômica, sempre vinculados à garantia de cumprimen-

to de obrigações específicas. Somente a lei federal poderá, em âmbito geral, estabelecer desequiparações entre os concorrentes e assim restringir o direito de participar de licitações em condições de igualdade. Ao direito estadual (ou municipal) somente será legítimo inovar neste particular se tiver como objetivo estabelecer condições específicas, nomeadamente quando relacionadas a uma classe de objetos a serem contratados ou a peculiares circunstâncias de interesse local. Ao inserir a Certidão de Violação aos Direitos do Consumidor no rol de documentos exigidos para a habilitação, o legislador estadual se arvorou na condição de intérprete primeiro do direito constitucional de acesso a licitações e criou uma presunção legal, de sentido e alcance amplíssimos, segundo a qual a existência de registros desabonadores nos cadastros públicos de proteção do consumidor é motivo suficiente para justificar o impedimento de contratar com a administração local. Ao dispor nesse sentido, a Lei estadual 3.041/2005 se dissociou dos termos gerais do ordenamento nacional de licitações e contratos e, com isso, usurpou a competência privativa da União de dispor sobre normas gerais na matéria (art. 22, XXVII, da CF/1988). [ADI 3.735, rel. min. Cármen Lúcia, j. 08/09/2016, p, DJE de 01/08/2017.

A teor do disposto no art. 22, XXVII, da CF, compete à União a regulação de normas gerais sobre licitação e contratação públicas, abrangidas a rescisão de contrato administrativo e a indenização cabível. [ADI 1.746, rel. min. Marco Aurélio, j. 18/09/2014, p, DJE de 13/11/2014].

Ação direta de inconstitucionalidade: Lei distrital 3.705, de 21-11-2005, que cria restrições a empresas que discriminarem na contratação de mão de obra: inconstitucionalidade declarada. Ofensa à competência privativa da União para legislar sobre normas gerais de licitação e contratação administrativa, em todas as modalidades, para as administrações públicas diretas, autárquicas e fundacionais de todos os entes da Federação (CF, art. 22, XXVII) e para dispor sobre direito do trabalho e inspeção do trabalho (CF, art. 21, XXIV, e art. 22, I). [ADI 3.670, rel. min. Sepúlveda Pertence, j. 18/09/2014, p, DJE de 13/11/2014].

Outro dispositivo que trata sobre o tema é a Lei nº 8.666/1993 – que instituí normas para licitações e contratos da Administração Pública e dá outras providências.

8.4. Sujeitos

Quanto aos sujeitos do contrato administrativo, coube a lei infraconstitucional tratar sobre o tema – art. 6º, XIV e XV da Lei nº 8.666/1993.

Contratante – É o órgão ou entidade signatária do instrumento contratual.

Contratado – A pessoa física ou jurídica signatária de contrato com a Administração Pública.

8.5. Teoria geral dos contratos

a) **Lex inter partes** – Assim como outros, os contratos administrativos estão sujeitos ao princípio do *lex inter partes* (Lei entre as partes), segundo o qual há impedimento de alteração do que as partes convencionaram.

b) **Pacta sunt servanda** – "O pactuado entre as partes deve permanecer": Outro princípio básico norteador dos contratos em geral e que se aplica aos contratos administrativos, o *Pacta sunt servanda* obriga as partes a cumprir fielmente e reciprocamente as obrigações e deveres avençados.

c) **Rebus sic stantibus** – Teoria da imprevisão – reequilíbrio econômico-financeiro: os contratos administrativos primam pela garantia do equilíbrio econômico-financeiro, sendo que a ocorrência de algum fato não previsto inicialmente e que venha a alterar tal equilíbrio contratual, dará ensejo à reestruturação de preços, com aditamento para o reestabelecimento do equilíbrio econômico-financeiro inicial.

> Processual Civil e Administrativo. Contrato Administrativo. Plano Real. Conversão em URV. Teoria da Imprevisão. Inaplicabilidade ao Caso. [...]; 3. *É requisito para a aplicação da teoria da imprevisão, com o restabelecimento do equilíbrio econômico-financeiro do contrato, que o fato seja imprevisível quanto à sua ocorrência ou quanto às suas consequências;* estranho à vontade das partes; inevitável e causa de desequilíbrio muito grande no contrato. E conforme entendimento desta Corte, a conversão de Cruzeiros Reais em URVs, determinada em todo o território nacional, já pressupunha a atualização monetária (art. 4º da Lei n. 8.880/94), ausente, portanto, a gravidade do desequilíbrio causado no contrato. 4. Recurso especial não provido. (REsp 1129738/SP, Rel. Ministro Mauro Campbell Marques, Segunda Turma, 05/10/2010, DJe 21/10/2010). (g.n.)

d) **Exceptio non adimpleti contractus** – A exceção do contrato não adimplido é uma faculdade concedida à parte de pleitear a suspensão das obrigações contratuais, ou até mesmo a sua rescisão, quando a parte adversa deixar de cumprir seus deveres contratuais.

Neste ponto, há discussões interessantes sobre a oponibilidade nos contratos administrativos.

Permeava o entendimento de não oponibilidade da *exceptio non adimpleti contractus* nos contratos administrativos, por fundamento no princípio da indisponibilidade do interesse público, da continuidade do serviço público e da legalidade administrativa.

Com a inserção da previsão do art. 54, da Lei nº 8.666/1993, que permitiu a aplicação supletiva dos princípios da teoria geral dos contratos e as disposições de direito privado, considerou-se a permissão da oponibilidade do *exceptio non adimpleti contractus*.

Além disso, há também as regras do art. 78, incisos XIV ao XVII, da Lei 8.666/1993, que são encaradas como forma de exercício da cláusula *exceptio non adimpleti contractus*, ao permitir a rescisão contratual ou suspensão das obrigações, nos casos especificados, ressalvada sempre a intervenção judicial para rescisão por vontade do particular.

8.6. Espécies

Os contratos administrativos podem ser divididos em duas espécies: atípicos e típicos.

a) **Atípicos** – São os estabelecidos pela Administração Pública, com base nas normas de direito privado, sem que haja regramento especial e ausente à situação de supremacia da Administração Pública frente ao particular. Ex.: compra e venda e locação.

> Reexame necessário procedido de ofício. Sentença Ilíquida. Recurso de Apelação. Ação de Despejo. Contrato de Locação. Administração Pública Municipal. Locatária. Normas de Direito Privado. Lei nº 8.245/1991. Aplicabilidade. Art. 62, §3º, I, da Lei nº 8.666/1993. Inadimplemento. Comprovação. Pagamento Devido. I. Aplicam-se aos contratos de locação em que a Administração Pública seja locatária os comandos previstos nos arts. 55 e 58 a 61, por força do artigo 62, § 3º, I, todos da Lei nº 8.666/1993 – normas tipicamente de Direito Administrativo –, bem como as regras de Direito Privado contidas na legislação sobre locação para fins não residenciais – na medida em que haja compatibilidade com o regime de Direito Público –, nos moldes da Lei nº 8.245, de 18 de outubro de 1991, que dispõe sobre as locações dos imóveis urbanos e os procedimentos a elas pertinentes. II. Revelando-se incontroverso o inadimplemento dos aluguéis estabelecidos em contrato de locação, é ilegal a permanência do locatário no imóvel, mesmo depois de encerrado o prazo contratual, sob pena de violação aos princípios da boa-fé objetiva e da vedação ao locupletamento ilícito que regem os negócios jurídicos e as relações contratuais, também aplicáveis aos entes públicos. (TJMG – Apelação Cível 1.0395.13.001478-4/001, Relator(a): Des.(a) Washington Ferreira, 1ª Câmara Cível, j. 26/07/2016, publicação da súmula em 02/08/2016)." (g.n.)

> Apelação Cível. Remessa necessária. Embargos à Execução. Contrato de Locação Não Residencial. Administração Pública como Locatári. Normas de Direito Privado. Lei nº 8.245/1991. Rescisão Antecipada do Contrato. Alegação de Rescisão por Força Maior. Inadimplemento. Dívida Líquida, Certa e Exigível. Excesso de Execução Afastado. Taxa Judiciária Devida. **Natureza jurídica do pacto de locação entabulado pelo poder público com o particular – Regime de direito privado.** Por se tratar de contrato celebrado sob a égide do direito privado, suas cláusulas são plenamente válidas, em especial aquela que prevê a multa pela extinção da locação antes do termo final. A dívida líquida e certa, constitui, por si só, título hábil para autorizar a cobrança pela via executiva. Não conhecimento da inovação recursal acerca da atualização do débito. Sentença que se mantém. Negado provimento ao recurso. Manutenção da sentença, em reexame necessário, condenando, de ofício, o Estado no pagamento da taxa judiciária. (TJ-RJ – 0302877-07.2015.8.19.0001 – Apelacão / Remessa Necessária RJ, Relator: Edson Aguiar de Vasconcelos, j. 01/11/2017, Câmaras Cíveis / 17ª Câmara Cível, p. 09/11/2017). (g.n.)

A jurisprudência tem relativizado esse entendimento, em especial, quando se tratar de empresa pública essencial ao Estado como o caso da Empresa Brasileira de Correios e Telégrafos (ECT), em que o STJ decidiu pela aplicação das regras do direito público (REsp nº 527.137-PR).

A Advocacia-Geral da União editou, em 2009, uma Orientação Normativa de nº 6, relativa à contratação da administração pública como contrato atípico, em especial, nos contratos de locação entre o Poder Público e o Particular.

> **Leia!**
>
> **ORIENTAÇÃO NORMATIVA Nº 6, DE 1º DE ABRIL DE 2009**
>
> O ADVOGADO-GERAL DA UNIÃO, no uso das atribuições que lhe conferem os incisos I, X, XI e XIII, do art. 4º da Lei Complementar nº 73, de 10 de fevereiro de 1993, considerando o que consta do Processo nº 00400.015975/2008-95, resolve expedir a presente orientação normativa, de caráter obrigatório a todos os órgãos jurídicos enumerados nos arts. 2º e 17 da Lei Complementar nº 73, de 1993: A VIGÊNCIA DO CONTRATO DE LOCAÇÃO DE IMÓVEIS, NO QUAL A ADMINISTRAÇÃO PÚBLICA É LOCATÁRIA, REGE-SE PELO ART. 51 DA LEI Nº 8.245, DE 1991, NÃO ESTANDO SUJEITA AO LIMITE MÁXIMO DE SESSENTA MESES, ESTIPULADO PELO INC. II DO ART. 57, DA LEI Nº 8.666, DE 1993.
>
> INDEXAÇÃO: VIGÊNCIA. LIMITAÇÃO. CONTRATO DE LOCAÇÃO. IMÓVEL. ADMINISTRAÇÃO. LOCATÁRIA.
>
> REFERÊNCIA: art. 62, § 3º e art. 57 da Lei nº 8.666, de 1993; arts. 51 a 57 da Lei nº 8.245, de 1991; Decisão TCU 828/2000 - Plenário.
>
> JOSÉ ANTONIO DIAS TOFFOLI

b) **Típicos** – São os contratos administrativos celebrados com base nos regramentos do direito público, todavia, com aplicação subsidiária das regras do direito privado. Aos contratos típicos são utilizadas prerrogativas previstas em lei, também conhecidas como cláusulas exorbitantes, que colocam a administração pública em uma situação diferenciada do particular.

8.7. Cláusulas exorbitantes

No direito privado prevalece a igualdade entre as partes na formalização dos contratos, já nos contratos administrativos a administração pública conta com algumas "prerrogativas" legais que a coloca em situação favorável perante o particular (art. 58).

A Professora Maria Sylvia Zanella di Pietro (2018, p. 304) define cláusulas exorbitantes como:

> aquelas que não seriam comuns ou que seriam ilícitas em contrato celebrado entre particulares, por conferirem prerrogativas a uma das partes (Administração) em relação à outra; elas colocam a Administração em posição de supremacia sobre o contratado.

Nesse sentido:

> Direito Administrativo. Apelação Cível. Ação Anulatória. Rescisão Contratual Unilateral. Prerrogativas da Administração Pública. Extrapolação. Observância das Normas Legais. Imprescindibilidade.

A Administração Pública dispõe de prerrogativas e/ou cláusulas exorbitantes que a colocam em posição de supremacia sobre o particular, considerando o interesse público perseguido nos contratos. A Administração Pública está obrigada a observar os princípios administrativos e as normas legais e contratuais, bem como o dever de oportunizar defesa ao administrado, não podendo ser arbitrária. (TJMG - Apelação Cível 1.0089.15.000154-6/001, Relator(a): Des.(a) Alice Birchal, 7ª Câmara Cível, j. 29/08/2017, publicação da súmula em 01/09/2017). (g.n.)

Importante ressaltar que as cláusulas exorbitantes nos contratos administrativos não precisam estar expressas, podendo, assim, existir cláusulas exorbitantes implícitas.

Entre as principais cláusulas exorbitantes estão:

a) **Alteração unilateral do contrato:** Art. 58, I, da Lei nº 8.666/1993 – Sempre que for favorável ao interesse público poderá a administração alterar unilateralmente o contrato administrativo, desde que respeitado a ampla defesa e o contraditório.

Importante observação da autora Fernanda Marinela (Ibid., p. 551), que menciona a possibilidade de alteração unilateral desde que "por razões de interesse público, nas hipóteses elencadas expressamente no art. 65, I, da Lei nº 8.666/93".

São exemplos de alteração unilateral do contrato administrativo, as previsões do art. 65, da Lei nº 8.666/1993. Vejamos:

> **Art. 65.** Os contratos regidos por esta Lei poderão ser alterados, com as devidas justificativas, nos seguintes casos:
>
> I – unilateralmente pela Administração:
>
> a) quando houver modificação do projeto ou das especificações, para melhor adequação técnica aos seus objetivos; *(qualitativa)*
>
> b) quando necessária a modificação do valor contratual em decorrência de acréscimo ou diminuição quantitativa de seu objeto, nos limites permitidos por esta Lei; *(quantitativa)*
>
> § 1º O contratado fica obrigado a aceitar, nas mesmas condições contratuais, os acréscimos ou supressões que se fizerem nas obras, serviços ou compras, até 25% (vinte e cinco por cento) do valor inicial atualizado do contrato, e, no caso particular de reforma de edifício ou de equipamento, até o limite de 50% (cinquenta por cento) para os seus acréscimos.

A alteração contratual de forma unilateral pode ser feita de duas formas: qualitativa, alínea "a", e quantitativa, alínea "b".

As modificações quantitativas observam os limites impostos pela legislação no § 1º do art. 65 da Lei nº 8.666/1993. Já com relação às alterações qualitativas, que podem recair sobre acréscimo ou diminuição do objeto do contrato, a normativa legal não faz referência a qualquer limite.

Contudo, não se pode interpretar uma ausência de limites na hipótese do silêncio legal. A doutrina vem se posicionando no sentido de aplicar as alterações qualitativas, os mesmos limites impostos na esfera quantitativa (TCU, Processo n. 930.039/1998-0 – DC 0215-18/99-P, de Relatoria o Ministro Adylson Motta). Nestes casos, aplicável a cláusula *rebus sic stantibus*.

Cabe ainda ressaltar a observação, de extrema validade, realizada pelo autor Marçal Justen Filho (2019, p. 1276) de que

> a competência para alterações contratuais, inclusive por ato unilateral, não significa ausência de oportunidade de defesa ao contratado, o que ofenderia o princípio do devido processo administrativo (CF/1988, art. 5°, LV).

A Lei n° 13.979/2020 trouxe uma importante alteração quanto ao tema, que aumentou o percentual para 50% do valor que poderá ser alterado unilateralmente, durante o período de enfrentamento do COVID-19.

> **Art. 4°-I.** Para os contratos decorrentes dos procedimentos previstos nesta Lei, a administração pública poderá prever que os contratados fiquem obrigados a aceitar, nas mesmas condições contratuais, acréscimos ou supressões ao objeto contratado, em até cinquenta por cento do valor inicial atualizado do contrato. *(Incluído pela Medida Provisória n° 926, de 2020)*

b) Rescisão unilateral do contrato: Art. 58, II, da Lei n° 8.666/1993 – Como segunda modalidade de cláusula exorbitante, a rescisão unilateral do contrato deverá ser sempre amparada pelos princípios da ampla defesa e do contraditório, devendo ainda, ser motivada a decisão. (art. 78, par. único, da Lei n° 8.666/1993). Nesse sentido:

> Apelação Cível. Preliminares. Cerceamento de defesa. Rejeição. Violação ao princípio da dialeticidade. Rejeição. Mérito. Ação de cobrança. Rescisão unilateral de contrato administrativo e inadimplemento da contraprestação devida ao contratado. Ilegalidade. **Ausência de processo administrativo prévio, com as garantias do contraditório e da ampla defesa. Violação ao art. 78, parágrafo único, da Lei 8.666/1993. Enriquecimento sem causa da Administração Pública.** 1. Cabe ao julgador determinar as provas que entende necessárias à instrução do processo, bem assim recusar as inúteis ou protelatórias. Preliminar rejeitada. 2. Delineadas nas razões do apelante os motivos de sua irresignação com a sentença, não há falar em violação ao princípio da dialeticidade. Preliminar rejeitada. 3. O contratado tem o direito à percepção da contraprestação pecuniária prevista no contrato administrativo, sob pena de enriquecimento ilícito da Administração Pública. Nesse sentido, impende esclarecer que o Poder Público não pode rescindir o contrato administrativo e, consequentemente, interromper os pagamentos devidos com base em meras alegações de cumprimento insatisfatório das cláusulas contratuais, sem a instauração de processo administrativo prévio, com respeito às garantias do contraditório e da ampla defesa. Art. 78, par. ún., Lei n°. 8.666/93. Apelo improvido. Sentença mantida. (Classe: Apelação, Número do Processo: 0000570-21.2009.8.05.0142, Relator(a): Rosita Falcão De Almeida Maia, Publicado em: 19/06/2018) (g.n.)

A possibilidade da rescisão unilateral do contrato é exercida **somente pela Administração Pública,** não sendo permitida ao contratado/particular que somente poderá rescindir o contrato perante determinação do Poder Judiciário.

Importante destacar que a Administração Pública poderá rescindir unilateralmente o contrato mesmo sem falta por parte do contratado, bastando apenas a comprovação do **interesse público** para sua concretização.

As formas para a rescisão do contrato administrativo estão descritas no art. 78 da Lei nº 8.666/1993.

> **Art. 78.** Constituem motivo para rescisão do contrato:
>
> **I** – o não cumprimento de cláusulas contratuais, especificações, projetos ou prazos;
>
> **II** – o cumprimento irregular de cláusulas contratuais, especificações, projetos e prazos;
>
> **III** – a lentidão do seu cumprimento, levando a Administração a comprovar a impossibilidade da conclusão da obra, do serviço ou do fornecimento, nos prazos estipulados;
>
> **IV** – o atraso injustificado no início da obra, serviço ou fornecimento;
>
> **V** – a paralisação da obra, do serviço ou do fornecimento, sem justa causa e prévia comunicação à Administração;
>
> **VI** – a subcontratação total ou parcial do seu objeto, a associação do contratado com outrem, a cessão ou transferência, total ou parcial, bem como a fusão, cisão ou incorporação, não admitidas no edital e no contrato;
>
> **VII** – o desatendimento das determinações regulares da autoridade designada para acompanhar e fiscalizar a sua execução, assim como as de seus superiores;
>
> **VIII** – o cometimento reiterado de faltas na sua execução, anotadas na forma do § 1º do art. 67 desta Lei;
>
> **IX** – a decretação de falência ou a instauração de insolvência civil;
>
> **X** – a dissolução da sociedade ou o falecimento do contratado;
>
> **XI** – a alteração social ou a modificação da finalidade ou da estrutura da empresa, que prejudique a execução do contrato;
>
> **XII** – razões de interesse público, de alta relevância e amplo conhecimento, justificadas e determinadas pela máxima autoridade da esfera administrativa a que está subordinado o contratante e exaradas no processo administrativo a que se refere o contrato;
>
> **XIII** – a supressão, por parte da Administração, de obras, serviços ou compras, acarretando modificação do valor inicial do contrato além do limite permitido no § 1º do art. 65 desta Lei;
>
> **XIV** – a suspensão de sua execução, por ordem escrita da Administração, por prazo superior a 120 (cento e vinte) dias, salvo em caso de calamidade pública, grave perturbação da ordem interna ou guerra, ou ainda por repetidas suspensões que totalizem o mesmo prazo, independentemente do pagamento obrigatório de indenizações pelas sucessivas e contratualmente imprevistas desmobilizações e mobilizações e outras previstas, assegurado ao contratado, nesses casos, o direito de optar pela suspensão do cumprimento das obrigações assumidas até que seja normalizada a situação;
>
> **XV** – o atraso superior a 90 (noventa) dias dos pagamentos devidos pela Administração decorrentes de obras, serviços ou fornecimento, ou parcelas des-

tes, já recebidos ou executados, salvo em caso de calamidade pública, grave perturbação da ordem interna ou guerra, assegurado ao contratado o direito de optar pela suspensão do cumprimento de suas obrigações até que seja normalizada a situação;

XVI – a não liberação, por parte da Administração, de área, local ou objeto para execução de obra, serviço ou fornecimento, nos prazos contratuais, bem como das fontes de materiais naturais especificadas no projeto;

XVII – a ocorrência de caso fortuito ou de força maior, regularmente comprovada, impeditiva da execução do contrato;

XVIII – descumprimento do disposto no inciso V do art. 27, sem prejuízo das sanções penais cabíveis. *(Incluído pela Lei nº 9.854, de 1999)*

Parágrafo único. *Os casos de rescisão contratual serão formalmente motivados nos autos do processo, assegurado o contraditório e a ampla defesa.* (g.n.)

A Lei nº 8.666/1993 trata as consequências da rescisão unilateral de contrato de duas formas: com ou sem direito a ressarcimento pelos prejuízos comprovados. A divisão para tratar do tema praticamente faz distinção entre rescisão com ou sem culpa do contratado, no qual, nos casos previstos dos incisos XII a XVII, sem culpa, será devido ressarcimento dos prejuízos regularmente comprovados, e ainda, a devolução da garantia, pagamentos devidos pelos serviços executados até a data da rescisão e o pagamento da desmobilização.

A doutrina discorda estar neste rol, previsto no art. 79, §2º, o caso fortuito e a força maior, eventos imprevisíveis, não sendo possíveis de imputação de responsabilidade da Administração Pública pela rescisão.

Para a Professora Maria Sylvia Zanella di Pietro (2018, p. 308),

> É estranhável que a norma do artigo 79, §2º, tenha dado idêntico tratamento à rescisão por motivo de interesse público e à rescisão por motivo de caso fortuito ou força maior, no que se refere ao ressarcimento dos "prejuízos regularmente comprovados"; o caso fortuito ou força maior corresponde a acontecimentos imprevisíveis, estranhos à vontade das partes e inevitáveis, que tornam impossível a execução do contrato.

E continua a autora (Id., ibid.): *"No entanto, a norma do artigo 79, §2º, é a que está em vigor, não obstante as críticas que possa receber".*

> **§ 2º** Quando a rescisão ocorrer com base nos incisos XII a XVII do artigo anterior, sem que haja culpa do contratado, será este ressarcido dos prejuízos regularmente comprovados que houver sofrido, tendo ainda direito a:
>
> **I** – devolução de garantia;
>
> **II** – pagamentos devidos pela execução do contrato até a data da rescisão;
>
> **III** – pagamento do custo da desmobilização.

c) **Fiscalização e acompanhamento das atividades**: Art. 58, II, da Lei nº 8.666/1993 – A administração pública possui a prerrogativa de acompanhar e fiscalizar a execução do contrato, visando à satisfação no serviço prestado. Para tanto, deverá designar um representante para executar a atividade.

Trata-se, novamente, de um poder-dever da administração, no qual caberá o administrador público fiscalizar a execução do contrato.

> Art. 67. A execução do contrato deverá ser acompanhada e fiscalizada por um representante da Administração especialmente designado, permitida a contratação de terceiros para assisti-lo e subsidiá-lo de informações pertinentes a essa atribuição.
>
> § 1º O representante da Administração anotará em registro próprio todas as ocorrências relacionadas com a execução do contrato, determinando o que for necessário à regularização das faltas ou defeitos observados.
>
> § 2º As decisões e providências que ultrapassarem a competência do representante deverão ser solicitadas a seus superiores em tempo hábil para a adoção das medidas convenientes.

A atividade fiscalizatória guarda consigo, além do resguardo aos princípios da indisponibilidade do interesse público e da continuidade do serviço público, amparo a eventual responsabilização solidária da Administração Pública para com os encargos previdenciários resultantes da execução do contrato. Confira-se:

> Art. 71. O contratado é responsável pelos encargos trabalhistas, previdenciários, fiscais e comerciais resultantes da execução do contrato.
>
> ....
>
> § 2º A Administração Pública responde solidariamente com o contratado pelos encargos previdenciários resultantes da execução do contrato, nos termos do art. 31 da Lei nº 8.212, de 24 de julho de 1991.

d) Manutenção do equilíbrio econômico e financeiro: As cláusulas estabelecidas no momento da apresentação das propostas deverão prevalecer, não podendo sofrer alteração, salvo ocorra qualquer acontecimento que torne a condição estabelecida na apresentação da proposta inviável para sua execução.

> Art. 65. [...]
>
> ....
>
> § 5º Quaisquer tributos ou encargos legais criados, alterados ou extintos, bem como a superveniência de disposições legais, quando ocorridas após a data da apresentação da proposta, de comprovada repercussão nos preços contratados, implicarão a revisão destes para mais ou para menos, conforme o caso.

Equivocado o entendimento de que a manutenção do equilíbrio econômico-financeiro será determinada na data da assinatura, em decorrência da interpretação legal expressa no § 5º acima mencionado.

O equilíbrio econômico-financeiro do contrato administrativo está expressamente previsto no art. 37, inc. XXI, da CF:

Art. 37. [...]

....

XXI – ressalvados os casos especificados na legislação, as obras, serviços, compras e alienações serão contratados mediante processo de licitação pública que assegure igualdade de condições a todos os concorrentes, com cláusulas que estabeleçam obrigações de pagamento, **mantidas as condições efetivas da proposta, nos termos da lei**, o qual somente permitirá as exigências de qualificação técnica e econômica indispensáveis à garantia do cumprimento das obrigações. (g.n.)

Art. 65. Os contratos regidos por esta Lei poderão ser alterados, com as devidas justificativas, nos seguintes casos:

....

§ 5º Quaisquer tributos ou encargos legais criados, alterados ou extintos, bem como a superveniência de disposições legais, quando ocorridas após a data da apresentação da proposta, de comprovada repercussão nos preços contratados, implicarão a revisão destes para mais ou para menos, conforme o caso.

Reajuste – Constitui cláusula necessária do contrato administrativo e deverá estar **expresso** e previsto como forma de **manutenção do preço estabelecido em decorrência da inflação da moeda.**

Para o autor Flávio Amaral Garcia (2018, p. 374),

> O reajuste representa a definição de uma cláusula móvel de preços, pactuada entre as partes, de forma a refletir a variação do custo de produção do bem, por meio da aplicação de um índice setorial previamente fixado.

Deverá ser aplicado o índice que foi previamente estabelecido no edital, dentro do prazo também já preestabelecido, contado da apresentação da proposta.

Art. 55. São cláusulas necessárias em todo contrato as que estabeleçam:

....

III – o preço e as condições de pagamento, os critérios, data-base e periodicidade do reajustamento de preços, os critérios de atualização monetária entre a data do adimplemento das obrigações e a do efetivo pagamento.

Com relação ao período de reajuste, podemos mencionar que a matéria está prevista na Lei nº 10.192/2001:

Art. 2º. É admitida estipulação de correção monetária ou de reajuste por índices de preços gerais, setoriais ou que reflitam a variação dos custos de produção ou dos insumos utilizados nos contratos de prazo de duração igual ou superior a um ano.

§ 1º É nula de pleno direito qualquer estipulação de reajuste ou correção monetária de periodicidade inferior a um ano.

Revisão – Tem como objetivo atualizar o valor em decorrência de um fato superveniente ou de algo desconhecido pelos contratantes. É a manifestação da cláusula *rebus sic stantibus*.

Para Flávio Amaral Garcia (Ibid., p. 384),

> A revisão dos preços, também chamada de "recomposição", não visa a ajustar os valores da época da contratação para os da atualidade, mas, sim, modificar o valor expresso no contrato a partir de fatores ora imprevisíveis, ora previsíveis mas de consequências incalculáveis.

Nesse ponto, existe uma complexidade muito maior que o simples reajuste em decorrência da inflação, ou mesmo da desvalorização da moeda.

Para o autor Marçal Justen Filho (2016, p. 399),

> A revisão de preços é figura complexa e demorada, inclusive pela dificuldade de determinar a formação do preço particular. Envolve a necessidade de produção de prova sobre a composição de custos, as variações ocorridas, as causas de desequilíbrio. Isso demanda tempo e exige, algumas vezes, a participação de profissionais altamente especializados....
>
> **Art. 65.** Os contratos regidos por esta Lei poderão ser alterados, com as devidas justificativas, nos seguintes casos:
>
> II – ....
>
> **d)** para restabelecer a relação que as partes pactuaram inicialmente entre os encargos do contratado e a retribuição da administração para a justa remuneração da obra, serviço ou fornecimento, objetivando a manutenção do equilíbrio econômico-financeiro inicial do contrato, na hipótese de sobrevirem fatos imprevisíveis, ou previsíveis porém de consequências incalculáveis, retardadores ou impeditivos da execução do ajustado, ou, ainda, em caso de força maior, caso fortuito ou fato do príncipe, configurando álea econômica extraordinária e extracontratual.
>
> ....
>
> **§ 6º** Em havendo alteração unilateral do contrato que aumente os encargos do contratado, a Administração deverá restabelecer, por aditamento, o equilíbrio econômico-financeiro inicial.

O contrato administrativo, por envolver interesse público, possui diversos riscos que interferem no seu equilíbrio econômico-financeiro, tornando-o mais frágil do que um contrato de direito privado.

Diante do dinamismo no equilíbrio do contrato administrativo, decorrem as **áleas/riscos**, que a doutrina assim classifica:

i) **Álea ordinária** – trata-se do risco admitido pelo próprio contratado em decorrência de sua atividade econômica e considerado, por tal motivo, previsível. Existe grande divergência na doutrina, mas o entendimento dominante é que a responsabilidade fica por conta do contratado.

ii) **Álea administrativa** – quando o risco é inerente à conduta da administração pública, podendo ser enquadrada, ainda, nas seguintes modalidades:

a) **alteração unilateral** – em decorrência da possibilidade de alteração unilateral do contrato pela administração pública, por utilização de sua prerrogativa.

b) **fato do príncipe** – ato praticado pela administração pública, não necessariamente relacionado ao contrato administrativo, mas que de forma indireta interfere na equação econômico-financeira do contrato.

No entanto, neste ponto diverge a doutrina quanto aos efeitos do fato do príncipe. De um lado, lastreada pela doutrina francesa, a Professora Maria Sylvia Zanella di Pietro (2014, p. 292) que entende que os efeitos do fato do príncipe estariam sujeitos apenas aos contratos oriundos do ente político que deu caso à oneração.

De outro turno, os autores José dos Santos Carvalho Filho e Marçal Justen Filho (2016, p. 391) que entendem não existir distinção na aplicação dos efeitos do fato do príncipe em decorrência do ente político que deu ensejo ao aumento.

c) **fato da administração** – é a ação ou omissão da Administração Pública que interfere diretamente no contrato administrativo, retardando ou impedindo sua execução.

iii) **força maior e caso fortuito** – eventos extraordinários e imprevisíveis que repercutem no contrato administrativo, sendo a força maior ligada à natureza e o caso fortuito ao ato humano.

iv) **interferências imprevistas** – considerados como aqueles desconhecidos pelas partes no momento da assinatura do contrato, como por exemplo, a descoberta, *a posteriori*, de uma rocha que inviabiliza a construção de um túnel.

Na revisão dos contratos administrativos não é necessária a previsão expressa, no entanto, para sua ocorrência, deverá existir a quebra do equilíbrio econômico-financeiro.

> TRF 1ª Região (Proc nº 91.01.178911-DF): 'Tratando-se de obra pública, é devida e adequada à modificação das condições inicialmente pactuadas no contrato, sempre que sejam necessários o restabelecimento do equilíbrio econômico-financeiro entre os encargos do contrato e a justa remuneração do objeto do ajuste, sendo devidos, por isso, os reajustes econômicos dos preços inicialmente avençados'.
>
> Apelação Cível. Licitação. Contrato Administrativo. Serviços Adicionais. Equilíbrio Econômico-Financeiro. Restabelecimento. Necessidade. Correção Monetária. Juros. A manutenção da equação econômico-financeira do contrato administrativo independe de previsão expressa no instrumento contratual, pois sua gênese tem lugar no próprio texto da Constituição (CR/88, art. 37, XXI). Demonstrada a oneração da execução do contrato em razão de omissão da autoridade pública contratante, fica configurado o fato do príncipe (álea administrativa). As dívidas da Fazenda devem ser corrigidas com base nos índices que reflitam a inflação acumulada do período e os juros de mora devem ser equivalentes aos índices oficiais de remuneração básica e juros aplicáveis à caderneta de poupança. Recurso conhecido e provido. (TJ-MG – AC: 10713150001889001 MG, Relator: Albergaria Costa, j. 16/08/2017, Câmaras Cíveis / 3ª Câmara Cível, Data de Publicação: 13/09/2017). (g.n.)

d) **Cláusula *exceptio non adimpleti contractus***: Nos contratos estabelecidos no direito privado permite-se a suspensão da execução do contrato por uma das partes pelo inadimplemento da parte contrária.

Já nos contratos administrativos torna-se impossível tal oposição, tendo em vista os princípios da continuidade do serviço público e da supremacia do interesse público.

No entanto, não se aplica a exceção do contrato não cumprido nos casos de calamidade pública, grave perturbação à ordem interna ou guerra.

A doutrina mais recorrente defende a relativização dessa cláusula, pois o atraso no pagamento não poderá ser suportado pelo contratado.

> Por estas razões entendemos que atrasos prolongados de pagamento, violações continuadas ao dever de efetuar os reajustes cabíveis ou as correções monetárias devidas autorizarão em muitos casos a que o contratado interrompa suas prestações sob invocação da cláusula de exception non adimpleti contractus (Celso Antônio Bandeira de Mello, apud Carvalho Filho, 2019, p. 323)

Em sentido semelhante doutrinadores fundamentam que a falta de pagamento, mesmo que inferior a 90 dias, poderá dar ensejo à rescisão do contrato (José dos Santos Carvalho Filho e Toshio Mukai).

O art. 78, XV, da Lei n° 8.666/1993 prevê a possibilidade de suspensão das atividades na ocorrência de atraso no pagamento superior a 90 dias.

Poderá ainda ser ressarcido em caso de rescisão contratual (judicial ou amigável) pelo atraso no pagamento por mais de 90 dias (art. 79, § 2°).

e) **Aplicação direta das penalidades**: Art. 58, II, da Lei n° 8.666/1993 – A Administração Pública pode aplicar sanções pela inexecução total ou parcial do contrato.

As sanções administrativas estão previstas nos arts. 86 e 87 da Lei n° 8.666/1993 e são:

1. **Multa Moratória**

É a penalidade prevista no instrumento convocatório ou contrato, aplicada pelo atraso injustificado na execução do contrato (art. 86).

A multa moratória não impede a rescisão contratual pela Administração e não impede a aplicação das outras penalidades previstas na Lei, podendo ser descontada da garantia contratual e pagamentos eventualmente devidos pela Administração Pública ao contratado.

Já a **inexecução**, seja ela total ou parcial, do contrato, poderá dar ensejo às seguintes sanções apuradas em processo administrativo, garantida a ampla defesa e o contraditório:

2. **Advertência**
3. **Multa**

A multa aplicada poderá ser descontada do valor da garantia prestada e, em caso de ser superior ao valor dado em garantia, responderá o contratado pela sua diferença, que poderá, inclusive, ser descontada de eventuais pagamentos devidos pela Administração Pública.

A penalidade de multa é a única que admite sua aplicação de forma cumulada com as outras espécies, previstas nos incisos I, III e IV, desde que, respeitado o princípio da ampla defesa e do contraditório em processo administrativo, cabendo defesa do interessado no prazo de 5 (cinco) dias úteis. Vejamos:

> **Art. 86.** O atraso injustificado na execução do contrato sujeitará o contratado à multa de mora, na forma prevista no instrumento convocatório ou no contrato.
>
> § 1º A multa a que alude este artigo não impede que a Administração rescinda unilateralmente o contrato e aplique as outras sanções previstas nesta Lei.

4. Suspensão e declaração de inidoneidade

Tanto a penalidade de suspensão temporária quanto a de declaração de inidoneidade possuem o mesmo objetivo: impedir o particular de participar de procedimentos licitatórios e de contratar com a Administração Pública.

Peculiaridade existe na declaração de inidoneidade, que só pode ser aplicada pelo ministro de Estado ou pelo Secretário Estadual/Municipal, garantida a ampla defesa e o contraditório, em processo administrativo, com 10 (dez) dias para manifestação do interessado.

No tocante ao prazo, a suspensão temporária poderá ser aplicada por um prazo de até 2 (dois) anos, enquanto a declaração de inidoneidade possui prazo indeterminado, cabendo pedido de reabilitação após dois anos de sua aplicação.

Dúvida surge com relação à extensão dos efeitos das sanções acima descritas. Há consenso de que a declaração de inidoneidade se estende a toda a Administração Pública. Porém, no tocante à suspensão temporária, há divergência à extensão dos efeitos:

i) **Restritivo** – somente no órgão que aplicou a penalidade: Este entendimento foi adotado pelo Tribunal de Contas da União. Confira-se o que decidiu o Plenário no trecho do Acórdão 9793/2018, de Relatoria do Ministro Aroldo Cedraz:

> (...) Quanto ao entendimento de que a penalidade prevista no inciso III do art. 87 da Lei 8.666/1993 seria extensível a toda Administração Pública, não se limitando ao órgão sancionador, destaca-se que o TCU já se debruçou sobre essa discussão, conforme demonstra o voto complementar lavrado pelo Ministro Valmir Campelo por ocasião da prolação do Acórdão 3.439/2012-TCU-Plenário.
>
> 2. Agradeço ao eminente Ministro Walton Alencar Rodrigues pelo voto revisor apresentado acerca da extensão da penalidade prevista no inciso III do art. 87 da Lei de Licitações, cujos enriquecedores argumentos aduzidos permitiram-me realizar reflexão mais detalhada a respeito do assunto.
>
> 3. No âmbito do Superior Tribunal de Justiça (STJ), os julgados não são uniformes.
>
> 4. O Revisor citou o REsp 151.567/RJ (Recurso Especial) e o RMS 9.707/PR (Recurso Ordinário em Mandado de Segurança), prolatados no sentido de que a referida penalidade de 'suspensão temporária de participação em licitação e impedimento de contratar com a Administração' abrange toda a administração direta e indireta da União, ou seja, que "é irrelevante a distinção entre os termos Administração Pública e Administração (...)" (g.n.)

ii) **Extensivo** – Por este entendimento, a suspensão temporária atingiria todos os órgãos da administração pública. O Superior Tribunal de Justiça encampa este posicionamento. Confira-se:

> Administrativo. Mandado De Segurança. Licitação. Suspensão Temporária. Distinção entre Administração e Administração Pública. Inexistência. Impossibilidade de participação de Licitação Pública. Legalidade. Lei 8.666/1993, Art. 87, Inc. III. É irrelevante a distinção entre os termos Administração Pública e Administração, por isso que ambas as figuras (suspensão temporária de participar em licitação (inc. III) e declaração de inidoneidade (inc. IV) acarretam ao licitante a não participação em licitações e contratações futuras. – A Administração Pública é una, sendo descentralizadas as suas funções, para melhor atender ao bem comum. – A limitação dos efeitos da "suspensão de participação de licitação" não pode ficar restrita a um órgão do poder público, pois os efeitos do desvio de conduta que inabilita o sujeito para contratar com a Administração se estendem a qualquer órgão da Administração Pública. – Recurso especial não conhecido. (STJ – REsp: 151567 RJ 1997/0073248-7, Relator: Ministro Francisco Peçanha Martins, j. 25/02/2003, T2 – Segunda Turma, p. DJ 14/04/2003 p. 208RSTJ vol. 170 p. 167).

iii) Quantos aos efeitos da declaração de inidoneidade, a interpretação é a mesma para o TCU e STJ, sendo que a sua aplicação gera efeitos *ex nunc*:

> Administrativo. Declaração de Inidoneidade Para licitar e contratar com a Administração Pública. Efeitos *ex nunc*. 1. O entendimento da Primeira Seção do STJ é no sentido de que a declaração de inidoneidade só produz efeitos *ex nunc*. 2. Agravo Regimental não provido. (STJ – AgRg no REsp: 1148351 MG 2009/0132160-8, Relator: Ministro Herman Benjamin, 18/03/2010, T2 – p. DJ 30/03/2010).
>
> Denúncia. Contratação de empresa que incorporou outra, declarada inidônea para contratar com a Administração Pública. Oitivas dos envolvidos. Sociedades com mesmo objeto e sócios. Tentativa de burla à sanção. Extensão da declaração de inidoneidade à empresa sucessora. Ciência do fato aos órgãos administrativos centrais dos poderes executivo e judiciário para a adoção das medidas pertinentes. (...) 3.5.3. Considera que a incorporação da empresa Adler em nada contribuiu para que a denunciada firmasse novos contratos com a Administração Pública. O ato serviu apenas para realização dos contratos já firmados anteriormente pela empresa incorporada e inatingíveis, pela sanção de inidoneidade, em razão do efeito *ex nunc* da decisão administrativa. (...) (TCU – Acórdão 1831/2014 – Plenário 022.685/2013-8, Relator: Ministro José Mucio Monteiro, Data da Sessão: 09/07/2014).

Portanto, a aplicação da penalidade prevista no inciso III, do art. 78, da Lei nº 8.666/1993 não dará ensejo à rescisão dos demais contratos administrativos do penalizado.

Para as penalidades de advertência, multa e suspensão temporária cabe recurso no prazo de 5 (cinco) dias úteis, contados da intimação do ato (art. 109, I, f e § 4º). Com relação à declaração de inidoneidade, cabe pedido de reconsideração perante a autoridade que aplicou a pena, no prazo de 10 (dez) dias úteis, contados da intimação do ato (art. 109, III).

Outra novidade importante relacionada ao tema foi introduzida pela Lei n° 13.979/2020, que permitiu a contratação de empresa apenada, mesmo que em caráter excepcional.

> **Art. 4°.** [...]
>
> **§ 3° Excepcionalmente**, será possível a contratação de fornecedora de bens, serviços e insumos de empresas que estejam com inidoneidade declarada ou com o direito de participar de licitação ou contratar com o Poder Público suspenso, quando se tratar, comprovadamente, de única fornecedora do bem ou serviço a ser adquirido. *(Incluído pela Medida Provisória n° 926, de 2020)* (g.n.)

iv) No tocante à prorrogação de contratos já em curso com o particular penalizado com a suspensão temporária, tratando-se das hipóteses previstas no art. 57, § 1° e art. 79, § 5°, da Lei n° 8.666/1993, não há vedação legal.

5. **Garantias contratuais**: arts. 55, VI e 56 da Lei n° 8.666/1993.

Como mais uma manifestação de suas prerrogativas, a Administração Pública pode exigir do particular a garantia. Por expressa definição legal, trata-se de uma faculdade concedida e que pode ser imposta ao licitante ou contratado.

No entanto, deve ser entendido como um poder-dever do administrador público para assegurar a execução contratual.

A garantia contratual está prevista no art. 56 da Lei n° 8.666/1993 e não pode ser superior a 5% do valor do contrato (§ 2°), podendo ser elevado a 10%, quando envolver alta complexidade técnica e riscos financeiros consideráveis (§ 3°).

A escolha da garantia caberá ao **contratado**, nos termos do art. 56, § 1°, da Lei n° 8.666/1993.

> **Art. 56.** A critério da autoridade competente, em cada caso, e desde que prevista no instrumento convocatório, poderá ser exigida prestação de garantia nas contratações de obras, serviços e compras.
>
> **§ 1°** Caberá ao contratado optar por uma das seguintes modalidades de garantia:
>
> I – caução em dinheiro ou em títulos da dívida pública, devendo estes ter sido emitidos sob a forma escritural, mediante registro em sistema centralizado de liquidação e de custódia autorizado pelo Banco Central do Brasil e avaliados pelos seus valores econômicos, conforme definido pelo Ministério da Fazenda;
>
> II – seguro-garantia;
>
> III – fiança bancária.

A garantia prestada pelo contratado será restituída após a execução do contrato (§ 4°), com atualização monetária, quando firmada em dinheiro.

8.8. Inexecução contratual

A inexecução contratual traz consequências oriundas dos termos previstos no contrato, e ainda, na própria legislação.

As consequências jurídicas em decorrência da inexecução contratual poderão acarretar efeitos na esfera civil, administrativa e penal, dependendo dos atos praticados para acarretar o término do contrato.

Será necessária a aplicação dos dispositivos legais para aplicação das penalidades, devendo sempre observar o **princípio da razoabilidade** na aplicação do caso, para evitar, assim, demandas judiciais com pedido de anulação do ocorrido em decorrência da aplicação de forma excessiva da pena.

A inexecução contratual poderá ocorrer por descumprimento de cláusulas contratuais com ou sem culpa dos sujeitos.

a) **Com culpa da Administração (Art. 79, § 2°):**

Quando a inexecução contratual for motivada por culpa da Administração Pública, nos casos dos incisos XII a XVII, do art. 78, da Lei n° 8.666/1993, o particular terá direito a:

i) Ressarcimento dos prejuízos
ii) Devolução da garantia
iii) Pagamentos devidos até a rescisão
iv) Pagamento dos custos da desmobilização

b) **Com culpa do contratado (Art. 80, I a IV):**

Quando a inexecução contratual resultar na rescisão unilateral do contrato, isto é, rescisão pela Administração Pública, o particular estará sujeito às seguintes consequências, sem prejuízo de aplicação das demais sanções previstas na Lei:

> **i)** assunção imediata do objeto do contrato, no estado e local em que se encontrar, por ato próprio da Administração;
>
> **ii)** ocupação e utilização do local, instalações, equipamentos, material e pessoal empregados na execução do contrato, necessários à sua continuidade, na forma do inciso V do art. 58 desta Lei;
>
> **iii)** execução da garantia contratual, para ressarcimento da Administração, e dos valores das multas e indenizações a ela devidos;
>
> **iv)** retenção dos créditos decorrentes do contrato até o limite dos prejuízos causados à Administração. (g.n.)

c) **Sem culpa**

A inexecução contratual, quando abarcada pelas excludentes de culpa, tais como caso fortuito, força maior, fato do príncipe, fato da administração e interferências imprevistas, não gera responsabilização das partes.

8.9. Extinção do contrato

A extinção contratual poderá ser efetivada de diversas formas, devendo ser cumpridos os efeitos da ampla defesa e do contraditório, vejamos:

a) **Pela conclusão do objeto**: Forma de rescisão contratual natural, dada pelo cumprimento de seu objeto. Ex.: A construção de uma ponte.

b) **Pelo término do prazo**: Outra forma natural de extinção do contrato administrativo, que ocorre com o término do período estabelecido. Ex.: Fornecimento de material durante um ano.

c) **Por anulação**: Forma excepcional de extinção do contrato administrativo, que ocorre diante de alguma **ilegalidade**. Ex.: Contrato firmado por autoridade Administrativa incompetente. A declaração de nulidade do contrato administrativo possui efeitos *ex tunc* e via de regra não gera direito de indenização do particular, salvo exceção do art. 59, par. único, da Lei nº 8.666/1993.

d) **Por rescisão (art. 78, I a XVIII):** Por rescisão compreende-se a extinção antecipada do contrato sendo por culpa da administração, do contratado ou ainda por acordo entre as partes. A rescisão poderá ser amigável, judicial ou unilateral.

A rescisão amigável é considerada aquela estabelecida por um acordo entre as partes, desde que exista conveniência por parte da administração pública (art. 79, II).

Quando a rescisão contratual decorrer de culpa da administração pública e consequentemente por vontade do particular, somente será possível a rescisão perante o Poder Judiciário ou, a derivada por acordo entre as partes, visto que não cabe rescisão unilateral do particular.

A rescisão unilateral é aquela decorrente de vontade da Administração Pública, podendo decorrer de inexecução contratual ou por motivo de interesse público.

8.10. Teoria da imprevisão

É a referente aos casos em que não for possível a execução do contrato por algo imprevisível e extraordinário (art. 65, II, d da Lei nº 8.666/1993). São elas: Caso fortuito e força maior, fato do príncipe, fato da administração, interferências imprevistas.

a) **Fato do príncipe**

Trata-se de ato da administração, indiretamente ligado ao contrato, mas que sobre ele incide, de forma a torná-lo excessivamente oneroso, impedindo a sua execução. Ex.: Elevação excessiva na tributação de determinado produto.

b) **Fato da administração**

Ação ou omissão da administração pública, diretamente ligada ao contrato administrativo em questão e que o torna inexecutável. Ex.: Não liberação do local objeto do contrato.

c) **Interferências imprevistas**

São elementos materiais imprevistos anteriores à celebração do contrato e que se tornam conhecidos durante a sua execução, impedindo o seu cumprimento. Ex.: Rochas no terreno.

8.11. Responsabilidade civil, administrativa e penal

A prática de determinados atos que contrários à legislação podem acarretar diversas consequências jurídicas nas esferas cível, administrativa e penal.

No âmbito cível está diretamente relacionada à ideia de ressarcimento ao patrimônio daquele que sofreu o prejuízo.

Já na seara criminal, a responsabilização será em decorrência da prática de atos tipificados no Código Penal e na própria Lei nº 8.666/1993, nas quais serão impostas penalidades próprias daquele conjunto de normas legais.

No tocante à responsabilidade administrativa, o procedimento estará sujeito ao dispositivo legal relacionado à esfera administrativa.

Importante ressaltar que em todos os procedimentos anteriormente descritos existe o dever de cumprimento ao preceito constitucional da ampla defesa e ao contraditório, previsto no art. 5º, LV, da CF/1988.

Capítulo 9

9. SERVIÇO PÚBLICO

9.1. Conceito

O conceito de serviço público não se confunde com toda e qualquer atuação do Estado. Serviço público não é o mesmo que atividades administrativas, poder de polícia, execução de obras públicas ou exploração de atividade econômica.

O conceito de serviço público para Celso Antônio Bandeira de Mello (2006, p. 634) pode ser definido como

> toda atividade de oferecimento de utilidade ou comodidade material destinada à satisfação da coletividade em geral, mas fruível singularmente pelos administrados, que o Estado assume como pertinente a seus deveres e presta por si mesmo ou por quem lhe faça as vezes, sob regime de Direito Público – portanto, consagrador de prerrogativas de supremacia e de restrições especiais –, instituído em favor dos interesse definidos como públicos no sistema normativo.

Segundo José dos Santos Carvalho Filho (2017, p. 337), serviço público é *"toda atividade prestada pelo Estado ou por seus delegados, basicamente sob regime de direito público, com vistas à satisfação de necessidades essenciais e secundárias da coletividade"*.

Dessa forma, deve o conceito ser analisado sob três aspectos:

9.2. Aspectos

9.2.1. Substrato Material

Serviço público é a atividade que busca trazer comodidade fruível à sociedade, de forma ininterrupta, visando ao interesse coletivo. É a oferta de benefícios para a melhor vida possível na sociedade.

Nesse sentido, podemos mencionar que o substrato material é aquele no qual o Estado oferece aos cidadãos comodidades singulares e fruíveis.

9.2.2. Substrato Formal

Incidência das normas de **direito público** aos serviços públicos em geral. As regras de direito público impedem a promoção de interesses particulares, como lucro, ou ainda o benefício exclusivo de pequenos grupos em detrimento da coletividade pública.

9.2.3. Elemento Subjetivo

A **titularidade é sempre do Estado**, o qual tem o dever de prestação do serviço público essencial ao interesse público, seja de forma direta, ou indireta.

9.3. Dever estatal

O Estado não pode se esquivar do seu dever de prestação de serviço público, inclusive por ser o titular e também por ter a responsabilidade de gestão das necessidades sociais.

Buscando a melhor forma de prestação, o serviço público pode ser descentralizado, transferindo a execução dos serviços para um terceiro que pode ou não compor a Administração Pública.

Ocorre que em razão do dever e da responsabilidade Estatal, mesmo quando não presta o serviço diretamente, responde de forma subsidiária pelos danos causados aos particulares pela falha na prestação do serviço.

Além disso, o Estado não pode ser omisso, ou seja, não pode quedar-se inerte quanto à sua função de garantir a prestação dos serviços, sob pena de responsabilidade civil em decorrência do abuso de poder pela omissão.

9.4. Princípios

Além daqueles previstos no art. 37 da Constituição Federal (Legalidade, Impessoalidade, Moralidade, Publicidade e Eficiência), a prestação de serviços públicos atrai uma gama de princípios próprios, inerentes à atividade estatal, de modo a garantir a melhor qualidade e maior efetividade dos serviços prestados.

Alguns princípios são implícitos e doutrinários, mas a maioria consta da Lei nº 8.987/1995 que regulamenta a prestação de serviços públicos.

9.4.1. Princípio da atualidade (adaptabilidade)

O serviço público prestado deve ser sempre realizado de acordo com as novas técnicas e avanços para a melhor comunidade dos beneficiários. Por consequência, está ligado ao princípio da eficiência, haja vista que um serviço moderno traz mais resultados com menos complexidade.

> **Lei nº 8.987/1995**
> **Art. 6º.** Toda concessão ou permissão pressupõe a prestação de serviço adequado ao pleno atendimento dos usuários, conforme estabelecido nesta Lei, nas normas pertinentes e no respectivo contrato.
> [...]
> § 2º A atualidade compreende a modernidade das técnicas, do equipamento e das instalações e a sua conservação, bem como a melhoria e expansão do serviço.

9.4.2. Princípio da modicidade

A modicidade relaciona-se ao preço pago pela utilização do serviço. Neste sentido, a modicidade das tarifas visa adequar a boa prestação do serviço à possibilidade de pagamento pelos usuários.

Este princípio amplia a garantia do serviço ao maior número possível de usuários, uma vez que uma tarifa módica é passível de ser arcada por mais cidadãos.

Para atingir esta finalidade, é possível que o contrato de prestação de serviços preveja fontes alternativas de receitas, a fim de reduzir o custo arrecadado pelos usuários.

> **Lei nº 8.987/1995**
> **Art. 11.** No atendimento às peculiaridades de cada serviço público, poderá o poder concedente prever, em favor da concessionária, no edital de licitação, a possibilidade de outras fontes provenientes de receitas alternativas, complementares, acessórias ou de projetos associados, com ou sem exclusividade, com vistas a favorecer a modicidade das tarifas, observado o disposto no art. 17 desta Lei.

9.4.3. Princípio da generalidade (universalidade)

O serviço público não pode ser direcionado a uma camada ou setor da população, mas sim abranger de forma genérica toda a coletividade, haja vista que a finalidade é o interesse público e não o individual (de classes). Desse modo, o serviço deve ser impessoal e abranger a todos, independentemente de quem opte por usufruí-lo.

9.4.4. Princípio da cortesia

Os prestadores de serviço devem tratar os usuários com urbanidade e educação, zelando pelo bom atendimento. Princípio legalmente explícito junto aos demais.

> **Lei nº 8.987/1995**
>
> **Art. 6º.** Toda concessão ou permissão pressupõe a prestação de serviço adequado ao pleno atendimento dos usuários, conforme estabelecido nesta Lei, nas normas pertinentes e no respectivo contrato.
>
> § 1º Serviço adequado é o que satisfaz as condições de regularidade, continuidade, eficiência, segurança, atualidade, generalidade, cortesia na sua prestação e modicidade das tarifas.

9.4.5. Princípio da economicidade

Este princípio tem como parâmetro a razoabilidade, ou seja, considera a qualidade e quantidade do serviço prestado de modo a adequar as necessidades sociais aos gastos empregados (financeiros ou temporais).

9.4.6. Princípio da continuidade

A prestação do serviço público, dada sua essencialidade (fornecimento de água, luz, transporte), não pode ser interrompida, devendo continuar independentemente das intercorrências, salvo as exceções expressamente previstas.

9.4.6.1. Greve no serviço público

Excepcionalmente, a greve, por ser um direito social do trabalhador, pode prejudicar a manutenção dos serviços públicos. Para que não haja grave lesão ao interesse público, ressalvam-se ao direito de greve algumas profissões, quais sejam, servidores militares, forças armadas, policiais estaduais, policiais civis ou bombeiros.

Frisa-se que a vedação decorre diretamente da Constituição Federal (art. 142, § 3º, IV), de modo a preservar a defesa nacional e a segurança pública.

Quanto aos servidores públicos, seu direito está condicionado à elaboração de lei específica neste sentido, conforme previsão do art. 37, VII, da CF.

Ocorre que, diante da omissão legislativa provocada pelo parlamento, que, até o momento não regulamentou o disposto no mandamento constitucional – art. 37, VII, da CF – o STF julgou, em 2007, os Mandados de Injunção nºs 712/PA, 670/ES e 708/DF, no sentido de que, enquanto não for editada regulamentação legal ao direito de greve dos servidores públicos, ficam sujeitos aos permissivos da Lei nº 7.783/1989 – Lei de Greve.

9.4.6.2. Inadimplemento do usuário

Para a ocorrência da suspensão dos serviços públicos será necessário verificar a natureza do serviço: compulsório ou facultativo. Caso seja compulsório ao usuário ele não poderá ser interrompido. Diferentemente no caso de serviço público facultativo, em que poderá ser interrompido quando o usuário deixar de pagar pela sua efetiva utilização.

> Art. 6º. [...]
>
> ....
>
> § 3º Não se caracteriza como descontinuidade do serviço a sua interrupção em situação de emergência ou após prévio aviso, quando:
>
> ....
>
> II – por inadimplemento do usuário, considerado o interesse da coletividade.

9.4.6.3. Segurança ou razões técnicas

Outra possibilidade é a interrupção por questões técnicas ou de segurança, uma vez que o serviço deve ser prestado com qualidade e de modo que não exponha os usuários a riscos. Tal assertiva é pertinente, pois, a continuidade do serviço não deve ser justificativa para a má prestação.

> Art. 6º. [...]
>
> ....
>
> § 3º Não se caracteriza como descontinuidade do serviço a sua interrupção em situação de emergência ou após prévio aviso, quando:
>
> I – motivada por razões de ordem técnica ou de segurança das instalações;

9.4.6.4. Emergência

Por fim, situações emergenciais, por razões inerentes ao perigo iminente, permitem a interrupção do serviço.

9.4.7. Princípio da isonomia

O serviço público deve ser prestado de forma uniforme e equitativa para todos os usuários, sem fazer diferenciações ou dar privilégios que firam a impessoalidade.

Na definição do Professor José dos Santos Carvalho Filho (2017, p. 608), o *"princípio da isonomia no tratamento dos usuários dos serviços, porque, desde que satisfaçam as condições legais, todos fazem jus à sua prestação, sem qualquer distinção de caráter pessoal"*.

Desse modo, podem ser consideradas as necessidades específicas de cada usuário, a exemplo da gratuidade no transporte público para maiores de 65 anos, ante sua vulnerabilidade e hipossuficiência.

9.5. Delegação do serviço público

Importante ressaltar que a **titularidade do serviço público não se confunde com a titularidade da execução do serviço.** Com relação ao primeiro será sempre do Estado, salvo nos casos de outorga; já no tocante à execução do serviço, poderá ser realizado pelo próprio Estado ou por outra pessoa jurídica por meio de concessão, permissão ou autorização de serviço público.

Quando o Estado executar o serviço, a prestação será considerada **direta**, pois utilizará dos seus próprios maquinários, recursos, entre outros ativos.

A prestação indireta, por sua vez, pressupõe a transferência da execução do serviço para pessoa física ou jurídica que não compõe a Administração pública.

9.5.1. Delegação legal – Outorga

A delegação criada por lei vem trazer a execução do serviço para outra pessoa criada pela própria legislação para a execução do serviço – art. 37, XIX, da CF.

Nessa situação, a titularidade passaria a nova pessoa jurídica – Autarquia ou Fundação Pública – por expresso dispositivo constitucional.

9.5.2. Delegação contratual

Na delegação contratual será realizada a mera transferência da execução do serviço público, mantendo-se a titularidade com o delegante.

A delegação poderá ocorrer por contrato (concessão) ou ato negocial (permissão e autorização).

9.5.3. Serviços exclusivos não delegáveis

Serviços exclusivos são aqueles que o Estado tem o **DEVER** de prestar. Aqueles não delegáveis são os que não podem ser transferidos, seja por lei, seja pela natureza do serviço. Ex.: Serviço postal (art. 21, X, CF/88) e a organização administrativa.

IMPORTANTE! A Empresa Brasileira de Correios e Telégrafos presta o serviço de correios por OUTORGA, como titular do serviço e com regime de direito públicos, bem como com as prerrogativas da Fazenda Pública (regime não concorrencial).

9.5.3.1. Serviços de prestação obrigatória pelo Estado

São aqueles que o Estado deverá realizar a concessão, porém, prestará o serviço juntamente com o concessionário. Ex.: rádio e televisão.

9.5.3.2. Serviços não exclusivos (serviços impróprios)

Por fim, existem serviços que podem ser livremente explorados tanto pelo Estado, quanto por particulares, sem necessidade de delegação. Exemplo: Saúde, educação e previdência.

Segundo o STF, quando prestados por particulares, estes serviços são considerados de RELEVÂNCIA PÚBLICA (ADI 1923).

9.6. Classificação

9.6.1. Serviços próprios e impróprios

Na definição da autora Maria Sylvia Zanella di Pietro (2019, p. 103), consideram-se serviços próprios os que atendem a "necessidades coletivas, o Estado assume como seus e os executa diretamente (por meio de seus agentes) ou indiretamente (por intermédio de concessionárias e permissionárias)"; e serviços impróprios aquele que satisfazem necessidades coletivas, mas não assumidos, nem executados pelo Estado, o qual somente autoriza, regula e fiscaliza.

9.6.2. Serviços gerais (*uti universi*) e Serviços individuais (*uti singuli*)

A definição de serviços gerais, *uti universi*, é: são aqueles prestados a toda a coletividade de forma geral, sem a individualização na prestação do serviço.

Para essa atividade não é possível mensurar a utilização de forma individual do serviço público, como, por exemplo, a segurança pública.

Já os serviços individuais, *uti singuli*, são aqueles passíveis de individualização entre os usuários. Como contraprestação pela utilização do serviço público poderá ser cobrada taxa ou preço público. Ex.: serviço de energia e telefonia.

9.6.3. Serviços administrativos, comerciais e sociais

Serviços administrativos são aqueles com o objetivo de efetivar as atividades administrativas do Poder Público, como no caso da Imprensa Oficial.

Os serviços comerciais são aqueles que têm por finalidade atender aos interesses de ordem econômica.

Já os serviços sociais são aqueles que caminham ao lado da iniciativa privada para atender as necessidades essenciais da coletividade.

9.7. Concessão

Também chamada de descentralização por colaboração, a concessão de serviços públicos transfere a **execução** para um particular explorar uma atividade que seria, inicialmente, prestada diretamente pelo Estado. Essa transferência será realizada após licitação na modalidade concorrência.

A remuneração da concessionária advém da exploração do serviço, através das tarifas cobradas pelos usuários para utilização efetiva. O Estado não paga o serviço diretamente ao concessionário.

Entre as modalidades de concessão temos: i) serviço público; ii) serviço público precedido de obra pública; iii) parceria público-privada.

9.7.1. Base legal

As concessões vêm definidas pelo art. 175 da CF e Leis nº 8.987/1995 e nº 9.074/1995.

> **CF/1988, Art. 175** – Incumbe ao Poder Público, na forma da lei, diretamente ou sob regime de **concessão** ou permissão, **sempre através de licitação, a prestação de serviços públicos**. (g.n.)

9.7.2. Conceito

A definição de concessão de serviço público vem expressa no art. 2°, II, da Lei n° 8.987/1995, que dispõe:

> Art. 2°. [...]
> ....
> II – concessão de serviço público: a delegação de sua prestação, feita pelo poder concedente, mediante licitação, na modalidade de concorrência, à pessoa jurídica ou consórcio de empresas que demonstre capacidade para seu desempenho, por sua conta e risco e por prazo determinado;

Para Marçal Justen Filho (2016, p. 583),

> A concessão comum de serviço público é um contrato plurilateral de natureza organizacional e associativa, por meio do qual a prestação de um serviço público é temporariamente delegada pelo Estado a um sujeito privado que assume seu desempenho diretamente em face dos usuários, mas sob controle estatal e da sociedade civil, mediante remuneração extraída do empreendimento.

Já a concessão de obra pública está prevista no art. 2°, III, do mesmo dispositivo legal:

> III – concessão de serviço público precedida da execução de obra pública: a construção, total ou parcial, conservação, reforma, ampliação ou melhoramento de quaisquer obras de interesse público, delegada pelo poder concedente, mediante licitação, na modalidade de concorrência, à pessoa jurídica ou consórcio de empresas que demonstre capacidade para a sua realização, por sua conta e risco, de forma que o investimento da concessionária seja remunerado e amortizado mediante a exploração do serviço ou da obra por prazo determinado;

9.7.3. Partes de contrato

Por se tratar de um contrato administrativo, a concessão de serviço público exige a participação do contratante (poder concedente) e contratado (concessionário).

> I – poder concedente: a União, o Estado, o Distrito Federal ou o Município, em cuja competência se encontre o serviço público, precedido ou não da execução de obra pública, objeto de concessão ou permissão;

O conceito legal traz o poder concedente como os entes políticos da Federação.

No entanto, de forma isolada na doutrina, o Professor Marçal Justen Filho descreve que o contrato de concessão será pactuado entre três partes: poder concedente, concessionário e a sociedade (Justen Filho, 2016, p. 583).

9.7.4. Da titularidade do serviço

Nas concessões públicas o Poder concedente transfere apenas a execução do contrato, no qual a titularidade permanece com o Poder Público.

9.7.5. Direitos e deveres do poder concedente

A legislação vigente trata do tema no art. 29:

> **Art. 29. Incumbe** ao poder concedente:
>
> **I** – regulamentar o serviço concedido e fiscalizar permanentemente a sua prestação;
>
> **II** – aplicar as penalidades regulamentares e contratuais;
>
> **III** – intervir na prestação do serviço, nos casos e condições previstos em lei;
>
> **IV** – extinguir a concessão, nos casos previstos nesta Lei e na forma prevista no contrato;
>
> **V** – homologar reajustes e proceder à revisão das tarifas na forma desta Lei, das normas pertinentes e do contrato;
>
> **VI** – cumprir e fazer cumprir as disposições regulamentares do serviço e as cláusulas contratuais da concessão;
>
> **VII** – zelar pela boa qualidade do serviço, receber, apurar e solucionar queixas e reclamações dos usuários, que serão cientificados, em até trinta dias, das providências tomadas;
>
> **VIII** – declarar de utilidade pública os bens necessários à execução do serviço ou obra pública, promovendo as desapropriações, diretamente ou mediante outorga de poderes à concessionária, caso em que será desta a responsabilidade pelas indenizações cabíveis;
>
> **IX** – declarar de necessidade ou utilidade pública, para fins de instituição de servidão administrativa, os bens necessários à execução de serviço ou obra pública, promovendo-a diretamente ou mediante outorga de poderes à concessionária, caso em que será desta a responsabilidade pelas indenizações cabíveis;
>
> **X** – estimular o aumento da qualidade, produtividade, preservação do meio ambiente e conservação;
>
> **XI** – incentivar a competitividade; e
>
> **XII** – estimular a formação de associações de usuários para defesa de interesses relativos ao serviço.

9.7.6. Dos encargos da concessionária

> **Art. 31.** Incumbe à concessionária:
>
> **I** – prestar serviço adequado, na forma prevista nesta Lei, nas normas técnicas aplicáveis e no contrato;
>
> **II** – manter em dia o inventário e o registro dos bens vinculados à concessão;
>
> **III** – prestar contas da gestão do serviço ao poder concedente e aos usuários, nos termos definidos no contrato;
>
> **IV** – cumprir e fazer cumprir as normas do serviço e as cláusulas contratuais da concessão;

V - permitir aos encarregados da fiscalização livre acesso, em qualquer época, às obras, aos equipamentos e às instalações integrantes do serviço, bem como a seus registros contábeis;

VI - promover as desapropriações e constituir servidões autorizadas pelo poder concedente, conforme previsto no edital e no contrato;

VII - zelar pela integridade dos bens vinculados à prestação do serviço, bem como segurá-los adequadamente; e

VIII - captar, aplicar e gerir os recursos financeiros necessários à prestação do serviço.

Parágrafo único. As contratações, inclusive de mão de obra, feitas pela concessionária serão regidas pelas disposições de direito privado e pela legislação trabalhista, não se estabelecendo qualquer relação entre os terceiros contratados pela concessionária e o poder concedente.

9.7.7. Dos direitos dos usuários

Os usuários dos serviços públicos são protegidos pela Lei nº 8.987/1995, que depois foi alterada pela Lei nº 13.460/2017.

No mesmo sentido, aplica-se, também, o Código de Defesa do Consumidor, Lei nº 8.078/1990, nas relações de prestação de serviço público.

A Lei nº 13.460/2017 trouxe um rol de direitos dos usuários com inovações significativas, senão vejamos.

> **Art. 6º.** São direitos básicos do usuário:
>
> **I** – participação no acompanhamento da prestação e na avaliação dos serviços;
>
> **II** – obtenção e utilização dos serviços com liberdade de escolha entre os meios oferecidos e sem discriminação;
>
> **III** – acesso e obtenção de informações relativas à sua pessoa constantes de registros ou bancos de dados, observado o disposto no **inciso X do caput do art. 5º da Constituição Federal** e na **Lei nº 12.527, de 18 de novembro de 2011**;
>
> **IV** – proteção de suas informações pessoais, nos termos da **Lei nº 12.527, de 18 de novembro de 2011**;
>
> **V** – atuação integrada e sistêmica na expedição de atestados, certidões e documentos comprobatórios de regularidade; e
>
> **VI** – obtenção de informações precisas e de fácil acesso nos locais de prestação do serviço, assim como sua disponibilização na internet, especialmente sobre:
>
> a) horário de funcionamento das unidades administrativas;
>
> b) serviços prestados pelo órgão ou entidade, sua localização exata e a indicação do setor responsável pelo atendimento ao público;
>
> c) acesso ao agente público ou ao órgão encarregado de receber manifestações;
>
> d) situação da tramitação dos processos administrativos em que figure como interessado; e

e) valor das taxas e tarifas cobradas pela prestação dos serviços, contendo informações para a compreensão exata da extensão do serviço prestado. (g.n.)

9.7.8. Da política tarifária

As formas e condições que estabelecem as políticas tarifárias devem estar em edital, sendo ali o momento de trazer os reais custos de tabelamentos para que possa alcançar o equilíbrio econômico-financeiro da melhor proposta a ser escolhida.

Como regra, a remuneração pelos serviços prestados será feita por cobrança de tarifa paga pelos usuários, sendo possível ainda, em alguns casos, a utilização de fontes alternativas para a composição da receita como, por exemplo, a exploração de *outdoor* no espaço público.

9.7.9. Extinção da concessão

As concessões poderão ser extintas de diversas formas, conforme disposição do art. 35 da Lei nº 8.987/1995.

> **Art. 35.** Extingue-se a concessão por:
> I – advento do termo contratual;
> II – encampação;
> III – caducidade;
> IV – rescisão;
> V – anulação; e
> VI – falência ou extinção da empresa concessionária e falecimento ou incapacidade do titular, no caso de empresa individual.

I – advento do termo contratual – quando o contrato de concessão de serviço público se extingue por conta do término do prazo.

II – encampação – "**Art. 37.** Considera-se encampação a retomada do serviço pelo poder concedente durante o prazo da concessão, por motivo de **interesse público**, mediante **lei autorizativa específica** e após **prévio pagamento da indenização**, na forma do artigo anterior". (g.n.)

Trata-se de uma forma de rescisão unilateral do contrato pela Administração Pública, por interesse público, mediante autorização legislativa e indenização prévia ao concessionário.

III – caducidade – caso de rescisão unilateral da Administração Pública, pelo descumprimento das obrigações contratuais por parte do concessionário.

> **Art. 38.** [...]
> ....
> § 1º A caducidade da concessão poderá ser declarada pelo poder concedente quando:
> I – o serviço estiver sendo prestado de forma inadequada ou deficiente, tendo por base as normas, critérios, indicadores e parâmetros definidores da qualidade do serviço;

II – a concessionária descumprir cláusulas contratuais ou disposições legais ou regulamentares concernentes à concessão;

III – a concessionária paralisar o serviço ou concorrer para tanto, ressalvadas as hipóteses decorrentes de caso fortuito ou força maior;

IV – a concessionária perder as condições econômicas, técnicas ou operacionais para manter a adequada prestação do serviço concedido;

V – a concessionária não cumprir as penalidades impostas por infrações, nos devidos prazos;

VI – a concessionária não atender a intimação do poder concedente no sentido de regularizar a prestação do serviço; e

VII – a concessionária não atender a intimação do poder concedente para, em 180 (cento e oitenta) dias, apresentar a documentação relativa a regularidade fiscal, no curso da concessão, na forma do **art. 29 da Lei nº 8.666, de 21 de junho de 1993.**

Os requisitos legais para a imposição da penalidade vêm previstos nos parágrafos do mesmo artigo.

Art. 38. [...]
....

§ 2º A declaração da caducidade da concessão deverá ser precedida da verificação da inadimplência da concessionária em processo administrativo, assegurado o direito de ampla defesa.

§ 3º Não será instaurado processo administrativo de inadimplência antes de comunicados à concessionária, detalhadamente, os descumprimentos contratuais referidos no § 1º deste artigo, dando-lhe um prazo para corrigir as falhas e transgressões apontadas e para o enquadramento, nos termos contratuais.

§ 4º Instaurado o processo administrativo e comprovada a inadimplência, a caducidade será declarada por decreto do poder concedente, independentemente de indenização prévia, calculada no decurso do processo.

§ 5º A indenização de que trata o parágrafo anterior, será devida na forma do art. 36 desta Lei e do contrato, descontado o valor das multas contratuais e dos danos causados pela concessionária.

§ 6º Declarada a caducidade, não resultará para o poder concedente qualquer espécie de responsabilidade em relação aos encargos, ônus, obrigações ou compromissos com terceiros ou com empregados da concessionária.

A declaração de caducidade deverá cumprir alguns requisitos legais, são eles: i) comunicação à concessionária dos descumprimentos das cláusulas contratuais, sendo conferido prazo para correção; ii) processo administrativo assegurada ampla defesa e contraditório; iii) a caducidade será declarada por decreto; iv) poderá existir indenização a ser recebida pelo concessionário após os descontos legais; v) declarada a caducidade não resta nenhuma responsabilidade em relação aos encargos, ônus, obrigações ou compromissos com terceiros ou empregados.

IV – anulação – o contrato será anulado quando possuir algum vício de ilegalidade.

V – falência ou extinção – nas hipóteses de ocorrer falência ou extinção da empresa.

Poderá existir ainda a **rescisão judicial** do contrato que será aquela por culpa da Administração Pública, que somente poderá ser conferida após o trânsito em julgado da decisão.

9.8. Parcerias público-privadas – PPP

As PPP são uma espécie de concessão, mas envolvem adicionalmente a **tarifa** cobrada dos usuários a contraprestação do Poder Público.

São acordos feitos entre o Poder Público e o particular para a execução de serviços públicos e podem envolver o fornecimento de bens ou execução de obras. Ambas as partes compartilham os riscos da atividade de forma igualitária.

9.8.1. Conceito

Para Fernanda Marinela (Ibid., p. 639),

> Parceria público-privada é um acordo firmado entre a Administração Pública e a pessoa do setor privado, com o objetivo de implantação ou gestão de serviços públicos, com eventual execução de obras ou fornecimento de bens, mediante financiamento do contratado, contraprestação pecuniária do Poder Público e compartilhando dos riscos e dos ganhos entre os pactuantes. Trata-se de uma espécie de concessão de serviço público, denominada especial.

9.8.2. Modalidades

A Lei nº 11.079/2004 trouxe duas modalidades: concessão patrocinada e concessão administrativa.

> Art. 2º. [...]
> § 1º Concessão patrocinada é a concessão de serviços públicos ou de obras públicas de que trata a **Lei nº 8.987, de 13 de fevereiro de 1995,** quando envolver, adicionalmente à tarifa cobrada dos usuários contraprestação pecuniária do parceiro público ao parceiro privado.
> § 2º Concessão administrativa é o contrato de prestação de serviços de que a Administração Pública seja a usuária direta ou indireta, ainda que envolva execução de obra ou fornecimento e instalação de bens. (g.n.)

A modalidade **concessão patrocinada** traz em seu corpo a mesma modelagem da concessão de serviço e obra pública, no entanto, com uma diferença: quando se trata da forma de pagamento pelos serviços prestados.

Na concessão comum, o serviço prestado será pago mediante tarifa, já na parceria público-privada, modalidade patrocinada, será também mediante contraprestação do poder concedente. Ou seja, a Administração Pública passa a contribuir junto ao "parceiro privado" na composição final do valor previsto.

Em decorrência de previsão legal (art. 3º, § 1º) a concessão patrocinada vai utilizar como fonte subsidiária a Lei nº 8.987/1995.

Já na modalidade **concessão administrativa** a ideia surge justamente no sentido em que a Administração Pública seja usuária do serviço, mesmo que envolva, como a própria legislação determina, execução de obra ou fornecimento e instalação de bens.

Em linhas gerais, na **modalidade patrocinada** o Poder Público contribuirá no pagamento dos valores junto aos usuários e, na **modalidade administrativa,** será usuária dos serviços.

9.8.3. Dos valores, prazo e objeto

Os valores admitidos nas PPP foram alterados pela Lei nº 13.529/2017, diminuindo os valores inicialmente previstos.

> **Art. 4º** [...]
> I – cujo valor do contrato seja inferior a R$ 10.000.000,00 (dez milhões de reais); *(Redação dada pela Lei nº 13.529, de 2017)*

Com relação ao prazo, a legislação determina que o **prazo mínimo** seja de **5 (cinco) anos** até o **prazo máximo de 35 (trinta e cinco) anos.**

A Lei nº 11.079/2004 limitou a realização de PPP quando "tenha como objeto único o fornecimento de mão de obra, o fornecimento e instalação de equipamentos ou a execução de obra pública".

9.8.4. Do fundo garantidor

Entre as novidades trazidas pela legislação foi a necessidade de se instituir um Fundo Garantidor com o objetivo de "prestar garantia de pagamento de obrigações pecuniárias assumidas pelos parceiros públicos federais, distritais, estaduais ou municipais em virtude das parcerias de que trata esta Lei" (Lei nº 11.079, art. 16).

> **Art. 16.** Ficam a União, seus fundos especiais, suas autarquias, suas fundações públicas e suas empresas estatais dependentes autorizadas a participar, no limite global de R$ 6.000.000.000,00 (seis bilhões de reais), em Fundo Garantidor de Parcerias Público-Privadas – FGP que terá por finalidade prestar garantia de pagamento de obrigações pecuniárias assumidas pelos parceiros públicos federais, distritais, estaduais ou municipais em virtude das parcerias de que trata esta Lei. *(Redação dada pela Lei nº 12.766, de 2012)*
>
> § 1º O FGP terá natureza privada e patrimônio próprio separado do patrimônio dos cotistas, e será sujeito a direitos e obrigações próprios.
>
> § 2º O patrimônio do Fundo será formado pelo aporte de bens e direitos realizado pelos cotistas, por meio da integralização de cotas e pelos rendimentos obtidos com sua administração.
>
> § 3º Os bens e direitos transferidos ao Fundo serão avaliados por empresa especializada, que deverá apresentar laudo fundamentado, com indicação dos

critérios de avaliação adotados e instruído com os documentos relativos aos bens avaliados.

§ 4º A integralização das cotas poderá ser realizada em dinheiro, títulos da dívida pública, bens imóveis dominicais, bens móveis, inclusive ações de sociedade de economia mista federal excedentes ao necessário para manutenção de seu controle pela União, ou outros direitos com valor patrimonial.

§ 5º O FGP responderá por suas obrigações com os bens e direitos integrantes de seu patrimônio, não respondendo os cotistas por qualquer obrigação do Fundo, salvo pela integralização das cotas que subscreverem.

§ 6º A integralização com bens a que se refere o § 4º deste artigo será feita independentemente de licitação, mediante prévia avaliação e autorização específica do Presidente da República, por proposta do Ministro da Fazenda.

§ 7º O aporte de bens de uso especial ou de uso comum no FGP será condicionado a sua desafetação de forma individualizada.

§ 8º A capitalização do FGP, quando realizada por meio de recursos orçamentários, dar-se-á por ação orçamentária específica para esta finalidade, no âmbito de Encargos Financeiros da União". *(Redação dada pela Lei nº 12.409, de 2011)*

9.8.5. Licitação

As licitações deverão ser na modalidade concorrência, por força do dispositivo legal, no entanto, desde que preenchidos alguns requisitos:

Lei nº 11.079/2004
Art. 10. A contratação de parceria público-privada será precedida de licitação na modalidade de concorrência, estando a abertura do processo licitatório condicionada a:

I – autorização da autoridade competente, fundamentada em estudo técnico que demonstre:

a) a conveniência e a oportunidade da contratação, mediante identificação das razões que justifiquem a opção pela forma de parceria público-privada;

b) que as despesas criadas ou aumentadas não afetarão as metas de resultados fiscais previstas no Anexo referido no **§ 1º do art. 4º da Lei Complementar nº 101, de 4 de maio de 2000,** devendo seus efeitos financeiros, nos períodos seguintes, ser compensados pelo aumento permanente de receita ou pela redução permanente de despesa; e

c) quando for o caso, conforme as normas editadas na forma do art. 25 desta Lei, a observância dos limites e condições decorrentes da aplicação dos **arts. 29, 30 e 32 da Lei Complementar nº 101, de 4 de maio de 2000,** pelas obrigações contraídas pela Administração Pública relativas ao objeto do contrato;

II – elaboração de estimativa do impacto orçamentário-financeiro nos exercícios em que deva vigorar o contrato de parceria público-privada;

III – declaração do ordenador da despesa de que as obrigações contraídas pela Administração Pública no decorrer do contrato são compatíveis com a lei de diretrizes orçamentárias e estão previstas na lei orçamentária anual;

IV – estimativa do fluxo de recursos públicos suficientes para o cumprimento, durante a vigência do contrato e por exercício financeiro, das obrigações contraídas pela Administração Pública;

V – seu objeto estar previsto no plano plurianual em vigor no âmbito onde o contrato será celebrado;

VI – submissão da minuta de edital e de contrato à consulta pública, mediante publicação na imprensa oficial, em jornais de grande circulação e por meio eletrônico, que deverá informar a justificativa para a contratação, a identificação do objeto, o prazo de duração do contrato, seu valor estimado, fixando-se prazo mínimo de 30 (trinta) dias para recebimento de sugestões, cujo termo dar-se-á pelo menos 7 (sete) dias antes da data prevista para a publicação do edital; e

VII – licença ambiental prévia ou expedição das diretrizes para o licenciamento ambiental do empreendimento, na forma do regulamento, sempre que o objeto do contrato exigir. (g.n.)

9.9. Permissão

A permissão de serviço público tem natureza de contrato administrativa e permite ao particular executar uma atividade por sua conta e risco. Para tanto, necessita de prévio procedimento licitatório e tem prazo predeterminado.

Trata-se de ato administrativo discricionário e precário através do qual a Administração Pública consente em permitir ao particular alguma conduta em que exista interesse predominante da coletividade ou do próprio ente público.

A previsão legal encontra-se no art. 2º, IV, da Lei nº 8.987/1995:

> IV – permissão de serviço público: a delegação, a título precário, mediante licitação, da prestação de serviços públicos, feita pelo poder concedente à pessoa física ou jurídica que demonstre capacidade para seu desempenho, por sua conta e risco.

É formalizada por contrato de adesão, nos termos do art. 40 da Lei nº 8.987/1995:

> **Art. 40.** A permissão de serviço público será formalizada mediante contrato de adesão, que observará os termos desta Lei, das demais normas pertinentes e do edital de licitação, inclusive quanto à precariedade e à revogabilidade unilateral do contrato pelo poder concedente.
>
> **Parágrafo único.** Aplica-se às permissões o disposto nesta Lei.

Diversas críticas na doutrina por conta da imprecisão do termo legal levantam a divergência quanto à formalização via contratual e o caráter precário desse instituto.

Para Celso Antônio Bandeira de Mello (2016, p. 787),

> Permissão de serviço público, segundo conceito tradicionalmente acolhido na doutrina, é ato unilateral e precário, intuitu personae, através do qual o Poder Público transfere a alguém o desempenho de um serviço de sua alçada, pro-

porcionando, à moda do que faz na concessão, a possibilidade de cobrança de tarifas dos usuários.

Segundo a doutrina dominante no assunto[1], na permissão não pode existir precariedade, pois a existência de um contrato leva à condição de direitos e obrigações recíprocas, não sendo possível sua rescisão ou alteração sem o pagamento de indenização à parte prejudicada.

---

1   Oswaldo Aranha Bandeira de Mello, Celso Antônio Bandeira de Mello e Maria Sylvia Zanella di Pietro.

Capítulo 10

10. AGENTES PÚBLICOS

10.1. Conceito

A definição mais precisa será de agente público, pois englobaria todos aqueles que exercem função pública, tanto para a administração direta como indireta. É toda **pessoa física** que presta serviço ao Estado e às pessoas jurídicas da Administração Indireta.

10.2. Classificação

10.2.1. Agentes Políticos

Na clássica definição do Professor Celso Antônio Bandeira de Mello (2016, p. 257), *"São titulares dos cargos estruturais à organização política do Estado, ou seja, são os ocupantes dos cargos que compõem o arcabouço constitucional do Estado, o esquema fundamental do Poder".*

São agentes políticos, porque exercem típicas atividades de governo e exercem mandatos, para os quais são eleitos: Presidente, Senadores, Deputados e Vereadores, e também os Ministros e Secretários Estaduais e Municipais.

O tema diverge no tocante aos Magistrados e membros do Ministério Público, em decorrência da sua importância enquanto função do Estado, mas ao mesmo tempo, da presença das exigências técnicas para o exercício de suas funções.

A doutrina majoritária[1] entende ser servidor público em decorrência do caráter técnico da decisão. Já para a doutrina minoritária[2] as duas categorias encontram-se como agentes políticos pela sua função diante das atribuições do Estado.

Para a Professora Maria Sylvia Zanella di Pietro (2018, p. 676),

> É necessário reconhecer, contudo, que atualmente há uma tendência a considerar os membros da Magistratura e do Ministério Público como agentes políticos. Com relação aos primeiros, é valido esse entendimento desde que se tenha presente o sentido em que sua função é considerada política; não significa que participem de Governo ou suas decisões sejam políticas, baseadas em critérios de oportunidade e conveniência, e sim que correspondem ao exercício de uma parcela da soberania do Estado, consistente na função de dizer o direito em última instância.

E continua a autora (Id., ibid.):

> Quanto aos membros do Ministério Público, a inclusão na categoria de agentes políticos tem sido justificada pelas funções de controle que lhe foram atribuídas a partir da Constituição de 1988 (art. 129), especialmente a de "zelar pelo efetivo respeito dos Poderes Públicos e dos serviços de relevância pública aos direitos assegurados nesta Constituição promovendo as medidas necessárias a sua garantia" (inciso II). No entanto, quanto à forma de investidura e aos vínculos com o Poder Público, sua situação iguala-se à dos servidores públicos estatutários, ainda que submetida a estatuto próprio.

Outro ponto polêmico a ser tratado relacionado aos agentes políticos faz referência à aplicação da Súmula Vinculante nº 13 do STF – nepotismo – para a nomeação de cargos políticos.

Súmula Vinculante nº 13
A nomeação de cônjuge, companheiro ou parente em linha reta, colateral ou por afinidade, até o terceiro grau, inclusive, da autoridade nomeante ou de servidor da mesma pessoa jurídica investido em cargo de direção, chefia ou assessoramento, para o exercício de cargo em comissão ou de confiança ou, ainda, de função gratificada na administração pública direta e indireta em qualquer dos poderes da União, dos Estados, do Distrito Federal e dos Municípios, compreendido o ajuste mediante designações recíprocas, viola a Constituição Federal.

O debate surge quando um agente político utiliza da discricionariedade para nomear outro agente político (Secretário ou Ministro de Estado), em decorrência de sua confiança, e acaba indicando um parente, contrariando assim o texto da Súmula Vinculante nº 13 do STF.

Contudo, o STF tem o entendimento de que as nomeações para cargos, considerados de agentes políticos, não se sujeitam ao nepotismo, tendo em vista a natureza do cargo a ser ocupado.

---

1 Celso Antônio Bandeira de Mello, José dos Santos Carvalho Filho e Diógenes Gasparini.
2 Hely Lopes Meirelles.

Reclamação. Constitucional e administrativo. Nepotismo. Súmula vinculante nº 13. Distinção entre cargos políticos e administrativos. Procedência. 1. Os cargos políticos são caracterizados não apenas por serem de livre nomeação ou exoneração, fundadas na fidúcia, mas também por seus titulares serem detentores de um *munus* governamental decorrente da Constituição Federal, não estando os seus ocupantes enquadrados na classificação de agentes administrativos. 2. Em hipóteses que atinjam ocupantes de cargos políticos, a configuração do nepotismo deve ser analisado caso a caso, a fim de se verificar eventual 'troca de favores' ou fraude a lei. 3. Decisão judicial que anula ato de nomeação para cargo político apenas com fundamento na relação de parentesco estabelecida entre o nomeado e o chefe do Poder Executivo, em todas as esferas da federação, diverge do entendimento da Suprema Corte consubstanciado na Súmula Vinculante nº 13. (*Rcl 7590*, rel. Min. Dias Toffoli, Primeira Turma, 30/09/2014, *DJe* de 14/11/2014).

Ao editar a Súmula Vinculante nº 13, a Corte não pretendeu esgotar todas as possibilidades de configuração de nepotismo na Administração Pública, dada a impossibilidade de se preverem e de se inserirem, na redação do enunciado, todas as molduras fático-jurídicas reveladas na pluralidade de entes da Federação (União, estados, Distrito Federal, territórios e municípios) e das esferas de Poder (Executivo, Legislativo e Judiciário), com as peculiaridades de organização em cada caso. Dessa perspectiva, é certo que a edição de atos regulamentares ou vinculantes por autoridade competente para orientar a atuação dos demais órgãos ou entidades a ela vinculados quanto à configuração do nepotismo não retira a possibilidade de, em cada caso concreto, proceder-se à avaliação das circunstâncias à luz do art. 37, *caput*, da CF/88. (*MS 31697*, rel. Min. Dias Toffoli, Primeira Turma, j. 11/03/2014, *DJe* de 02/04/2014).

10.2.2. Particulares em colaboração com o Estado

a) Por designação – agentes honoríficos

São particulares que prestam atividade pública, de forma temporária, com ou sem remuneração para auxiliar o Estado.

Suas atividades **não possuem vínculos com o Estado, administrativo ou político**, sendo apenas considerado funcionário público para fins penais, atuando sem remuneração, em regra. São exemplos de agentes honoríficos os jurados, os mesários eleitorais, os comissários de menores, entre outros.

b) Agentes delegados

São particulares que exercem uma atividade delegada do Estado e a realizam em nome próprio. Ex.: Tabelião – Lei nº 8.935/1994.

c) Voluntários

Prestam atividade estatal de forma voluntária para integrar determinado programa do governo.

d) Credenciados

Particulares que atuam de forma credenciada com o Poder Público durante um evento específico.

10.2.3. Servidores públicos em sentido estrito

Também denominados servidores estatutários, podem ser conceituados como aqueles que ocupam cargo público, criado por lei, após aprovação em concurso público, de provas ou provas e títulos, submetidos a um regime estatutário. Existem alguns Municípios que ainda possuem regime celetista.

Sua atuação será junto aos órgãos da administração pública direta (União, Estados, Distrito Federal e Municípios) e indireta (Autarquias e Fundações Públicas).

10.2.4. Empregados Públicos

Os empregados públicos, após a EC nº 19/1998, podem ser definidos como aqueles que ocupam emprego público, criado por lei, sujeito ao regime da CLT.

Sua atuação será na administração indireta, ou melhor, nas pessoas jurídicas de direito privado. (Empresa Pública e Sociedade de Economia Mista).

No caso dos empregados públicos será necessário o ingresso mediante concurso público, no mesmo formato que os servidores públicos efetivos, em decorrência do disposto no art. 37, II, da CF.

> **Súmula 390 (TST)**
> Estabilidade. Art. 41 da CF/1988. Celetista. Administração direta, autárquica ou fundacional. Aplicabilidade. Empregado de empresa pública e sociedade de economia mista. Inaplicável (conversão das Orientações Jurisprudenciais nos 229 e 265 da SBDI-1 e da Orientação Jurisprudencial nº 22 da SBDI-2) – Res. 129/2005, DJ 20, 22 e 25/04/2005
>
> I – O servidor público celetista da administração direta, autárquica ou fundacional é beneficiário da estabilidade prevista no art. 41 da CF/1988. (ex-OJs nºs 265 da SBDI-1 – inserida em 27/09/2002 – e 22 da SBDI-2 – inserida em 20/09/2000)
>
> II – Ao empregado de empresa pública ou de sociedade de economia mista, ainda que admitido mediante aprovação em concurso público, não é garantida a estabilidade prevista no art. 41 da CF/1988. (ex-OJ nº 229 da SBDI-1 – inserida em 20/06/2001).

10.2.5. Temporários

Trata-se de contratação do art. 37, IX, da CF que dispõe de norma de eficácia limitada.

> IX – a lei estabelecerá os casos de contratação por tempo determinado para atender a necessidade temporária de excepcional interesse público;

A exigência constitucional para a contratação temporária exige o "excepcional interesse público".

Para o cumprimento do dispositivo deverão ser preenchidos os seguintes requisitos: i) serviço temporário – regulamentação legal em cada ente federado; ii) interesse público; iii) caráter excepcional.

No âmbito federal, a Lei nº 8.745/1993, alterada pela Lei nº 12.988/2014, regulamenta a matéria. O regramento para os agentes temporários será um regime especial de direito administrativo, inclusive não sendo a Justiça do Trabalho competente para o julgamento das demandas judiciais em decorrência do contrato temporário, mas, sim, a Justiça Comum.

10.2.6. Concurso público

A Constituição Federal de 1988, com a Emenda Constitucional nº 19/1998, trouxe a obrigatoriedade da aprovação em concurso público, de provas ou provas e títulos, para o ingresso na carreira pública, seja em cargos ou empregos públicos.

> II – a investidura em cargo ou emprego público depende de aprovação prévia em concurso público de provas ou de provas e títulos, de acordo com a natureza e a complexidade do cargo ou emprego, na forma prevista em lei, ressalvadas as nomeações para cargo em comissão declarado em lei de livre nomeação e exoneração; *(Redação dada pela Emenda Constitucional nº 19, de 1998)*

O texto legal exige o prazo de validade do concurso de até dois anos, sendo facultado ao órgão responsável pelo concurso a prorrogação por igual período.

Tal assertiva deve ser observada com atenção, pois as bancas de concursos públicos e exames de Ordem, no intuito de confundir o candidato, mencionam que o prazo de validade do concurso será de dois anos.

Na verdade, o prazo será de **até** dois anos, sendo possível sua prorrogação por uma única vez, por igual período.

> III – o prazo de validade do concurso público será de até dois anos, prorrogável uma vez, por igual período;

Outra regra constitucional de observância necessária trata do direito de preferência dos aprovados em concurso público, sobre os novos concursados.

> IV – durante o prazo improrrogável previsto no edital de convocação, aquele aprovado em concurso público de provas ou de provas e títulos será convocado com prioridade sobre novos concursados para assumir cargo ou emprego, na carreira;

Quanto ao direito a nomeação dos aprovados em concursos públicos, importante destacar o entendimento dos Tribunais Superiores com relação à matéria.

O entendimento atual do STF (RE 227480-RJ), com relação ao tema, vem no sentido de ser considerada a existência de direito subjetivo a nomeação aos candidatos aprovados dentro do número de vagas previstas em edital.

Portanto, os candidatos aprovados dentro do número de vagas do edital gozarão de direito subjetivo a nomeação, após o término do prazo do concurso, sendo possível impetração de mandado de segurança para a proteção de direito líquido e certo decorrente da ausência de nomeação.

Às pessoas com deficiência, o Constituinte também reservou um dispositivo próprio que deixou a cargo do legislador infraconstitucional para regulamentação do direito.

> VIII – a lei reservará percentual dos cargos e empregos públicos para as pessoas portadoras de deficiência e definirá os critérios de sua admissão;

A Lei nº 8.112/1990, que regulamenta o servidor público federal, assegura até 20% das vagas às pessoas com deficiência.

O exame psicotécnico poderá ser exigido no concurso público, desde que tenha previsão legal, como determina a Súmula Vinculante nº 44: "Só por lei se pode sujeitar a exame psicotécnico a habilitação de candidato a cargo público".

10.3. Cargo, emprego e função pública

10.3.1. Cargo público

A Lei nº 8.112/1990 traz a definição de cargo público:

> **Art. 3º.** Cargo público é o conjunto de atribuições e responsabilidades previstas na estrutura organizacional que devem ser cometidas a um servidor.
>
> **Parágrafo único.** Os cargos públicos, acessíveis a todos os brasileiros, são criados por lei, com denominação própria e vencimento pago pelos cofres públicos, para provimento em caráter efetivo ou em comissão.

A competência para a criação de cargos públicos será mediante lei a cargo do Congresso Nacional, com a sanção do Presidente da República (art. 48, X, da CF), ressalvadas algumas exceções:

i) Cargos auxiliares do congresso nacional (arts. 51, IV e 52, XIII, da CF);
ii) Prover e extinguir cargos públicos federais (art. 84, XXV, da CF);
iii) Extinção de cargos públicos vagos (art. 84, VI, da CF).

10.3.2. Emprego público

Emprego público pode ser definido como aquele criado por lei para ocupação de atividade regida pela CLT na administração direta e indireta.

O Governo Federal editou a Lei nº 9.962/2000 para regulamentar os empregados públicos, que utilizarão de forma suplementar a CLT.

Aos empregados públicos deverá ser observada a regra do ingresso mediante concurso público de provas, ou provas e títulos conforme determina o art. 37, II, da CF e art. 2º da Lei nº 9.962/2000.

10.3.3. Função pública

A função pública pode ser definida como as atribuições descritas ao agente público por lei. Não se pode confundir a função pública com a função de confiança.

Função de confiança pode ser definida como aquela exercida por servidor público efetivo, para desempenho de atividade de direção, chefia e assessoramento conforme previsão do art. 37, V, da CF.

> **V** – as funções de confiança, exercidas exclusivamente por servidores ocupantes de cargo efetivo, e os cargos em comissão, a serem preenchidos por servidores de carreira nos casos, condições e percentuais mínimos previstos em lei, destinam-se apenas às atribuições de direção, chefia e assessoramento.

10.3.4. Cargos em comissão

Os cargos em comissão são previstos no art. 37, II e V, da CF, podem ser definidos como aqueles criados por lei a serem preenchidos em decorrência da confiança com sua nomeação e exoneração *ad nutum*.

Para Celso Antônio Bandeira de Mello (2016, p. 316), cargos em comissão

> são aqueles vocacionados para serem ocupados em caráter transitório por essa pessoa de confiança da autotutela competente para preenchê-los com liberdade, a qual também pode exonerar ad nutum, isto é, livremente, quem os esteja titularizando.

As atribuições previstas aos cargos em comissão são diferenciadas daquelas elencadas aos cargos públicos efetivos, e ainda, sua forma de provimento e seu vínculo de trabalho são diferentes na essência.

A investidura dos cargos em comissão está relacionada à ideia da "confiança" daquele que tem a prerrogativa para nomear como o ocupante do cargo comissionado.

Contudo, essa investidura, em que pese o critério de escolha pessoal, não pode ser utilizada para finalidade diversa daquela prevista pelos princípios, nem mesmo, desviar a finalidade do atendimento aos interesses a sociedade.

Nesse sentido vem se posicionando o STF:

> Nos atos discricionários, a opção conveniente e oportuna deve ser feita legal, moral e impessoalmente pela Administração Pública, ou seja, é na legalidade, na moralidade e na impessoalidade que a oportunidade deve ser apreciada pelo Poder Judiciário. (MS 37097-DF)

Interessante referência quanto à competência dos cargos em comissão que, para o Professor Celso Antônio Bandeira de Mello (Ibid.) *"é absolutamente inadmissível que titulares de cargo em comissão possam emitir 'pareceres técnicos'"*. Ou seja, para o renomado doutrinador, a atribuição dos "comissionados" não pode ser confundida com as atribuições técnicas dos cargos públicos efetivos, que devem ser providos mediante concurso público.

A Constituição Federal determina que compete à legislação infraconstitucional estabelecer um percentual mínimo de ocupação dos cargos em comissão por servidores públicos efetivos. (art. 37, V, da CF).

10.4. Acesso e provimento de cargos e empregos públicos

Todo cargo público deverá ser criado por lei e, após sua criação, deverá ter seu devido provimento, para que inicie a atividade de servir o Estado.

Portanto, provimento é o ato de preenchimento do cargo público criado e desde então vago. São formas de provimento: nomeação, promoção, reversão, aproveitamento reintegração e recondução (art. 8º da Lei nº 8.112/1990).

10.4.1. Nomeação

A nomeação é considerada como ato administrativo de provimento original, primário ou inicial. Será por meio da nomeação que o agente ingressará aos quadros da administração pública.

10.4.2. Readaptação

O art. 24 da Lei nº 8.112/1990 traz o conceito de readaptação como a "investidura do servidor em cargo de atribuições e responsabilidades compatíveis com a limitação que tenha sofrido em sua capacidade física ou mental, verificada em inspeção médica".

Na readaptação, o servidor efetivo com alguma incapacidade física ou mental, parcial, será readaptado para outra função compatível para sua atividade.

Contudo, a Emenda Constitucional nº 103/2019 trouxe um novo conceito ao instituto:

> Art. 37. [...]
> ....
> § 13. O servidor público titular de cargo efetivo poderá ser readaptado para exercício de cargo cujas atribuições e responsabilidades sejam compatíveis com a limitação que tenha sofrido em sua capacidade física ou mental, enquanto permanecer nesta condição, desde que possua a habilitação e o nível de escolaridade exigidos para o cargo de destino, mantida a remuneração do cargo de origem.

A nova redação imposta pela EC nº 103/2019 trouxe a necessidade de o servidor efetivo, uma vez reintegrado, deter habilitação e o nível de escolaridade exigidos para o cargo a ser ocupado.

10.4.3. Reintegração

O conceito de reintegração vem previsto na Lei nº 8.112/1990:

Art. 28. A reintegração é a reinvestidura do servidor estável no cargo anteriormente ocupado, ou no cargo resultante de sua transformação, quando invalidada a sua demissão por decisão administrativa ou judicial, com ressarcimento de todas as vantagens.

§ 1º Na hipótese de o cargo ter sido extinto, o servidor ficará em disponibilidade, observado o disposto nos arts. 30 e 31.

§ 2º Encontrando-se provido o cargo, o seu eventual ocupante será reconduzido ao cargo de origem, sem direito à indenização ou aproveitado em outro cargo, ou, ainda, posto em disponibilidade.

Será necessário observar que, para a reintegração aos quadros da administração, com efeito *ex tunc*, o servidor deverá ser estável. Dessa forma, não se pode falar em reintegração de cargo em comissão pela ausência de estabilidade.

Outro ponto importante diz respeito ao ressarcimento de todas as vantagens adquiridas durante o período em que o servidor público foi demitido dos quadros da Administração Pública.

10.4.4. Recondução

Somente será reconduzido ao cargo o servidor estável que for inabilitado em estágio probatório para outro cargo, e ainda, nas hipóteses em que ocorre a reintegração do servidor ao cargo.

Art. 29. Recondução é o retorno do servidor estável ao cargo anteriormente ocupado e decorrerá de:

I – inabilitação em estágio probatório relativo a outro cargo;

II – reintegração do anterior ocupante.

Parágrafo único. Encontrando-se provido o cargo de origem, o servidor será aproveitado em outro, observado o disposto no art. 30.

A jurisprudência vem admitindo a recondução ao cargo público daquele que desistir durante o estágio probatório e demonstrar não ter mais interesse pelo novo cargo público. (STJ MS 8.339/DF).

10.4.5. Reversão

Art. 25. Reversão é o retorno à atividade de servidor aposentado:

I – por invalidez, quando junta médica oficial declarar insubsistentes os motivos da aposentadoria; ou

II – no interesse da administração, desde que

a) tenha solicitado a reversão;

b) a aposentadoria tenha sido voluntária;

c) estável quando na atividade;

d) a aposentadoria tenha ocorrido nos cinco anos anteriores à solicitação;

e) haja cargo vago.

10.4.6. Aproveitamento

Será aproveitado o servidor público que colocado à disposição retorna a suas atividades com vencimentos compatíveis ao ocupado anteriormente (art. 30 da Lei nº 8.112/1990).

10.5. Remuneração dos agentes públicos

É a importância resultante do somatório de todos os valores recebidos, independentemente do título, pelo agente público. A Lei nº 8.112/1990 traz uma definição do termo remuneração como sendo "o vencimento do cargo efetivo, acrescido das vantagens pecuniárias permanentes estabelecidas em lei". (art. 41 da Lei nº 8.112/1990).

10.5.1. Vencimento

É a retribuição pecuniária paga pelo Estado, em virtude do efetivo exercício, ao ocupante de cargo, emprego ou função, observadas as definições legais delineadoras do próprio cargo, emprego ou função.

É a retribuição pecuniária pelo exercício de cargo público, com valor fixado em lei. (Lei nº 8.112/1990, art. 40).

10.5.2. Vencimentos

É o resultado da adição do montante relativo ao padrão definido legalmente para o cargo emprego ou função, com as vantagens que são asseguradas ao agente de forma fixa e permanente.

10.5.3. Subsídios

O sistema de subsídio foi introduzido pela Emenda Constitucional nº 19/1998, em que restou a seguinte redação:

> § 4º O membro de Poder, o detentor de mandato eletivo, os Ministros de Estado e os Secretários Estaduais e Municipais serão remunerados exclusivamente por subsídio fixado em parcela única, vedado o acréscimo de qualquer gratificação, adicional, abono, prêmio, verba de representação ou outra espécie remuneratória, obedecido, em qualquer caso, o disposto no art. 37, X e XI.

Assim, utilizando da sistemática da Professora Maria Sylvia Zanella di Pietro (2018, p. 702), serão obrigatoriamente remunerados por subsídios:

a) todos os agentes públicos mencionados no art. 39, §4º, a saber: membros de Poder (o que compreende os membros do Legislativo, Executivo e Judiciário da União, Estados e Municípios, o detentor de mandato eletivo (já alçado pela expressão membro de Poder), Ministros de Estado e Secretários Estaduais e Municipais;

b) os membros do Ministério Público (art. 128, § 5º, I, c, com redação da Emenda nº 19);

c) os integrantes da Advocacia-Geral da União, os Procuradores dos Estados e do Distrito Federal e os Defensores Públicos (art. 135, com redação da Emenda nº 19);

d) os Ministros do Tribunal de Contas da União (art. 73, §3º);

e) os servidores públicos policiais (art. 144, §9º, na Emenda nº 19/98).

Outro ponto importante relacionado ao subsídio diz respeito à necessidade de lei para criação ou qualquer forma de alteração do mesmo. Não se pode buscar alteração ao subsídio por outra espécie normativa que não seja lei.

Outra controvérsia oriunda do texto constitucional faz referência quanto à expressão "subsídio fixado em parcela única, vedado o acréscimo de qualquer gratificação, adicional, abono, prêmio, verba de representação ou outra espécie remuneratória, obedecido, em qualquer caso, o disposto no art. 37, X e XI", no qual surge o questionamento com relação à extensão do termo "parcela única".

O autor Rafael Carvalho de Rezende Oliveira (2018, p. 741) traz uma resposta interessante quanto à aplicação do termo: "certo é que o pagamento de subsídio não será realizado, necessariamente, em 'parcela única'", tendo em vista duas razões:

> **a)** O art. 39, §3º, CRFB, determina aplicação de diversos direitos trabalhistas (ex.: décimo terceiro salário, adicional noturno, salário-família) aos servidores ocupantes de cargo público, sem qualquer distinção em relação ao respectivo sistema de remuneração, razão pela qual deve ser reconhecida a aplicação dessa norma aos servidores que recebem subsídios;
>
> **b)** Independentemente de previsão expressa na Constituição, deve ser reconhecido o direito ao pagamento de verbas indenizatórias, ao lado da parcela única, aos servidores que recebem subsídios, pois, caso contrário, o servidor sofreria danos irreparáveis pelo simples exercício da função.

Assim, mesmo que o dispositivo constitucional assegure o pagamento do subsídio em parcela única, existem esses pontos a serem observados.

10.5.4. Teto remuneratório

O texto constitucional trouxe um limite, também conhecido como teto remuneratório, quanto à remuneração dos agentes públicos.

> **Art. 37, XI** – a remuneração e o subsídio dos ocupantes de cargos, funções e empregos públicos da administração direta, autárquica e fundacional, dos membros de qualquer dos Poderes da União, dos Estados, do Distrito Federal e dos Municípios, dos detentores de mandato eletivo e dos demais agentes políticos e os proventos, pensões ou outra espécie remuneratória, percebidos cumulativamente ou não, incluídas as vantagens pessoais ou de qualquer outra natureza, não poderão exceder o subsídio mensal, em espécie, dos Ministros

do Supremo Tribunal Federal, aplicando-se como limite, nos Municípios, o subsídio do Prefeito, e nos Estados e no Distrito Federal, o subsídio mensal do Governador no âmbito do Poder Executivo, o subsídio dos Deputados Estaduais e Distritais no âmbito do Poder Legislativo e o subsídio dos Desembargadores do Tribunal de Justiça, limitado a noventa inteiros e vinte e cinco centésimos por cento do subsídio mensal, em espécie, dos Ministros do Supremo Tribunal Federal, no âmbito do Poder Judiciário, aplicável este limite aos membros do Ministério Público, aos Procuradores e aos Defensores Públicos.

Trata-se de um dos temas mais complexos relacionados aos agentes públicos, considerando a dificuldade na interpretação do inciso anteriormente descrito, bem como, na caracterização daquilo que se encontra previsto dentro do dispositivo legal.

Em linhas gerais, o teto remuneratório aos agentes públicos deverá observar o subsídio dos Ministros do Supremo Tribunal Federal, em que nenhum agente investido da função pública poderá receber além dos Ministros ora referidos.

O limite instituído pelo inciso XI faz referência aos membros dos três Poderes, seja da Administração Direta, ou ainda, da Administração Indireta, desde que, neste último caso, quando receberem recursos da União, Estados, Distrito Federal ou Municípios para pagamento de despesas de pessoal ou de custeio em geral, nos ditames do art. 37, § 9º, da CF.

Outro ponto polêmico relacionado ao teto remuneratório diz respeito ao valor máximo legal pago ao cargo de procurador municipal, pois, durante muito tempo existiu divergência para entender qual seria o limite a ser imposto, do Prefeito, por ser a atividade ligada ao Poder Executivo, ou, do Poder Judiciário, tendo em vista que a carreira de procurador está prevista nas funções essenciais à Justiça.

Diante do impasse, o STF decidiu em sede de Recurso Extraordinário (RE 663696), com repercussão geral sobre o tema, que o teto remuneratório do procurador do Município será Desembargador do Tribunal de Justiça.

A tese da repercussão geral aprovada pelo STF foi:

> A expressão "procuradores" contida na parte final do inciso XI do artigo 37 da Constituição da República compreende os procuradores municipais, uma vez que estes se inserem nas funções essenciais à Justiça, estando, portanto, submetidos ao teto de 90,75% do subsídio mensal em espécie dos ministros do Supremo Tribunal Federal.

10.5.5. Proibição de incorporação (EC nº 103/2019)

A Emenda Constitucional nº 103/2019 introduziu o § 9º ao artigo 39, que vedou a incorporação à remuneração de qualquer tipo de vantagens, temporárias ou permanentes, em decorrência do exercício de função de confiança ou cargo em comissão.

Dessa forma, o servidor público que ocupar função de confiança ou cargo em comissão diferente daquele que tem sua atribuição inicial não faz jus à incorporação da diferença salarial.

> § 9º É vedada a incorporação de vantagens de caráter temporário ou vinculadas ao exercício de função de confiança ou de cargo em comissão à remuneração do cargo efetivo. *(Incluído pela Emenda Constitucional nº 103, de 2019)*

10.5.6. Proibição de acumulação de cargos, funções e empregos públicos

Como regra, é vedada a acumulação remunerada de cargos, funções ou empregos públicos (art. 37, incs. XVI e XVII). A proibição atinge tanto a Administração Pública Direta (União, Estados, Distrito Federal e Municípios) como a Administração Indireta (Autarquias, Fundações, Empresas Estatais e Consórcios Públicos).

Excepcionalmente, admite-se a acumulação de cargos públicos desde que exista a compatibilidade de horários.

Admite-se a acumulação: (art. 37, XVI)

a) de dois cargos de professor;

b) de um cargo de professor com outro, técnico ou científico;

c) de dois cargos ou empregos privativos de profissionais de saúde, com profissões regulamentadas.

Outra situação prevista na própria Constituição Federal, que permite a acumulação de cargo público, será para os casos em que o servidor público acaba sendo eleito para o cargo de Vereador, com a compatibilidade de horário entre as duas atividades, nos ditames do art. 38, III, da CF:

> **Art. 38.** Ao servidor público da administração direta, autárquica e fundacional, no exercício de mandato eletivo, aplicam-se as seguintes disposições:
>
> **I –** tratando-se de mandato eletivo federal, estadual ou distrital, ficará afastado de seu cargo, emprego ou função;
>
> **II –** investido no mandato de Prefeito, será afastado do cargo, emprego ou função, sendo-lhe facultado optar pela sua remuneração;
>
> **III – investido no mandato de Vereador, havendo compatibilidade de horários, perceberá as vantagens de seu cargo, emprego ou função, sem prejuízo da remuneração do cargo eletivo, e, não havendo compatibilidade, será aplicada a norma do inciso anterior.** (g.n.)

Nas outras hipóteses, quando o servidor for eleito para qualquer cargo federal (Presidente, Deputado Federal e Senador), estadual (Governador e Deputado Estadual), distrital (Governador e Deputado Distrital) ou municipal (Prefeito), será automaticamente afastado do cargo efetivo para ocupar o cargo eletivo.

10.6. Direito de greve

A Constituição Federal de 1988 trouxe previsão ao direito de greve do servidor público em seu art. 37, VI e VII, da CF.

Contudo, o direito de livre associação sindical e o direito a greve, que "será exercido nos termos e limites definidos em lei específica", dependerá de regulamentação da matéria por não ter autoaplicação de forma imediata, também conhecida no direito constitucional como norma de eficácia limitada.

O mesmo texto constitucional proíbe a sindicalização e a greve dos Militares (art. 142, § 3º), proibição de greve e sindicalização ao militar (aplica-se aos Militares dos Estados por força do art. 42, § 1º).

Diante da ausência de regulamentação da matéria, o Supremo Tribunal Federal decidiu, em julgamento dos mandados de injunção 670/708/712, que deve ser aplicada a Lei nº 7.783/1989 (Lei de greve) aos servidores públicos diante da omissão legislativa.

10.7. Estabilidade

É a prerrogativa, prevista no texto constitucional, do servidor público ser mantido no serviço, sem ser demitido sem justa causa, tal como ocorre no serviço privado.

Para a aquisição da estabilidade será necessário o preenchimento de duas situações especiais, de um lado o cumprimento do estágio probatório – período de 3 anos –, e de outro lado, a avaliação de desempenho, na conformidade do art. 41, § 1º, III da CF.

O instituto da estabilidade somente será possível para os cargos públicos efetivos, aqueles preenchidos por concurso público, não sendo possível aos cargos em comissão e aos empregados públicos.

Esse é o entendimento do TST previsto na Súmula nº 331:

> Contrato de prestação de serviços. Legalidade (nova redação do item IV e inseridos os itens V e VI à redação) – Res. 174/2011, DEJT divulgado em 27, 30 e 31/05/2011
>
> I – A contratação de trabalhadores por empresa interposta é ilegal, formando-se o vínculo diretamente com o tomador dos serviços, salvo no caso de trabalho temporário (Lei nº 6.019, de 03/01/1974).
>
> II – A contratação irregular de trabalhador, mediante empresa interposta, não gera vínculo de emprego com os órgãos da Administração Pública direta, indireta ou fundacional (art. 37, II, da CF/1988).
>
> III – Não forma vínculo de emprego com o tomador a contratação de serviços de vigilância (Lei nº 7.102, de 20/06/1983) e de conservação e limpeza, bem como a de serviços especializados ligados à atividade-meio do tomador, desde que inexistente a pessoalidade e a subordinação direta.
>
> IV – O inadimplemento das obrigações trabalhistas, por parte do empregador, implica a responsabilidade subsidiária do tomador dos serviços quanto àquelas obrigações, desde que haja participado da relação processual e conste também do título executivo judicial.
>
> V – Os entes integrantes da Administração Pública direta e indireta respondem subsidiariamente, nas mesmas condições do item IV, caso evidenciada a sua conduta culposa no cumprimento das obrigações da Lei n.º 8.666, de 21/06/1993, especialmente na fiscalização do cumprimento das obrigações contratuais e legais da prestadora de serviço como empregadora. A aludida responsabilidade não decorre de mero inadimplemento das obrigações trabalhistas assumidas pela empresa regularmente contratada.
>
> VI – A responsabilidade subsidiária do tomador de serviços abrange todas as verbas decorrentes da condenação referentes ao período da prestação laboral.

O servidor público estável poderá perder seu cargo público em algumas hipóteses previstas na própria Constituição Federal: (art. 41)

> **Art. 41.** [...]
> § 1º O servidor público estável só perderá o cargo:
> I – em virtude de sentença judicial transitada em julgado;
> II – mediante processo administrativo em que lhe seja assegurada ampla defesa;
> III – mediante procedimento de avaliação periódica de desempenho, na forma de lei complementar, assegurada ampla defesa.

Outro ponto expresso no texto constitucional no qual o servidor poderá perder o cargo público se trata do não cumprimento do limite com as despesas de pessoal previsto no art. 169, § 3º e seguintes.

Para tanto, deverá cumprir os requisitos: i) redução de 20% dos cargos em comissão e função de confiança; ii) exoneração de servidor não estável; iii) exoneração de servidor estável mediante decisão motivada e pagamento de indenização (§ 4º).

10.8. Responsabilidade civil, penal e administrativa dos servidores públicos

O servidor público pode ser responsabilizado pela prática de ato cometido nas esferas administrativa, civil ou penal. A administração pode aplicar a sanção de forma cumulativa (o mesmo ato pode ser punido por uma sanção civil, penal e administrativa).

A responsabilidade do servidor por um fato ou conduta é apurada através de processo administrativo, assegurados sempre a ampla defesa e o contraditório (art. 5º, LV, da CF).

Neste sentido, o STJ editou nova Súmula:

> **Súmula nº 641 (STJ)**
> A portaria de instauração do processo administrativo disciplinar prescinde da exposição detalhada dos fatos a serem apurados.

A responsabilidade civil do servidor público é para reparar o dano causado à administração pública ou a terceiro, em decorrência de sua conduta dolosa ou culposa, praticada de forma omissiva ou comissiva. Essa responsabilidade é **subjetiva**, ao contrário da responsabilidade da administração, que é objetiva.

Já no tocante à responsabilidade penal, esta decorre da conduta ilícita praticada pelo servidor público, que a lei penal tipifica como infração penal. Os principais crimes contra a administração estão previstos arts. 312 a 326 do Código Penal Brasileiro.

A responsabilidade administrativa ocorrerá quando o servidor pratica um ilícito administrativo, bem como o desatendimento de deveres funcionais. Essas práticas ilícitas poderão redundar na responsabilidade administrativa do servidor, que após apuração por meio de sindicância e processo administrativo, sendo culpado, será punido com uma das seguintes medidas disciplinares:

a) advertência – faltas de menor gravidade, previstas no art. 129 da Lei n° 8.112/1990;

b) suspensão – se houver reincidência da falta punida com advertência;

c) demissão – aplicada quando o servidor cometer falta grave, prevista no art. 132 da Lei n° 8.112/1990;

d) cassação de aposentadoria ou disponibilidade – aplicada ao servidor aposentado, que, quando em atividade, praticou falta grave;

e) destituição de cargo em comissão ou função comissionada – também por falta grave.

10.9. Prescrição

As medidas disciplinares prescrevem em 5 anos nas faltas puníveis com demissão, cassação de aposentadoria ou disponibilidade, e destituição de cargo ou função.

Já nos atos praticados com pena de suspensão as medidas são prescritas em 2 anos. Quando se tratar de ato passível de advertência, o prazo será de 180 dias.

10.10. Aposentadoria

A aposentadoria dos agentes públicos foi alterada pela Reforma da Previdência, prevista na Emenda Constitucional n° 103/2019, que reformou quase todos os institutos anteriores existentes.

Passaremos a estudar cada uma delas e os principais pontos da reforma; no entanto, diversos questionamentos relacionados ao tema estão palpitando diante da inovação trazida ao texto, bem como, a mudança nas regras jurídicas de um assunto espinhoso.

10.11. Incapacidade permanente

A aposentadoria por incapacidade permanente prevista no art. 40, § 1°, da CF somente será possível se não ocorrer a readaptação ao trabalho, sendo necessário ainda passar por avaliação periódica.

> I – por incapacidade permanente para o trabalho, no cargo em que estiver investido, quando insuscetível de readaptação, hipótese em que será obrigatória a realização de avaliações periódicas para verificação da continuidade das condições que ensejaram a concessão da aposentadoria, na forma de lei do respectivo ente federativo; *(Redação dada pela Emenda Constitucional n° 103, de 2019)*

10.12. Aposentadoria compulsória

A aposentadoria compulsória não foi alterada na Emenda Constitucional que tratou da Reforma da Previdência, sendo assim permaneceu com as mesmas regras anteriores, em que a aposentadoria se dará, por ato vinculado, aos 70 anos de idade, com proventos proporcionais ao tempo de contribuição e 75 anos, na forma da Lei Complementar n° 152/2015.

> **Art. 2°** Serão aposentados compulsoriamente, com proventos proporcionais ao tempo de contribuição, aos 75 (setenta e cinco) anos de idade:
>
> **I –** os servidores titulares de cargos efetivos da União, dos Estados, do Distrito Federal e dos Municípios, incluídas suas autarquias e fundações;
>
> **II –** os membros do Poder Judiciário;
>
> **III –** os membros do Ministério Público;
>
> **IV –** os membros das Defensorias Públicas;
>
> **V –** os membros dos Tribunais e dos Conselhos de Contas.

10.13. Aposentadoria voluntária

No âmbito do Governo Federal a idade mínima será de 62 (sessenta e dois) anos de idade para mulher e 65 (sessenta e cinco) anos para o homem.

Ainda, será necessário ter 25 (vinte e cinco) anos de contribuição, com 10 (dez anos) de efetivo exercício e 5 (cinco) anos no cargo da aposentadoria.

> **Art. 40, § 1°** [...]
>
> **III – no âmbito da União**, aos 62 (sessenta e dois) anos de idade, se mulher, e aos 65 (sessenta e cinco) anos de idade, se homem, e, no âmbito dos **Estados, do Distrito Federal e dos Municípios**, na idade mínima estabelecida mediante **emenda às respectivas Constituições e Leis Orgânicas**, observados o tempo de contribuição e os demais requisitos estabelecidos em lei complementar do respectivo ente federativo. *(Redação dada pela Emenda Constitucional n° 103, de 2019)* (g.n.)

10.14. Teto do regime geral de previdência

Com a Emenda Constitucional n° 103/2019, Reforma da Previdência, os novos servidores públicos que ingressarem no serviço público **não** poderão receber mais que o "teto" do regime de previdência social.

Assim, diante do sistema previsto pelo texto constitucional, somente será possível o recebimento de valor acima do limite da previdência social quando for criado, por iniciativa dos Poderes Executivos dos Entes Federados, o sistema complementar de previdência dos servidores.

Vale ressaltar que a Constituição Federal determina a obrigatoriedade da criação da Previdência complementar diante da palavra "instituirão".

§ 2º Os proventos de aposentadoria não poderão ser inferiores ao valor mínimo a que se refere o § 2º do art. 201 ou superiores ao limite máximo estabelecido para o Regime Geral de Previdência Social, observado o disposto nos §§ 14 a 16. *(Redação dada pela Emenda Constitucional nº 103, de 2019)*

§ 14 A União, os Estados, o Distrito Federal e os Municípios instituirão, por **lei de iniciativa do respectivo Poder Executivo, regime de previdência complementar** para servidores públicos ocupantes de cargo efetivo, observado o limite máximo dos benefícios do Regime Geral de Previdência Social para o valor das aposentadorias e das pensões em regime próprio de previdência social, ressalvado o disposto no § 16. *(Redação dada pela Emenda Constitucional nº 103, de 2019)* (g.n.)

§ 15 O regime de previdência complementar de que trata o § 14 oferecerá plano de benefícios somente na modalidade contribuição definida, observará o disposto no art. 202 e será efetivado por intermédio de entidade fechada de previdência complementar ou de entidade aberta de previdência complementar. *(Redação dada pela Emenda Constitucional nº 103, de 2019)*

§ 16 Somente mediante sua prévia e expressa opção, o disposto nos §§ 14 e 15 poderá ser aplicado ao servidor que tiver ingressado no serviço público até a data da publicação do ato de instituição do correspondente regime de previdência complementar. *(Incluído pela Emenda Constitucional nº 20, de 1998)*

10.15. Vedação de critérios diferenciados (§ 4º)

Como regra, não serão possíveis critérios diferenciados para aposentadoria, exceto: i) servidor com deficiência; ii) agente penitenciário; iii) efetiva exposição a agentes químicos, físicos e biológicos prejudiciais à saúde.

Um ponto importante, com previsão no § 4º-C, está relacionado ao caso do servidor público que estiver, de fato, exposto a agentes químicos, não sendo possível a generalização na categoria ou ocupação. Portanto, somente será possível o enquadramento no regime diferenciado quando restar comprovada a exposição do servidor público ao contato direto com o agente prejudicial à saúde.

Aos professores, previsto no art. 5º, o texto constitucional reduziu em 5 (cinco) anos a idade mínima para a aposentadoria, sendo necessário, então, ao homem 60 (sessenta) anos e à mulher 57 (cinquenta e sete) anos.

§ 4º É vedada a adoção de requisitos ou critérios diferenciados para concessão de benefícios em regime próprio de previdência social, ressalvado o disposto nos §§ 4º-A, 4º-B, 4º-C e 5º. *(Redação dada pela Emenda Constitucional nº 103, de 2019)*

§ 4º-A. Poderão ser estabelecidos por **lei complementar do respectivo ente federativo** idade e tempo de contribuição diferenciados para aposentadoria de **servidores com deficiência**, previamente submetidos a avaliação biopsicossocial realizada por equipe multiprofissional e interdisciplinar. (Incluído pela Emenda Constitucional nº 103, de 2019) (g.n.)

§ 4º-B. Poderão ser estabelecidos por **lei complementar do respectivo ente federativo** idade e tempo de contribuição diferenciados para aposentadoria de ocupantes do cargo de **agente penitenciário, de agente socioeducativo ou**

de policial dos órgãos de que tratam o inciso IV do caput do art. 51, o inciso XIII do caput do art. 52 e os incisos I a IV do caput do art. 144. **(Incluído pela Emenda Constitucional nº 103, de 2019)** (g.n.)

§ 4º-C. Poderão ser estabelecidos por **lei complementar do respectivo ente federativo** idade e tempo de contribuição diferenciados para aposentadoria de servidores cujas atividades sejam exercidas com efetiva exposição a **agentes químicos, físicos e biológicos prejudiciais à saúde, ou associação desses agentes, vedada a caracterização por categoria profissional ou ocupação.** *(Incluído pela Emenda Constitucional nº 103, de 2019)* (g.n.)

§ 5º Os ocupantes do cargo de **professor terão idade mínima reduzida em 5 (cinco) anos em relação às idades** decorrentes da aplicação do disposto no inciso III do § 1º, desde que comprovem tempo de efetivo exercício das funções de magistério na educação infantil e no ensino fundamental e médio fixado em lei complementar do respectivo ente federativo. *(Redação dada pela Emenda Constitucional nº 103, de 2019)* (g.n.)

10.16. Cargos em comissão

A EC nº 103/2019 também regulamentou os cargos em comissão, incluindo inclusive os detentores de mandato eletivo, nos quais, para os novos eleitos, será aplicada a regra do regime geral de previdência.

A discussão se faz necessária, considerando que para a maioria dos cargos em comissão espalhados pelo país já estavam sujeitos ao regime geral de previdência, contudo, aos detentores de mandato eletivo, em especial Deputados Federais e Senadores, gozavam de um sistema de previdência próprio.

Assim, com o novo texto vigente, aos novos parlamentares eleitos, assim como todos os demais cargos comissionados, estarão diante do regime geral da previdência social.

§ 13 Aplica-se ao agente público ocupante, exclusivamente, de cargo em comissão declarado em lei de livre nomeação e exoneração, de outro cargo temporário, inclusive mandato eletivo, ou de emprego público, o Regime Geral de Previdência Social. *(Redação dada pela Emenda Constitucional nº 103, de 2019)*

10.17. Abono de permanência

Deverá ser criada lei específica a cada ente federado para tratar do tema, sendo devido, no entanto, deixar clara a faculdade ao recebimento do abono de permanência, antes obrigatório.

Quanto ao valor, será devido o valor da sua contribuição previdenciária como forma de retribuição para aqueles servidores que já têm o tempo de contribuição, mas pretendem permanecer na carreira pública.

§ 19 Observados critérios a serem estabelecidos em lei do respectivo ente federativo, o servidor titular de cargo efetivo que tenha completado as exigências para a aposentadoria voluntária e que opte por permanecer em atividade poderá fazer jus a um abono de permanência equivalente, no máximo, ao valor da sua contribuição previdenciária, até completar a idade para aposentadoria compulsória. *(Redação dada pela Emenda Constitucional nº 103, de 2019)*

10.18. Proibição de criar novos regimes previdenciários (§ 22)

Outra inovação ao texto constitucional é a proibição da instituição de novos regimes próprios de previdência, em que diversos entes federados, em especial os Municípios menores em todo o país, ainda não possuem seu sistema de previdência próprio, sendo, portanto, agora sujeitos ao regime geral de Previdência.

Caberá, ainda, à Lei Complementar federal tratar das normas gerais sobre a organização, funcionamento e responsabilidade da gestão dos regimes de previdência existentes.

> § 22 Vedada a instituição de novos regimes próprios de previdência social, lei complementar federal estabelecerá, para os que já existam, normas gerais de organização, de funcionamento e de responsabilidade em sua gestão, dispondo, entre outros aspectos, sobre: *(Incluído pela Emenda Constitucional nº 103, de 2019)*

Capítulo 11

11. IMPROBIDADE ADMINISTRATIVA

11.1. Conceito

Pela interpretação literal da palavra *probitate* significa aquilo que é bom. Dessa forma, podemos entender que probidade administrativa *deve* ser conceituada como a conduta ética a ser adotada pelo administrador público ou particular quando se tratar com a res publica.

A Ministra do STF Cármen Lúcia Antunes Rocha (2000, p. 920) definiu bem a questão da probidade como um misto entre a ordem moral e jurídica: *"conta com um fundamento não apenas moral genérico, mas com a base de moral jurídica, vale dizer, planta-se ela nos princípios gerais"*.

11.2. Base legal

A improbidade administrativa teve sua evolução normativa a contar da Constituição Federal de 1946, que em seu art. 141, § 31, *in fine*, dispunha do sequestro de bens quando da prática de atos contrários aos interesses da administração.

> § 31. Não haverá pena de morte, de banimento, de confisco nem de caráter perpétuo. São ressalvadas, quanto à pena de morte, as disposições da legislação militar em tempo de guerra com país estrangeiro. **A lei disporá sobre o sequestro e o perdimento de bens, no caso de enriquecimento ilícito, por influência ou com abuso de cargo ou função pública, ou de emprego em entidade autárquica.** (g.n.)

No mesmo sentido, a Lei nº 3.164/1957 que também tratava sobre a temática.

> **Art. 1º.** São sujeitos a sequestro e à sua perda em favor da Fazenda Pública os bens adquiridos pelo servidor público, por influência ou abuso de cargo ou função pública, ou de emprego em entidade autárquica, sem prejuízo da responsabilidade criminal em que tenha aquele incorrido.

Depois, ainda sob a vigência da Constituição de 1946, a Lei nº 3.502/1958 também fez menção à matéria.

> **Art. 1º.** O servidor público, ou o dirigente, ou o empregado de autarquia que, por influência ou abuso de cargo ou função, se beneficiar de enriquecimento ilícito ficará sujeito ao sequestro e perda dos respectivos bens ou valores.

Com a Constituição Federal de 1988 veio o artigo 37, § 4º, que tratou de forma expressa sobre improbidade administrativa, vejamos:

> **§ 4º** Os atos de **improbidade administrativa** importarão a suspensão dos direitos políticos, a perda da função pública, a indisponibilidade dos bens e o ressarcimento ao erário, na forma e gradação previstas em lei, sem prejuízo da ação penal cabível. [sublinhamos]

A Lei nº 8.429/1992 veio para regulamentar a improbidade administrativa em face da Constituição Federal de 1988.

Resta informar que existem duas discussões sobre a constitucionalidade da matéria. A primeira foi questionada pelo Partido Trabalhista Nacional – PTN, que ingressou com a ADI nº 2.182/DF alegando vício formal na tramitação da lei. No entanto, o STF definiu a questão alegando não existir vício na tramitação da lei. Existe outra ADI de nº 4.295/DF, de autoria do Partido da Mobilização Nacional – PMN, que requer a declaração de inconstitucionalidade de alguns artigos da referida lei.

11.3. Sujeito passivo

A ideia do sujeito passivo do ato de improbidade administrativa veio descrita no art. 1º da Lei nº 8.429/1992, não sendo possível confundir o sujeito passivo do ato de improbidade, com o legitimado processual passivo de uma ação civil pública de improbidade administrativa.

> **Art. 1º.** Os atos de improbidade praticados por qualquer agente público, servidor ou não, **contra a administração direta, indireta ou fundacional de qualquer dos Poderes da União, dos Estados, do Distrito Federal, dos Municípios, de Território, de empresa incorporada ao patrimônio público ou de entidade para cuja criação ou custeio o erário haja concorrido ou concorra com mais de cinquenta por cento do patrimônio ou da receita anual**, serão punidos na forma desta lei.
>
> **Parágrafo único.** Estão também sujeitos às penalidades desta lei os atos de improbidade praticados contra o patrimônio de entidade que receba subvenção, benefício ou incentivo, fiscal ou creditício, de órgão público

bem como daquelas para cuja criação ou custeio o erário haja concorrido ou concorra com menos de cinquenta por cento do patrimônio ou da receita anual, limitando-se, nestes casos, a sanção patrimonial à repercussão do ilícito sobre a contribuição dos cofres públicos. (g.n.)

Do conceito legal podemos extrair como sujeito passivo de improbidade administrativa:

a) Administração Pública Direta – União, Estados, Distrito Federal e Municípios;

b) Administração Pública Indireta – Autarquias, Fundações Públicas, Empresas Públicas e Sociedade de Economia Mista;

c) Consórcios Públicos – Lei nº 11.107/2005;

d) Empresa incorporada ao patrimônio público ou de entidade cuja criação ou custeio o erário haja concorrido ou concorra com mais de 50% do patrimônio ou receita anual;

e) Entidade que receba subvenção, benefício ou incentivo, fiscal ou creditício, de órgão público;

f) Entidade cuja criação ou custeio o erário haja concorrido ou concorra com menos de cinquenta por cento do patrimônio ou da receita anual, **limitando-se**, nestes casos, **a sanção patrimonial à repercussão do ilícito sobre a contribuição dos cofres públicos.**

11.4. Sujeito ativo

Será considerado sujeito ativo de improbidade administrativa:

> **Art. 2º.** Reputa-se agente público, para os efeitos desta lei, todo aquele que exerce, ainda que transitoriamente ou sem remuneração, por eleição, nomeação, designação, contratação ou qualquer outra forma de investidura ou vínculo, mandato, cargo, emprego ou função nas entidades mencionadas no artigo anterior.
>
> **Art. 3º.** As disposições desta lei são aplicáveis, no que couber, àquele que, mesmo não sendo agente público, induza ou concorra para a prática do ato de improbidade ou dele se beneficie sob qualquer forma direta ou indireta.

A legislação define como sujeito ativo do ato de improbidade:

a) **Agente público** – podendo mencionar os agentes políticos, agentes honoríficos, agentes delegados, agentes credenciados, servidores públicos, empregados públicos, agentes temporários.

b) **Particulares** – que concorreram ou se beneficiem com a prática do ato.

Com relação à prerrogativa de foro inerente a alguns cargos públicos, com previsão legal, o posicionamento dos Tribunais Superiores vem no sentido da competência originária ser do juízo de primeira instância.

Reclamação. Processo Civil. Ação de Improbidade Administrativa. Competência. Foro Privilegiado. 1.- Na linha dos precedentes mais recentes desta Corte, **não existe foro privilegiado por prerrogativa de função para o processamento e julgamento da ação civil pública de improbidade administrativa.** 2.- Agravo Regimental improvido. (STJ – AgRg na Rcl: 10330 RR 2012/0216867-7, Relator: Ministro Sidnei Beneti, j. 06/08/2014, CE – Corte Especial, p. DJe 20/08/2014).

Processo Civil. Competência. Ação de Improbidade Administrativa. **A ação de improbidade administrativa deve ser processada e julgada nas instâncias ordinárias, ainda que proposta contra agente político que tenha foro privilegiado no âmbito penal e nos crimes de responsabilidade.** Agravo regimental desprovido. (STJ – AgRg na Rcl: 12514 MT 2013/0134663-0, Relator: Ministro Ari Pargendler, j. 16/09/2013, CE – Corte Especial, p. DJe 26/09/2013).

Administrativo. Improbidade Administrativa. Impossibilidade de figurar apenas particulares no polo passivo da ação de Improbidade Administrativa. Ausência de Agente Público. Impossibilidade. Precedentes. 1. De início, não procede à alegação de ofensa ao art. 458, inciso II, do Código de Processo Civil, pois o Tribunal de origem não pecou na fundamentação do acórdão recorrido, pois decidiu a matéria de direito valendo-se dos elementos que julgou aplicáveis e suficientes para a solução da lide. 2. Verifica-se que a Corte de origem não analisou, ainda que implicitamente, 'a possibilidade de se dar prosseguimento ao processo no tocante ao pedido de ressarcimento de danos impostos ao erário'. Assim, incide no caso o enunciado da Súmula 211 do Superior Tribunal de Justiça. 3. Consigne-se que a análise de tese por meio de recurso especial requer o indispensável requisito do prequestionamento, ainda que seja matéria de ordem pública, entendimento este reiterado pela Corte Especial do STJ, em precedente de relatoria do Min. Castro Meira (AgRg nos EREsp 999.342/SP). 4. **É inegável que o particular sujeita-se à Lei de Improbidade Administrativa, porém, para figurar no polo passivo, deverá, como bem asseverou o eminente Min. Sérgio Kukina, 'a) induzir, ou seja, incutir no agente público o estado mental tendente à prática do ilícito; b) concorrer juntamente com o agente público para a prática do ato; e c) quando se beneficiar, direta ou indiretamente do ato ilícito praticado pelo agente público'** (REsp 1.171.017/PA, Rel. Min. Sérgio Kukina, Primeira Turma, j. 25/02/2014, DJe 06/03/2014.) 5. A jurisprudência desta Corte firmou entendimento no sentido de que 'os particulares não podem ser responsabilizados com base na LIA sem que figure no polo passivo um agente público responsável pelo ato questionado, o que não impede, contudo, o eventual ajuizamento de Ação Civil Pública comum para obter o ressarcimento do Erário' (REsp 896.044/PA, Rel. Min. Herman Benjamin, Segunda Turma, j. 16/09/2010, DJe 19/04/2011). Agravo regimental improvido. (STJ – AgRg no AREsp: 574500 PA 2014/0222348-0, Relator: Ministro Humberto Martins, 02/06/2015, T2 – Segunda Turma, p. DJe 10/06/2015).

No tocante a **pessoa jurídica** praticar ato de improbidade administrativa, pode mencionar que existe uma divergência com relação à extensão do disposto no art. 3º da Lei nº 8.429/1992. Na corrente minoritária está o Professor José dos Santos Carvalho Filho, que menciona não ser possível a condenação de pessoas jurídicas em ato de improbidade pois dependeriam do elemento subjetivo (dolo) para sua efetivação. Em sentido contrário, a doutrina majoritária, Wallace

Paiva Martins Júnior, Juarez Freitas, entre outros defendem a possibilidade da configuração do ato de improbidade por pessoa jurídica.

11.5. Atos de improbidade

11.5.1. Enriquecimento ilícito (art. 9º)

Art. 9º. Constitui ato de improbidade administrativa importando enriquecimento ilícito **auferir qualquer tipo de vantagem patrimonial indevida** em razão do exercício de cargo, mandato, função, emprego ou atividade nas entidades mencionadas no art. 1º desta lei, e notadamente:

I – receber, para si ou para outrem, dinheiro, bem móvel ou imóvel, ou qualquer outra vantagem econômica, direta ou indireta, a título de comissão, percentagem, gratificação ou presente de quem tenha interesse, direto ou indireto, que possa ser atingido ou amparado por ação ou omissão decorrente das atribuições do agente público;

II – perceber vantagem econômica, direta ou indireta, para facilitar a aquisição, permuta ou locação de bem móvel ou imóvel, ou a contratação de serviços pelas entidades referidas no art. 1º por preço superior ao valor de mercado;

III – perceber vantagem econômica, direta ou indireta, para facilitar a alienação, permuta ou locação de bem público ou o fornecimento de serviço por ente estatal por preço inferior ao valor de mercado;

IV – utilizar, em obra ou serviço particular, veículos, máquinas, equipamentos ou material de qualquer natureza, de propriedade ou à disposição de qualquer das entidades mencionadas no art. 1º desta lei, bem como o trabalho de servidores públicos, empregados ou terceiros contratados por essas entidades;

V – receber vantagem econômica de qualquer natureza, direta ou indireta, para tolerar a exploração ou a prática de jogos de azar, de lenocínio, de narcotráfico, de contrabando, de usura ou de qualquer outra atividade ilícita, **ou aceitar promessa de tal vantagem;**

VI – receber vantagem econômica de qualquer natureza, direta ou indireta, para fazer declaração falsa sobre medição ou avaliação em obras públicas ou qualquer outro serviço, ou sobre quantidade, peso, medida, qualidade ou característica de mercadorias ou bens fornecidos a qualquer das entidades mencionadas no art. 1º desta lei;

VII – adquirir, para si ou para outrem, no exercício de mandato, cargo, emprego ou função pública, bens de qualquer natureza cujo valor seja desproporcional à evolução do patrimônio ou à renda do agente público;

VIII – aceitar emprego, comissão ou exercer atividade de consultoria ou assessoramento para pessoa física ou jurídica que tenha interesse suscetível de ser atingido ou amparado por ação ou omissão decorrente das atribuições do agente público, durante a atividade;

IX – perceber vantagem econômica para intermediar a liberação ou aplicação de verba pública de qualquer natureza;

X – receber vantagem econômica de qualquer natureza, direta ou indiretamente, para omitir ato de ofício, providência ou declaração a que esteja obrigado;

XI – incorporar, por qualquer forma, ao seu patrimônio bens, rendas, verbas ou valores integrantes do acervo patrimonial das entidades mencionadas no art. 1° desta lei;

XII – usar, em proveito próprio, bens, rendas, verbas ou valores integrantes do acervo patrimonial das entidades mencionadas no art. 1° desta lei. (g.n.)

Com relação ao disposto no art. 9° da Lei n° 8.429/1992, podemos destacar dois pontos importantes. Em primeiro lugar, a necessidade do recebimento de algum tipo de vantagem que acabe enriquecendo, de fato, à parte.

Assim, podemos concluir que pequenas lembranças não podem ser caracterizadas como enriquecimento ilícito. Enriquecer seria somar algo ao patrimônio do agente ou particular.

Resta salientar também os verbos descritos como conduta do ato de enriquecimento ilícito, todos eles têm a característica de agregar algum valor aos bens do agente causador do ato.

Ainda, será necessário o elemento subjetivo do ato: dolo. Não se pode falar em enriquecimento ilícito por ato culposo, somente com a conduta dolosa.

Uma divergência instaurada na interpretação do referido artigo está relacionada à prática do ato perante conduta omissiva, pois a legislação fala de forma expressa sobre a necessidade de condutas comissivas e omissivas nos demais atos (art. 10 e art. 11 da Lei n° 8.429/1992).

Entre os defensores da conduta apenas no ato comissivo, o Professor José dos Santos Carvalho Filho (2019. p. 1492) *"ninguém pode ser omisso para receber vantagem indevida, aceitar emprego ou comissão ou utilizar em seu favor utensílios pertencentes ao patrimônio público"*.

Em sentido contrário o Professor Wallace Paiva Martins Júnior que defende a configuração do ato de improbidade também na omissão do agente sempre que acarretar enriquecimento ilícito da parte.

> Direito Administrativo. Desnecessidade de lesão ao patrimônio público em ato de Improbidade Administrativa que importa enriquecimento ilícito. **Ainda que não haja dano ao erário, é possível a condenação por ato de improbidade administrativa que importe enriquecimento ilícito (art. 9° da Lei n° 8.429/1992), excluindo-se, contudo, a possibilidade de aplicação da pena de ressarcimento ao erário.** Isso porque, comprovada a ilegalidade na conduta do agente, bem como a presença do dolo indispensável à configuração do ato de improbidade administrativa, a ausência de dano ao patrimônio público exclui tão somente a possibilidade de condenação na pena de ressarcimento ao erário. As demais penalidades são, em tese, compatíveis com os atos de improbidade tipificados no art. 9° da LIA. (REsp 1.412.214-PR, Rel. Min. Napoleão Nunes Maia Filho, Rel. para acórdão Min. Benedito Gonçalves, j. 08/03/2016, DJe 28/3/2016)

11.5.2. Prejuízo ao erário público (art. 10)

Art. 10. Constitui ato de improbidade administrativa que causa lesão ao erário qualquer ação ou omissão, **dolosa ou culposa**, que enseje perda patrimonial, desvio, apropriação, malbaratamento ou dilapidação dos bens ou haveres das entidades referidas no art. 1° desta lei, e notadamente:

I – facilitar ou concorrer por qualquer forma para a incorporação ao patrimônio particular, de pessoa física ou jurídica, de bens, rendas, verbas ou valores integrantes do acervo patrimonial das entidades mencionadas no art. 1º desta lei;

II – permitir ou concorrer para que pessoa física ou jurídica privada utilize bens, rendas, verbas ou valores integrantes do acervo patrimonial das entidades mencionadas no art. 1º desta lei, sem a observância das formalidades legais ou regulamentares aplicáveis à espécie;

III – doar à pessoa física ou jurídica bem como ao ente despersonalizado, ainda que de fins educativos ou assistenciais, bens, rendas, verbas ou valores do patrimônio de qualquer das entidades mencionadas no art. 1º desta lei, sem observância das formalidades legais e regulamentares aplicáveis à espécie;

IV – permitir ou facilitar a alienação, permuta ou locação de bem integrante do patrimônio de qualquer das entidades referidas no art. 1º desta lei, ou ainda a prestação de serviço por parte delas, por preço inferior ao de mercado;

V – permitir ou facilitar a aquisição, permuta ou locação de bem ou serviço por preço superior ao de mercado;

VI – realizar operação financeira sem observância das normas legais e regulamentares ou aceitar garantia insuficiente ou inidônea;

VII – conceder benefício administrativo ou fiscal sem a observância das formalidades legais ou regulamentares aplicáveis à espécie;

VIII – frustrar a licitude de processo licitatório ou de processo seletivo para celebração de parcerias com entidades sem fins lucrativos, ou dispensá-los indevidamente; *(Redação dada pela Lei nº 13.019, de 2014)* (Vigência)

IX – ordenar ou permitir a realização de despesas não autorizadas em lei ou regulamento;

X – agir negligentemente na arrecadação de tributo ou renda, bem como no que diz respeito à conservação do patrimônio público;

XI – liberar verba pública sem a estrita observância das normas pertinentes ou influir de qualquer forma para a sua aplicação irregular;

XII – permitir, facilitar ou concorrer para que terceiro se enriqueça ilicitamente;

XIII – permitir que se utilize, em obra ou serviço particular, veículos, máquinas, equipamentos ou material de qualquer natureza, de propriedade ou à disposição de qualquer das entidades mencionadas no art. 1º desta lei, bem como o trabalho de servidor público, empregados ou terceiros contratados por essas entidades;

XIV – celebrar contrato ou outro instrumento que tenha por objeto a prestação de serviços públicos por meio da gestão associada sem observar as formalidades previstas na lei; *(Incluído pela Lei nº 11.107, de 2005)*

XV – celebrar contrato de rateio de consórcio público sem suficiente e prévia dotação orçamentária, ou sem observar as formalidades previstas na lei; *(Incluído pela Lei nº 11.107, de 2005)*

XVI – facilitar ou concorrer, por qualquer forma, para a incorporação, ao patrimônio particular de pessoa física ou jurídica, de bens, rendas, verbas ou valores públicos transferidos pela administração pública a entidades privadas mediante celebração de parcerias, sem a observância das formalidades legais ou regulamentares aplicáveis à espécie; *(Incluído pela Lei nº 13.019, de 2014)* (Vigência)

XVII – permitir ou concorrer para que pessoa física ou jurídica privada utilize bens, rendas, verbas ou valores públicos transferidos pela administração pública a entidade privada mediante celebração de parcerias, sem a observância das formalidades legais ou regulamentares aplicáveis à espécie; *(Incluído pela Lei nº 13.019, de 2014)* (Vigência)

XVIII – celebrar parcerias da administração pública com entidades privadas sem a observância das formalidades legais ou regulamentares aplicáveis à espécie; *(Incluído pela Lei nº 13.019, de 2014)* (Vigência)

XIX – agir negligentemente na celebração, fiscalização e análise das prestações de contas de parcerias firmadas pela administração pública com entidades privadas; *(Incluído pela Lei nº 13.019, de 2014, com a redação dada pela Lei nº 13.204, de 2015)*

XX – liberar recursos de parcerias firmadas pela administração pública com entidades privadas sem a estrita observância das normas pertinentes ou influir de qualquer forma para a sua aplicação irregular. *(Incluído pela Lei nº 13.019, de 2014, com a redação dada pela Lei nº 13.204, de 2015)*

XXI – liberar recursos de parcerias firmadas pela administração pública com entidades privadas sem a estrita observância das normas pertinentes ou influir de qualquer forma para a sua aplicação irregular. *(Incluído pela Lei nº 13.019, de 2014)* (Vigência)

Os atos que causam prejuízo ao erário público são os únicos puníveis mediante conduta culposa.

11.5.3. Concessão ou aplicação indevida de benefício financeiro ou tributário (art. 10-A)

Art. 10-A. Constitui ato de improbidade administrativa qualquer ação ou omissão para conceder, aplicar ou manter benefício financeiro ou tributário contrário ao que dispõem o *caput* e o § 1º do art. 8º-A da Lei Complementar nº 116, de 31 de julho de 2003. *(Incluído pela Lei Complementar nº 157, de 2016)* (g.n.)

Trata-se de uma nova modalidade prevista pela LC nº 157/2016. Serão necessários dois requisitos: fixação da alíquota do ISS inferior a 2% e concessão de benefícios tributário e financeiro decorrente do desconto ilegal.

Ao artigo 10-A também será necessária a configuração do elemento doloso, não adentrando no elemento subjetivo da culpa previsto no art. 10 da Lei nº 8.429/1992.

Outro aspecto importante está relacionado à aplicação do artigo que somente ocorreu após dia 30/12/2017 (arts. 6º e 7º, § 1º da LC nº 157/2016).

11.5.4. Atos contrários aos princípios da administração pública (art. 11)

Art. 11. Constitui ato de improbidade administrativa que atenta contra os princípios da administração pública qualquer ação ou omissão que viole os deveres de honestidade, imparcialidade, legalidade, e lealdade às instituições, e notadamente:

I – praticar ato visando fim proibido em lei ou regulamento ou diverso daquele previsto, na regra de competência;

II – retardar ou deixar de praticar, indevidamente, ato de ofício;

III – revelar fato ou circunstância de que tem ciência em razão das atribuições e que deva permanecer em segredo;

IV – negar publicidade aos atos oficiais;

V – frustrar a licitude de concurso público;

VI – deixar de prestar contas quando esteja obrigado a fazê-lo;

VII – revelar ou permitir que chegue ao conhecimento de terceiro, antes da respectiva divulgação oficial, teor de medida política ou econômica capaz de afetar o preço de mercadoria, bem ou serviço.

VIII – descumprir as normas relativas à celebração, fiscalização e aprovação de contas de parcerias firmadas pela administração pública com entidades privadas.

IX – deixar de cumprir a exigência de requisitos de acessibilidade previstos na legislação. *(Incluído pela Lei nº 13.146, de 2015)*

Nessa hipótese também será indispensável a conduta dolosa para a sua caracterização.

> Processo Civil. Administrativo. Improbidade Administrativa. Ato Ímprobo. Elemento Subjetivo. Dolo Não Caracterizado. Precedentes. 1. A controvérsia dos autos cinge-se a saber se os agravados cometeram improbidade administrativa ao dispensar processo licitatório para reforma de edifício do INSS. 2. O Tribunal de origem afastou a improbidade administrativa com fundamento no fato de que os recorridos não agiram com desonestidade, dolo ou má-fé, condições indispensáveis para a tipificação do ato ímprobo. Ocorreu apenas desrespeito à formalidade, o que não trouxe dano ao erário. 3. O Tribunal esclareceu, ainda, que 'a contratação direta e imediata de uma empresa, para a realização de obras emergenciais, é decorrente da própria situação peculiar autorizada pela lei de licitação, e, no caso, a transferência da Gerência-Executiva do INSS no Distrito Federal requeria tal providência' (fls. 1564/1565, e-STJ). 4. As considerações feitas pelo Tribunal de origem afastam a prática do ato de improbidade administrativa por violação de princípios da administração pública, bem como confirmam a inexistência de prejuízo ao erário, uma vez que não foi constatado o elemento subjetivo dolo na conduta do agente, mesmo na modalidade genérica, o que não permite o reconhecimento de ato de improbidade administrativa previsto nos arts. 10 e 11 da Lei n. 8.429/92. 5. **O Tribunal a quo decidiu de acordo com a jurisprudência desta Corte no sentido de que 'a caracterização do ato de improbidade por ofensa a princípios da administração pública exige a demonstração do dolo lato sensu ou genérico'** (EREsp 772.241/MG, Rel. Min. Castro Meira, Primeira Seção, DJe 06/09/2011). Outros precedentes: AgRg nos EREsp 1.260.963/PR, Rel. Min. Humberto Martins, Primeira Seção, Dje 33/10/2012; e AgRg nos EAREsp 62.000/RS, Rel. Min. Mauro Campbell Marques, Primeira Seção, DJe 18/9/2012. Incidência da Súmula 83/STJ. Agravo regimental improvido. (STJ – AgRg no AREsp: 671207 DF 2015/0034206-9, Relator: Ministro Humberto Martins, j. 05/11/2015, T2 – Segunda Turma, p. DJe 18/12/2015)

Administrativo. Agravo regimental no recurso especial. Improbidade administrativa. Prefeito. Contratação de servidores sem concurso público. Amparo em legislação municipal. Ausência do elemento subjetivo (dolo). Art. 11 da Lei 8.429/1992. 1. Não caracteriza ato de improbidade administrativa previsto no art. 11 da Lei 8.429/92 a contratação de servidores sem concurso público baseada em legislação municipal, por justamente nesses casos ser **difícil de identificar a presença do elemento subjetivo necessário (dolo genérico) para a caracterização do ato de improbidade violador dos princípios da administração pública.** Precedentes: REsp 1.248.529/MG, Rel. Min. Napoleão Nunes Maia Filho, Primeira Turma, DJe 18/09/2013, EDcl no AgRg no AgRg no AREsp 166.766/SE, Rel. Min. Humberto Martins, Segunda Turma, DJe 30/10/2012, REsp 1231150/MG, Rel. Min. Herman Benjamin, Segunda Turma, DJe 12/04/2012. 2. Agravo regimental não provido. (STJ – AgRg no REsp: 1358567 MG 2012/0265983-4, Relator: Ministro Benedito Gonçalves, j. 26/05/2015, T1 – Primeira Turma, p. DJe 09/06/2015)

11.6. Penas

A Constituição Federal de 1988 prevê em seu art. 37, § 4°, as penas para os atos de improbidade administrativa: "perda da função pública, suspensão dos direitos políticos, ressarcimento ao erário público e a indisponibilidade dos bens".

No entanto, o art. 12 da Lei n° 8.429/1992 traz um rol maior de penas que as estampadas no texto constitucional, vejamos:

> **Art. 12.** Independentemente das sanções penais, civis e administrativas previstas na legislação específica, está o responsável pelo ato de improbidade sujeito às seguintes cominações, que podem ser aplicadas isolada ou cumulativamente, de acordo com a gravidade do fato: *(Redação dada pela Lei n° 12.120, de 2009)*

11.6.1. Pena pelo enriquecimento ilícito – art. 12, I

> **I** – na hipótese do art. 9°, perda dos bens ou valores acrescidos ilicitamente ao patrimônio, ressarcimento integral do dano, quando houver, perda da função pública, suspensão dos direitos políticos de oito a dez anos, pagamento de multa civil de até três vezes o valor do acréscimo patrimonial e proibição de contratar com o Poder Público ou receber benefícios ou incentivos fiscais ou creditícios, direta ou indiretamente, ainda que por intermédio de pessoa jurídica da qual seja sócio majoritário, pelo prazo de dez anos;

11.6.2. Pena pelo prejuízo ao erário – art. 12, II

> **II** – na hipótese do art. 10, ressarcimento integral do dano, perda dos bens ou valores acrescidos ilicitamente ao patrimônio, se concorrer esta circunstância, perda da função pública, suspensão dos direitos políticos de cinco a oito anos, pagamento de multa civil de até duas vezes o valor do dano e proibição de contratar com o Poder Público ou receber benefícios ou incentivos fiscais ou creditícios, direta ou indiretamente, ainda que por intermédio de pessoa jurídica da qual seja sócio majoritário, pelo prazo de cinco anos;

11.6.3. Pena por atos contrários aos princípios – art. 12, III

> **III –** na hipótese do art. 11, ressarcimento integral do dano, se houver, perda da função pública, suspensão dos direitos políticos de três a cinco anos, pagamento de multa civil de até cem vezes o valor da remuneração percebida pelo agente e proibição de contratar com o Poder Público ou receber benefícios ou incentivos fiscais ou creditícios, direta ou indiretamente, ainda que por intermédio de pessoa jurídica da qual seja sócio majoritário, pelo prazo de três anos.

11.6.4. Pena por concessão indevida de benefício – art. 12, IV

> **IV –** na hipótese prevista no art. 10-A, perda da função pública, suspensão dos direitos políticos de 5 (cinco) a 8 (oito) anos e multa civil de até 3 (três) vezes o valor do benefício financeiro ou tributário concedido. *(Incluído pela Lei Complementar nº 157, de 2016)*
>
> **Parágrafo único**. Na fixação das penas previstas nesta lei o juiz levará em conta a extensão do dano causado, assim como o proveito patrimonial obtido pelo agente.

A fixação da penalidade pelo legislador infraconstitucional trouxe penalidades até então não previstas na Constituição Federal, como a proibição de contratar com o poder público e a multa.

No mesmo sentido, restou claro pelo disposto no art. 12, par. único da Lei nº 8.429/1992 que deverá aplicar a penalidade com base na razoabilidade, independentemente das outras esferas de penalidade. Assim, os abusos ocorridos durante a aplicação da penalidade serão viciados em sua essência e passíveis de revisão.

Repare também, que no inciso IV o legislador não mencionou a necessidade do ressarcimento ao erário público. Resta dizer que, mesmo sem previsão expressa deverão ser ressarcidos ao erário os valores de forma integral. Lembrando que o ressarcimento ao erário não deve ser interpretado como penalidade, e sim como uma restituição.

A perda da função pública tem regramento específico para a matéria:

> **Art. 20. A perda da função pública e a suspensão dos direitos políticos só se efetivam com o trânsito em julgado da sentença condenatória.**
>
> **Parágrafo único**. A autoridade judicial ou administrativa competente **poderá determinar o afastamento do agente público do exercício do cargo, emprego ou função, sem prejuízo da remuneração, quando a medida se fizer necessária à instrução processual.** (g.n.)

Dessa forma, as duas penalidades previstas (perda da função pública e suspensão dos direitos políticos) somente se efetivam com a decisão transitada em julgado, salvo quando o agente estiver atrapalhando a instrução probatória, hipótese em que poderá ser afastado de forma preventiva.

11.7. Prescrição

A prescrição pode ser definida como perda da pretensão em decorrência do tempo.

Na improbidade administrativa o instituto da prescrição veio previsto no art. 23:

> Art. 23. As ações destinadas a levar a efeitos as sanções previstas nesta lei podem ser propostas:
>
> I – até cinco anos após o término do exercício de mandato, de cargo em comissão ou de função de confiança;
>
> II – dentro do prazo prescricional previsto em lei específica para faltas disciplinares puníveis com demissão a bem do serviço público, nos casos de exercício de cargo efetivo ou emprego;
>
> III – até cinco anos da data da apresentação à administração pública da prestação de contas final pelas entidades referidas no parágrafo único do art. 1º desta Lei.

Na hipótese do inciso I podemos trazer dois questionamentos recorrentes. O primeiro, quando o servidor público efetivo ocupa cargo em comissão, teria o prazo prescricional iniciado a partir de qual data?

O STJ definiu (REsp 1.060.529-MG) que deverá ser aplicada a hipótese do inciso II, ou seja, aplicação do prazo prescricional do cargo público efetivo, pois mesmo que tenha ocupado cargo em comissão não deixou de ser um servidor efetivo.

Outra indagação que surge diz respeito ao início da contagem no caso da reeleição, para o mesmo cargo, previsto art. 14, § 5º, da CF. Nessa hipótese, deverá ser contado o prazo prescricional a partir do término do último mandato (STJ, REsp 1.107.833-SP).

> Administrativo e processual civil. Ação de Improbidade Administrativa. Prescrição. Art. 23, I, da Lei 8.429/1992. Reeleição. Termo inicial encerramento do segundo mandato. 1. **É firme a jurisprudência do STJ, no sentido de se contar o prazo prescricional previsto no art. 23, I, da Lei 8.429/1992, nos casos de reeleição, a partir do encerramento do segundo mandato, considerando a cessação do vínculo do agente ímprobo com a Administração Pública.** 2. Recursos especiais providos. (STJ – REsp: 1290824 MG 2011/0264860-8, Relator: Ministra Eliana Calmon, 19/11/2013, T2 – Segunda Turma, p. DJe 29/11/2013) (g.n.)

No tocante ao inciso II (servidores públicos e empregados públicos) a legislação remete o julgador ao estatuto do servidor. Pela Lei nº 8.112/1990 (servidores públicos federais) estabelece o art. 142, I, que será de 5 (cinco) anos o prazo prescricional para aplicação da penalidade prevista em lei.

A prescrição relativa ao ressarcimento do erário público a Constituição Federal trouxe em dispositivo próprio para tratar do tema:

> Art. 37. [...]

§ 5° A lei estabelecerá os prazos de prescrição para ilícitos praticados por qualquer agente, servidor ou não, que causem prejuízos ao erário, ressalvadas as respectivas ações de ressarcimento.

Pela mesma linha de raciocínio o Tribunal de Contas da União:

> **Súmula n° 282**
> As ações de ressarcimento movidas pelo Estado contra os agentes causadores de danos ao erário são imprescritíveis.
> **RE 852.475** – Julgamento do STF pelo voto de 6x5 decidiu que não prescreve o ressarcimento ao erário público quando existir o dolo. Votaram pela imprescritibilidade das ações os ministros Fachin, Rosa Weber, Celso de Mello, Cármen Lúcia, Luiz Fux e Luís Roberto Barroso. Já os ministros Alexandre de Moraes, Dias Toffoli, Ricardo Lewandowski, Gilmar Mendes e Marco Aurélio se posicionaram a favor do prazo de cinco anos.

Foi aprovada a seguinte tese proposta pelo ministro Edson Fachin, para fins de repercussão geral: "São imprescritíveis as ações de ressarcimento ao erário fundadas na prática de ato doloso tipificado na Lei de Improbidade Administrativa".

No entanto, a doutrina diverge um pouco sobre o tema. Os defensores da imprescritibilidade[1] defendem com base no texto constitucional. Em sentido contrário podemos citar os Professores Marino Pazzaglini Filho e Rita Tourinho com base no princípio da segurança jurídica, e ainda, alegam que caso o constituinte optasse pela imprescritibilidade do ressarcimento ao erário público, teria feito de forma expressa como no caso do crime de racismo previsto no art. 5°, XLII, da CF/1988.

11.8. Alteração da lei anticrime

A Lei n° 13.964, publicada em dezembro de 2019, trouxe diversas alterações legislativas, principalmente em normas penais e de processo penal.

Neste sentido, alterou um parágrafo da lei de improbidade que, muito embora tenha sido somente um dispositivo modificado, alterou de forma significativa o procedimento legal.

Anteriormente, nas ações de improbidade administrativa propostas pelo Ministério Público, era vedada a realização de transações, ou conciliações, haja vista o caráter indisponível do bem público atingido.

Com a nova redação, o parágrafo proibitivo foi revogado, passando a permitir a celebração de acordos de não persecução cível:

> **Art. 17.** A ação principal, que terá o rito ordinário, será proposta pelo Ministério Público ou pela pessoa jurídica interessada, dentro de trinta dias da efetivação da medida cautelar.

---

1 José dos Santos Carvalho Filho, Maria Sylvia Zanella di Pietro, Wallace Paiva Martins Júnior.

§ 1º As ações de que trata este artigo admitem a celebração de acordo de não persecução cível, nos termos desta Lei. *(Redação dada pela Lei nº 13.964, de 2019)*

Sobre a nova previsão, há debates entre os operadores do Direito. Há quem acredite que a nova prerrogativa traz poucos efeitos práticos, uma vez que, embora o nome "acordo de não persecução cível", o instituto nada mais é do que os mesmos institutos previstos em outras leis, tais como o "acordo de leniência", da Lei Anticorrupção, e a "autocomposição", da Lei de Mediação.

Por outro lado, há quem julgue ser a normativa um avanço aos processos de improbidade, pois ao permitir expressamente a realização de acordos, os investigados sentem-se mais confiantes em colaborar com os procedimentos.

Capítulo 12

12. INTERVENÇÃO DO ESTADO NA PROPRIEDADE

A propriedade privada sempre foi um bem protegido pelas regras jurídicas, desde os primeiros dispositivos legais, em que, com a evolução da matéria ao longo do tempo, passou a ser amplamente divulgada a necessidade do cumprimento da função social da propriedade.

Esse movimento da propriedade estritamente como um bem individual para uma função social foi expressa na Constituição Federal de 1988, em seu art. 5º, XXIII: "a propriedade atenderá a sua função social".

Assim, trouxe o texto constitucional formas de intervenção do Estado na propriedade privada como forma de exercício do Poder de Polícia, previsto no art. 78 do CTN.

12.1. Desapropriação

O direito de propriedade é uma garantia que decorre da Constituição Federal e deve ser assegurado ao particular. Porém, não é direito absoluto, podendo ser mitigado em algumas situações.

A desapropriação é o instituto que retira do particular o direito de propriedade que possui sobre um bem e transfere-o ao Estado com escopo de garantir o interesse público.

Para a Profa. Maria Sylvia Zanella di Pietro (2018, p. 190), o conceito de desapropriação pode ser definido como

> o procedimento administrativo pelo qual o Poder Público ou seus delegados, mediante prévia declaração de necessidade pública, utilidade pública ou interesse social, impõe ao proprietário a perda de um bem, substituindo-o em seu patrimônio por justa indenização.

É modalidade de intervenção supressiva, sendo a mais invasiva comparada com as demais uma vez que retira do particular todo o seu direito, não sendo mera restrição, mas sim supressão completa.

O que possibilita o Estado de intervir na propriedade privada é oriundo do Poder de Polícia, conceituado no art. 78, CTN:

> **Art. 78.** Considera-se poder de polícia atividade da administração pública que, limitando ou disciplinando direito, interesse ou liberdade, regula a prática de ato ou abstenção de fato, em razão de interesse público concernente à segurança, à higiene, à ordem, aos costumes, à disciplina da produção e do mercado, ao exercício de atividades econômicas dependentes de concessão ou autorização do Poder Público, à tranquilidade pública ou ao respeito à propriedade e aos direitos individuais ou coletivos.

Com isso, o poder de polícia pode ser efetivado através de atos individuais ou gerais com limitações ao direito de propriedade dos particulares.

Trata-se de aquisição originária do bem, na qual o Poder Público passa a ser o novo proprietário do bem, independentemente da vontade do antigo titular.

Podemos dividir as modalidades de desapropriação em desapropriação por interesse público, necessidade pública ou interesse social (art. 5º, XXIV, da CF); desapropriação sancionatória (arts. 182, § 4º, III, 184 e 243 da CF); desapropriação urbanística (art. 182, § 4º, III da CF e Lei nº 10.257/2001 – Estatuto da Cidade); desapropriação rural (art. 184 da CF); expropriação (art. 243 da CF).

12.1.1. Desapropriação por utilidade pública, necessidade pública ou interesse social

Para a desapropriação comum é necessário que o Poder Público se embase na utilidade pública, necessidade pública ou no interesse social.

> **Art. 5º.** [...]
> **XXIV** – a lei estabelecerá o procedimento para desapropriação por necessidade ou utilidade pública, ou por interesse social, mediante justa e prévia indenização em dinheiro, ressalvados os casos previstos nesta Constituição;

A **utilidade pública** pressupõe o uso direto pelo ente público e, neste sentido, o art. 5º do Decreto-Lei nº 3.364/1941 regulamenta:

> **Art. 5º.** Consideram-se casos de utilidade pública:
> a) a segurança nacional;
> b) a defesa do Estado;
> c) o socorro público em caso de calamidade;
> d) a salubridade pública;
> e) a criação e melhoramento de centros de população, seu abastecimento regular de meios de subsistência;

f) o aproveitamento industrial das minas e das jazidas minerais, das águas e da energia hidráulica;

g) a assistência pública, as obras de higiene e decoração, casas de saúde, clínicas, estações de clima e fontes medicinais;

h) a exploração ou a conservação dos serviços públicos;

i) a abertura, conservação e melhoramento de vias ou logradouros públicos; a execução de planos de urbanização; o parcelamento do solo, com ou sem edificação, para sua melhor utilização econômica, higiênica ou estética; a construção ou ampliação de distritos industriais;

j) o funcionamento dos meios de transporte coletivo;

k) a preservação e conservação dos monumentos históricos e artísticos, isolados ou integrados em conjuntos urbanos ou rurais, bem como as medidas necessárias a manter-lhes e realçar-lhes os aspectos mais valiosos ou característicos e, ainda, a proteção de paisagens e locais particularmente dotados pela natureza;

l) a preservação e a conservação adequada de arquivos, documentos e outros bens móveis de valor histórico ou artístico;

m) a construção de edifícios públicos, monumentos comemorativos e cemitérios;

n) a criação de estádios, aeródromos ou campos de pouso para aeronaves;

o) a reedição ou divulgação de obra ou invento de natureza científica, artística ou literária;

p) os demais casos previstos por leis especiais.

Além disso, o fato de um bem ser de utilidade pública significa que o Poder Público pode alterar a desapropriação para outro bem, visto que um bem útil não é necessariamente o único que serviria àquela finalidade, mas o que melhor está se adequando no momento. Em razão disso, caso tenha por consequência um ônus excessivo, o Poder Público pode desapropriar outro bem no lugar daquele inicialmente requisitado.

Já a **necessidade pública** – Decreto-Lei nº 3.365/1941 –, se difere da anterior, pois, notadamente está inserida nas motivações decorrentes de urgência do Poder Público. Em razão disso não há margem de escolha, o bem inicialmente requisitado é o único que serve para as necessidades prementes da Administração Pública.

O **interesse social** tem por finalidade efetivar a função social da propriedade dando ao bem uma destinação social. Nesse caso o bem pode não ser usado diretamente pelo ente desapropriante, mas por aqueles a quem o Poder Público o destinou, tal como se faz nos casos de reforma agrária.

O objeto dessa modalidade de licitação será bem móvel, imóvel, privado ou público, incorpóreo ou não, de modo a servir ao interesse público em detrimento do particular, considerando sempre a supremacia do interesse público sobre o privado.

> **Decreto-Lei nº 3.365/1941**
>
> **Art. 2º.** Mediante declaração de utilidade pública, todos os bens poderão ser desapropriados pela União, pelos Estados, Municípios, Distrito Federal e Territórios.

Poderá ser desapropriado, ainda, o **bem público** conforme expressa previsão legal:

> **Art. 2º.** [...]
>
> **§ 2º** Os bens do domínio dos Estados, Municípios, Distrito Federal e Territórios poderão ser desapropriados pela União, e os dos Municípios pelos Estados, mas, em qualquer caso, ao ato deverá preceder autorização legislativa.

Ou seja, será necessária autorização legislativa para a desapropriação de bem público, e ainda, à chamada **hierarquia federativa** que pressupõe a observância do ente federativo maior poder, desapropriar bem do ente menor, mas nunca o contrário.

Em razão disso, o Estado pode desapropriar bem do Município, mas o município jamais poderá desapropriar bem do Estado ou da União, por exemplo.

Quanto à hierarquia federativa, importante comparativo esquematizado pelo autor Rafael Carvalho Rezende Oliveira (Ibid., p. 620), que assim definiu:

> **Primeira posição:** não é possível a desapropriação de bens públicos, sob pena da violação à autonomia dos Entes federados (princípio federativo). Nesse sentido: Fábio Konder Comparato.
>
> **Segunda posição (majoritária):** aplicação literal do art. 2º, §2º, do Decreto-lei 3.365/1941, exigindo a presença dos dois requisitos citados para consumação da desapropriação de bens públicos. Apenas seria possível a desapropriação de bens públicos de "cima para baixo". Nesse sentido: José Carlos de Moraes Salles, Maria Sylvia Zanella Di Pietro, José dos Santos Carvalho Filho, Diógenes Gasparini e STF.
>
> **Terceira posição:** é possível a desapropriação de bens públicos de "cima para baixo" e de "baixo para cima", tendo em vista a igualdade entre os Entes federados. Nesse sentido: Marçal Justen Filho.

A **indenização** deve ser **JUSTA, PRÉVIA** e em **DINHEIRO**. Ou seja, deve ser paga antes de o bem ser desapropriado, não pode ser paga em outros títulos de valor que não o dinheiro e justa (Valor do bem + danos emergentes + lucros cessantes + correção monetária).

12.1.2. Procedimento administrativo

O primeiro momento da desapropriação é conhecido como **fase declaratória**, na qual o Chefe do Poder Executivo **declara** o bem como de utilidade pública, necessidade pública ou interesse social, com a devida fundamentação específica sob pena de nulidade do ato.

Ainda na primeira fase, a declaração poderá ser expedida pelos Entes federados (arts. 2º e 6º do Decreto-Lei nº 3.365/1941), pelo Poder Legislativo (art. 8º do Decreto-Lei nº 3.365/1994) e também pela Agência Nacional de Energia Elétrica – ANEEL – Lei nº 9.074/1995.

Após a formalização da declaração para a desapropriação será iniciado o prazo para a caducidade do decreto, sendo 5 (cinco) anos no caso de utilidade pública ou necessidade pública e 2 (dois) anos quando for caso de interesse social.

Poderá ainda, após a declaração, ingressar no bem para sua avaliação e medição, sendo possível o uso de força policial quando for o caso.

A **segunda fase**, conhecida como **executória**, se inicia no campo administrativo, no qual o órgão que estiver desapropriando efetua uma proposta aos particulares, que, por sua vez, poderão concordar e realizar uma desapropriação amigável, ou recusar e passar a ser uma ação judicial de desapropriação.

> **Decreto-Lei nº 3.365/1941**
>
> **Art. 34-A.** Se houver concordância, reduzida a termo, do expropriado, a decisão concessiva da imissão provisória na posse implicará a aquisição da propriedade pelo expropriante com o consequente registro da propriedade na matrícula do imóvel.

12.1.3. Ação de desapropriação

O ente público ingressa no Judiciário com a chamada **ação de desapropriação** para determinar a avaliação do bem e o pagamento em juízo do valor.

Não há como obstar o prosseguimento da ação, e na contestação o particular apenas pode alegar incorreção do valor indenizatório ou vícios processuais, eventuais ilegalidades ou outras questões de direito apenas em ação própria.

Isso decorre da supremacia do interesse público em detrimento do particular. Durante o processo, pode ser deferida ao Poder Público autor a imissão provisória na posse, ou seja, a ocupação prévia no bem, em atenção ao interesse público, quando houver urgência. Para tanto deve ser depositado o valor incontroverso do bem.

O valor decretado na sentença de indenização será pago por precatórios. Com relação ao polêmico tema vale a pena destacar algumas súmulas dos Tribunais Superiores:

- Súmula nº 69 (STJ): Na desapropriação direta, os juros compensatórios são devidos desde a antecipada imissão na posse e, na desapropriação indireta, a partir da efetiva ocupação do imóvel.
- Súmula nº 119 (STJ): A desapropriação indireta prescreve em vinte anos.
- Súmula nº 141 (STJ): Os honorários de advogado em desapropriação direta são calculados sobre a diferença entre a indenização e a oferta, corrigidas monetariamente.
- Súmula nº 131 (STJ): Nas ações de desapropriação incluem-se no cálculo da verba advocatícia as parcelas relativas aos juros compensatórios e moratórios, devidamente corrigidas.

12.1.4. Desapropriação especial urbana

A propriedade, embora seja direito individual privado, deve atender à sua função social. Para tanto, segue a exigência descrita no Plano Diretor da Cidade.

A Constituição Federal assim dispõe:

> **Art. 182.** A política de desenvolvimento urbano, executada pelo Poder Público municipal, conforme diretrizes gerais fixadas em lei, tem por objetivo ordenar

o pleno desenvolvimento das funções sociais da cidade e garantir o bem-estar de seus habitantes.

§ 1º O plano diretor, aprovado pela Câmara Municipal, obrigatório para cidades com mais de vinte mil habitantes, é o instrumento básico da política de desenvolvimento e de expansão urbana.

§ 2º A propriedade urbana cumpre sua função social quando atende às exigências fundamentais de ordenação da cidade expressas no plano diretor.

Caso a propriedade não cumpra sua função social, se sujeita às sanções previstas no Estatuto da Cidade – Lei nº 10.257/2001:

Art. 5º. Lei municipal específica para área incluída no plano diretor poderá determinar o parcelamento, a edificação ou a utilização compulsórias do solo urbano não edificado, subutilizado ou não utilizado, devendo fixar as condições e os prazos para implementação da referida obrigação.

§ 1º Considera-se subutilizado o imóvel:

I – cujo aproveitamento seja inferior ao mínimo definido no plano diretor ou em legislação dele decorrente;

O parcelamento, edificação ou utilização compulsórios é a **primeira sanção** da qual o proprietário é notificado. Em caso de não atendimento deste, incorre na próxima e assim sucessivamente. As penalidades constantes no Estatuto da Cidade são gradativas.

Art. 7º. Em caso de descumprimento das condições e dos prazos previstos na forma do caput do art. 5º desta Lei, ou não sendo cumpridas as etapas previstas no § 5º do art. 5º desta Lei, o Município procederá à aplicação do imposto sobre a propriedade predial e territorial urbana (IPTU) progressivo no tempo, mediante a majoração da alíquota pelo prazo de cinco anos consecutivos.

O imposto, neste artigo, tem caráter extrafiscal cuja finalidade principal é dar à propriedade o uso adequado. Trata-se da segunda fase da desapropriação urbanística.

Art. 8º. Decorridos cinco anos de cobrança do IPTU progressivo sem que o proprietário tenha cumprido a obrigação de parcelamento, edificação ou utilização, o Município poderá proceder à desapropriação do imóvel, com pagamento em títulos da dívida pública.

A **terceira fase** e mais grave traz penalidade para o proprietário que não usa da propriedade considerando sua função social. É a **desapropriação sancionatória**.

O pagamento será em títulos da dívida pública resgatados no prazo de até 10 (dez) anos, em prestações anuais, iguais e sucessivas e não podem compensar tributos devidos. Esses artigos têm previsão legal na Constituição Federal, em especial, no art. 182:

§ 4º É facultado ao Poder Público municipal, mediante lei específica para área incluída no plano diretor, exigir, nos termos da lei federal, do proprietário do solo urbano não edificado, subutilizado ou não utilizado, que promova seu adequado aproveitamento, sob pena, sucessivamente, de:

I – parcelamento ou edificação compulsórios;

II – imposto sobre a propriedade predial e territorial urbana progressivo no tempo;

III – desapropriação com pagamento mediante títulos da dívida pública de emissão previamente aprovada pelo Senado Federal, com prazo de resgate de até dez anos, em parcelas anuais, iguais e sucessivas, assegurados o valor real da indenização e os juros legais.

Ponto importante de ressaltar, o Estatuto da Cidade confere direito para apenas os Municípios realizarem desapropriação urbanística, diante do descumprimento do não cumprimento do Plano Diretor (art. 41, III, do Estatuto da Cidade).

12.1.5. Desapropriação rural

A desapropriação rural, no mesmo sentido dos demais temas acima expostos, tem o viés relacionado ao cumprimento da função social da propriedade rural.

Nos termos da Constituição Federal:

> **Art. 184.** Compete à União desapropriar por interesse social, para fins de reforma agrária, o imóvel rural que não esteja cumprindo sua função social, mediante prévia e justa indenização em títulos da dívida agrária, com cláusula de preservação do valor real, resgatáveis no prazo de até vinte anos, a partir do segundo ano de sua emissão, e cuja utilização será definida em lei. (g.n.)
>
> **Art. 186.** A função social é cumprida quando a propriedade rural atende, simultaneamente, segundo critérios e graus de exigência estabelecidos em lei, aos seguintes requisitos:
>
> I – aproveitamento racional e adequado;
>
> II – utilização adequada dos recursos naturais disponíveis e preservação do meio ambiente;
>
> III – observância das disposições que regulam as relações de trabalho;
>
> IV – exploração que favoreça o bem-estar dos proprietários e dos trabalhadores. (g.n.)

O descumprimento deste artigo enseja a desapropriação sancionatória rural, para fins de reforma agrária, de competência da **União**, com pagamento de indenização também por títulos, mas da dívida agrária e o prazo é maior, 20 anos. Os títulos só podem ser resgatados pelo proprietário expropriado a partir do segundo ano da emissão e as benfeitorias úteis e necessárias serão indenizadas em dinheiro (art. 184, § 1º, da CF e art. 5º, § 1º, da Lei nº 8.269/1993).

12.1.6. Desapropriação confiscatória

A doutrina considera caso de **expropriação**, uma vez que nesta modalidade **não há pagamento de indenização**, por ser caso extremo.

> **CF/1988, Art. 243**
> As propriedades rurais e urbanas de qualquer região do País onde forem localizadas culturas ilegais de plantas psicotrópicas ou a exploração de trabalho escravo na forma da lei serão expropriadas e destinadas à reforma agrária e a programas de habitação popular, sem qualquer indenização ao proprietário e sem prejuízo de outras sanções previstas em lei, observado, no que couber, o disposto no art. 5º.

IMPORTANTE!
O STF explicou no **RE 543974** que a área a ser expropriada com fundamento no art. 243 da CF deve contemplar toda a propriedade, e não apenas o pedaço em que efetivamente houve a plantação ilegal. Isso porque a interpretação legal deve ser lógica e inteligente, de modo a efetivar o direito.

IMPORTANTE!
Expropriação por cultivo de drogas é afastada somente por falta de culpa do proprietário, ainda que "in vigilando" ou "in elegendo" – RE 635336 com repercussão geral em 14/12/2016.

12.1.7. Desapropriação por zona

A desapropriação por zona, definida no Decreto-Lei nº 3.365/1941, é aquela decorrente da realização de obras públicas em virtude da Administração pública precisar desapropriar as zonas próximas àquela desapropriada para construção de obras.

No mesmo sentido, essa modalidade de desapropriação ocorrerá na zona em que houver uma valorização extraordinária em decorrência do serviço público prestado.

> **Decreto-Lei nº 3.365/1941**
> **Art. 4º.** A desapropriação poderá abranger a área contígua necessária ao desenvolvimento da obra a que se destina, e as zonas que se valorizarem extraordinariamente, em consequência da realização do serviço. Em qualquer caso, a declaração de utilidade pública deverá compreendê-las, mencionando-se quais as indispensáveis à continuação da obra e as que se destinam à revenda.

A doutrina (Oliveira, 2018, p. 639) critica essa modalidade, em especial a segunda permissão, que reconhece a possibilidade de desapropriar diante da valorização extraordinária de uma zona pelo entendimento de que *"esse fundamento é inconstitucional por violar o princípio da proporcionalidade, notadamente o subprincípio da necessidade".*

12.1.8. Desapropriação indireta

A desapropriação indireta ocorre quando o Estado não observa o procedimento legal para a supressão da propriedade, tais como proposta de valor para indenização prévia ou processo judicial. É, portanto, irregular. Alguns doutrinadores chamam esta modalidade de **apossamento administrativo**.

> **Decreto-Lei nº 3.365/1941**
>
> **Art. 35**. Os bens expropriados, uma vez incorporados à Fazenda Pública, não podem ser objeto de reivindicação, ainda que fundada em nulidade do processo de desapropriação. Qualquer ação, julgada procedente, resolver-se-á em perdas e danos.

O particular, após o bem ser desapropriado, não pode mais reavê-lo, em razão da destinação ao interesse público do bem, restando-lhe **ação de indenização por desapropriação indireta**, para receber o valor indenizatório.

O pagamento será feito por precatório, em virtude de ser de decisão judicial condenatória da Fazenda Pública, conforme dispõe a Carta Magna:

> **Art. 100**. Os pagamentos devidos pelas Fazendas Públicas Federal, Estaduais, Distrital e Municipais, em virtude de sentença judiciária, far-se-ão exclusivamente na ordem cronológica de apresentação dos precatórios e à conta dos créditos respectivos, proibida a designação de casos ou de pessoas nas dotações orçamentárias e nos créditos adicionais abertos para este fim.

12.2. Limitação administrativa

Modalidade de restrição de caráter geral, uma vez que atinge todas as propriedades que se enquadram em determinados requisitos de maneira igualitária, com efeito *ex nunc*. Ou seja, não atinge bens com situação anterior já consolidada.

Para a Professora Maria Sylvia Zanella di Pietro (2018, p. 167), as limitações podem ser definidas como

> medidas de caráter geral, previstas em lei com fundamento no poder de polícia do Estado, gerando para os proprietários obrigações positivas ou negativas, com o fim de condicionar o exercício do direito de propriedade ao bem-estar social.

Como exemplo, podemos mencionar a limitação de altura na construção de prédios em orla da praia. Os prédios construídos a partir de quando a limitação foi imposta, não podem ultrapassar 3 andares, porém aqueles já existentes que são maiores do que isso não serão demolidos.

12.3. Servidão administrativa

É direito real instituído pelo poder público (dominante) na propriedade privada (serviente) para que este suporte um ônus de utilização alheia de seu bem. Exemplo: Postes de luz ou Placa de vias colocada sobre o imóvel.

A servidão administrativa decorre de lei, acordo extrajudicial ou sentença judicial. Quando a servidão for oriunda de lei já estará expressamente colocada a necessidade para a efetivação do direito, diferentemente, por exemplo, daquela decorrente de acordo entre as partes, regulamentado pelo Decreto n° 38.581/1954, que prevê a necessidade de ato declaratório de utilidade pública.

Será necessário o registro da servidão administrativa, diante da previsão legal existente na Lei de Registros Públicos, Lei n° 6.015/1973, que exigiu a inscrição dos títulos de servidão em geral para a sua constituição.

Quanto à indenização, as servidões decorrentes de lei não serão suscetíveis ao recebimento de valores a título de indenização, já nas hipóteses de acordo ou decisão judicial será necessária a indenização para recompor os prejuízos causados. A indenização é devida se houver um dano comprovado ao proprietário decorrente da servidão.

> **Decreto-Lei n° 3.365/1941**
> **Art. 40.** O expropriante poderá constituir servidões, mediante indenização na forma desta lei.
>
> **Súmula n° 56 (STJ)**
> Na desapropriação para instituir servidão administrativa são devidos os juros compensatórios pela limitação de uso da propriedade.

A servidão é por tempo indeterminado, considerando a necessidade pública para a utilização do espaço público.

12.4. Tombamento

O tombamento, na lição da Profa. Maria Sylvia Zanella di Pietro (2018, p. 173), pode ser definido como

> forma de intervenção do Estado na propriedade privada, que tem por objeto a proteção do patrimônio histórico e artístico nacional, assim considerado pela legislação ordinária, "o conjunto dos bens móveis e imóveis existentes no país cuja conservação seja de interesse público, quer por sua vinculação a fatos memoráveis da história do Brasil, quer por seu excepcional valor arqueológico ou etnográfico, bibliográfico ou artístico" (art. 1° do Decreto-lei n° 25, de 30-11-37, que organiza a proteção do patrimônio histórico e artístico nacional).
>
> **Decreto-Lei n° 25/1937**
> **Art. 1°.** Constitui o patrimônio histórico e artístico nacional o conjunto dos bens móveis e imóveis existentes no país e cuja conservação seja de interesse público, quer por sua vinculação a fatos memoráveis da história do Brasil, quer por seu excepcional valor arqueológico ou etnográfico, bibliográfico ou artístico.

Com relação à competência dos Entes federados será necessário distinguir entre competência para legislar e competência para realizar o processo de tombamento.

A **competência para legislar** sobre o tema foi disposta pela Constituição Federal de 1988, em seu art. 24, VII, a **competência concorrente** entre a União, Estados e Distrito Federal para a legislarem sobre a matéria.

Aos Municípios, existe grande divergência doutrinária relacionada ao tema, e para isso utilizaremos da sistematização do Professor Rafael Carvalho Rezende de Oliveira (Ibid., p. 599) para expor o tema.

> Questão controvertida refere-se à competência legislativa dos Municípios em matéria de tombamento.
>
> Primeira posição: os Municípios não possuem competência para legislarem sobre o tombamento, pois a Constituição reconheceu apenas a competência legislativa concorrente aos demais Entes federados (art. 24, VII, da CRFB). Nesse sentido: Diógenes Gasparini e Maria Sylvia Zanella Di Pietro.
>
> Segunda posição: há competência legislativa dos Municípios em matéria de tombamento, pois o art. 24, VII, deve ser interpretado em consonância com os arts. 23, III, e 30, I, II e IX, da CRFB. Os Municípios podem legislar sobre o tombamento levando em consideração o interesse local ou, em caráter suplementar, a legislação federal e estadual. Nesse sentido: José dos Santos Carvalho Filho, Diogo de Figueiredo Moreira Neto, Tércio Sampaio Ferraz Júnior.

Quanto à **competência para realizar o tombamento**, a Constituição Federal, em seu art. 23, III, faz referência à **competência comum** entre a União, os Estados, o Distrito Federal e os Municípios.

A finalidade principal é preservar o bem e conservar suas características, além de vincular a determinada cultura ou tradição e poderá ser **classificado** como:

i) **Voluntário** – art. 7º do Decreto-Lei nº 25/1937 - quando o proprietário do bem solicita a inscrição do bem nos livros do Tombo ou quando anui à notificação do Poder Público.

ii) **Compulsório** – arts. 8º e 9º do Decreto-Lei nº 25/1937- quando se recusar a tombar o bem, obrigando o Ente Público a dar entrada no procedimento administrativo para possibilitar a defesa do particular.

iii) **De ofício** – o Decreto-Lei nº 25/1937, em seu art. 5º, trata do tombamento **de ofício** quando o órgão público começa o procedimento de tombamento por sua própria iniciativa.

Outra classificação, prevista no art. 10 do Decreto-Lei nº 25/1937, distingue entre provisório e definitivo.

O tombamento admite ser **provisório** quando mesmo antes de terminar o processo com a inscrição do bem no Livro do Tombo, o **definitivo** como aquele que se consuma somente após a conclusão do processo de tombamento com a devida inscrição no Livro do Tombo.

E por fim, existe outra classificação do tombamento quanto à abrangência, podendo ser: parcial, total, individual ou geral.

Será **parcial** quando o tombamento atingir parte do bem, a exemplo do tombamento de fachada de uma casa antiga. Já o **total** será aquele que vem a tombar todo o bem. No **individual**, o tombamento abrange especificamente um bem, diferentemente do **geral**, nos quais diversos bens são atingidos pelo tombamento, como por exemplo, os bens de um bairro.

O **objeto** do tombamento pode recair sobre bens móveis, imóveis, corpóreos e incorpóreos, tombando um costume ou prática cultural. Ex.: Samba de roda do recôncavo baiano; frevo; roda de capoeira.

Não é devida indenização, salvo na hipótese de desvalorização do bem em que o proprietário não deve suportar o prejuízo sozinho.

> **IMPORTANTE!**
>
> O STJ no **REsp 220983** entendeu ser devida indenização quando o imóvel tombado está gravado com cláusulas de inalienabilidade, incomunicabilidade, impenhorabilidade, usufruto e fideicomisso, de modo a esvaziá-lo economicamente, transformando-o em desapropriação na prática. Uma vez que o Poder Público adquiriu o domínio completo sobre o bem e extinguiu a propriedade plena do particular.

O proprietário do bem tombado deve dar ao ente público o direito de preferência em eventual alienação.

Além disso, junto ao proprietário, todas as demais pessoas da sociedade, inclusive o próprio Poder Público de todas as esferas, têm o dever de conservação e não destruição do bem, bem como não criar óbices à sua fiscalização.

12.5. Requisição

Modalidade de intervenção do Estado na propriedade, prevista na Constituição Federal, para mediar situações emergenciais, de iminente perigo e risco.

> **CF, Art. 5º, XXV**
>
> no caso de iminente perigo público, a autoridade competente poderá usar de propriedade particular, assegurada ao proprietário indenização ulterior, se houver dano.

Em situações de perigo podem ser usados bens móveis ou imóveis, inclusive serviços de modo a conter o risco, garantida a indenização ao particular caso o Poder Público cause-lhe prejuízos.

A **abrangência** da requisição será para os bens e serviços particulares[1], sendo possível somente a requisição de bens públicos em Estado de Defesa e Estado de Sítio.

A **competência** para legislar é exclusiva da União – art. 22, III, da CF –, mas, a competência para utilizar do instituto da requisição será de todos os entes federados.

Com relação ao direito a **indenização**, o dispositivo legal deixa claro que somente será possível caso seja comprovado o dano, e será realizada de forma ulterior.

---

1 STF, Tribunal Pleno, MS 25.295-DF, rel. Min. Joaquim Barbosa, **DJ** 05/10/2007, p. 22.

A Lei nº 13.979/2020, que trata do enfrentamento à pandemia do Coronavírus – COVID-19, permitiu às autoridades públicas efetivarem a requisição para bens e serviços, com o objetivo de enfrentar a emergência na saúde pública.

> **Art. 3º.** Para enfrentamento da emergência de saúde pública de importância internacional decorrente do coronavírus, as autoridades poderão adotar, no âmbito de suas competências, dentre outras, as seguintes medidas: *(Redação dada pela Medida Provisória nº 926, de 2020)*
>
> ....
>
> **VII –** requisição de bens e serviços de pessoas naturais e jurídicas, hipótese em que será garantido o pagamento posterior de indenização justa;

12.6. Ocupação temporária

Podemos definir ocupação temporária como uma modalidade de intervenção do Estado, prevista no Decreto-Lei nº 3.365/1941, em que, buscando satisfazer o interesse coletivo, o ente público utiliza determinado bem, de forma gratuita ou onerosa, por prazo determinado. Exemplo: Ocupação de terreno vizinho para armazenar maquinário enquanto ocorrem as obras públicas na localidade próxima.

> **Decreto-Lei nº 3.365/1941**
>
> **Art. 36.** É permitida a ocupação temporária, que será indenizada, afinal, por ação própria, de terrenos não edificados, vizinhos às obras e necessários à sua realização.

A doutrina diverge quanto à possibilidade de ocupar bens móveis ou serviços, e os Professores José dos Santos Carvalho Filho (2007, p. 751) e Diógenes Gasparini (2007, p. 747) defendem que a ocupação afete somente os bens imóveis. Já o Professor Marçal Justen Filho (2009, p. 526) entende que a ocupação abrange os bens imóveis, móveis e serviços.

A indenização será devida sempre que restar comprovado o dano do proprietário do bem, bem como, o recebimento somente será devido posteriormente à utilização do mesmo.

Capítulo 13

13. BENS PÚBLICOS

13.1. Conceito

O domínio Público, no sentido amplo, é o poder de regulamentação que o ente estatal exerce sobre os bens, também chamado de domínio eminente. É a manifestação do poder de administração que o Poder Público detém.

No sentido estrito, o domínio público é o conjunto dos bens de propriedade do Poder Público, com todas as prerrogativas do direito público que incidem sobre eles.

Para o Professor Celso Antônio Bandeira de Mello (2016, p. 942) bens públicos podem ser definidos como

> todos os bens que pertencem às pessoas jurídicas de Direito Público, isto é, União, Estados, Distrito Federal, Municípios, respectivas autarquias e fundações de Direito Público (estas últimas, aliás, não passam de autarquias designadas pela base estrutural que possuem), bem como os que, embora não pertencentes a tais pessoas, estejam afetados à prestação de um serviço público.

A definição de bens públicos vem expressa no art. 98 do Código Civil de 2002: "são públicos os bens de domínio nacional pertencentes às pessoas jurídicas de direito público interno; todos os outros são particulares, seja qual for à pessoa a que pertencerem".

Repare que o conceito legal, previsto no art. 98 do estatuto civil, excetuam os bens pertencentes à administração indireta. Na lição do Professor Celso Antônio Bandeira de Mello (Ibid.), o conceito de bens públicos deverá ser interpretado de forma extensiva, sendo *"todos aqueles pertencentes às pessoas jurídicas de Direito Público, bem como aqueles que, embora não pertençam a tais pessoas, estejam afetados à prestação de um serviço público".*

Foi esse o entendimento do Enunciado n° 287 da IV Jornada de Direito Civil que considerou:

> O critério da classificação de bens indicado no art. 98 do Código Civil não exaure a enumeração dos bens públicos, podendo ainda ser classificado como tal o bem pertencente à pessoa jurídica de direito privado que esteja afetado à prestação de serviços públicos.

13.2. Divisão

13.2.1. Bens de uso comum

Podem ser considerados os bens de uso de toda a coletividade como praças, mares, ruas, jardins, entre outros. Os bens de uso comum do povo **poderão ser de utilização gratuita ou remunerada conforme a administração a que pertencerem** (art. 103, CC).

13.2.2. Bens de uso especial

São bens destinados a uma finalidade específica pela administração pública. Ex.: repartições públicas (prédios), veículos oficiais e mercados municipais.

13.2.3. Bens dominicais

São bens das pessoas jurídicas de direito público com objeto de direito pessoal ou real. (art. 99, III, do CC).

Para Rafael Carvalho Rezende Oliveira (Ibid., p. 653),

> são os bens públicos desafetados, ou seja, que não são utilizados pela coletividade ou para a prestação de serviços administrativos e públicos. Ao contrário dos bens de uso comum e de uso especial, os bens dominicais podem ser alienados na forma da lei (arts. 100 e 101 do CC). Por essas razões, os bens dominicais também são denominados de bens públicos disponíveis ou do domínio privado do Estado.

Existem alguns requisitos legais para o imóvel ser vendido: interesse público, prévia avaliação, licitação e autorização legislativa para a transformação do bem de uso comum ou de uso especial em dominicais.

Os bens dominicais são os únicos que poderão ser desafetados, desde que cumpram os seguintes requisitos: lei, ato administrativo e fato administrativo.

13.3. Formas de uso

13.3.1. Autorização

Para o Professor Celso Antônio Bandeira de Mello (2016, p. 957), autorização pode ser definida como *"ato unilateral pelo qual a autoridade administrativa faculta o uso do bem público para utilização episódica de curta duração"*.

Já Rafael Carvalho Rezende Oliveira (Ibid., p. 661) assim define:

> autorização de uso de bem público é ato administrativo, discricionário e precário, editado pelo Poder Público para consentir que determinada pessoa utilize privativamente o bem público (ex.: autorização para fechamento de ruas para a realização de eventos comemorativos).

13.3.2. Permissão

O conceito de permissão de uso para a Professora Maria Sylvia Zanella di Pietro (2018, p. 868) *"é ato unilateral, discricionário e precário, gratuito ou oneroso, pelo qual a Administração Pública faculta a utilização privativa de bem público, para fins de interesse público"*.

A diferença entre a permissão e a autorização, em um primeiro momento, está relacionada à finalidade do ato: no primeiro caso será o atendimento ao interesse público, já no segundo caso, ao interesse privado.

Ponto de destaque na temática, a fixação de prazo determinado para a permissão de uso, também conhecida como permissão qualificada, vem por sua vez mudar o caráter precário do ato, que passa a ser revestida de estabilidade típica das concessões de uso.

Quanto à exigência de licitação aos casos de permissão, a doutrina (Id., ibid., p. 871) mantém entendimento de não ser obrigatória licitação diante da natureza precária do ato; no entanto, ressalta a ideia em estabelecer um procedimento de escolha com critérios objetivos para a escolha do permissionário.

13.3.3. Concessão

Podemos definir a concessão de uso como um contrato administrativo pelo qual o Poder Público outorga o uso do bem público ao particular, mediante licitação, para atender interesse público e com prazo determinado.

Diferentemente dos outros institutos, autorização e permissão, a concessão existe num contrato entre o Poder Público e a parte, com obrigações recíprocas entre ambos e precedida de licitação. Outra característica da concessão está relacionada ao prazo determinado assegurado em legislação própria – Lei nº 8.666/1993.

Na concessão será obrigatória a licitação, diante do disposto no art. 2º da Lei nº 8.666/1993, na qual prevalecerá a premissa da igualdade de condições entre os participantes.

13.4. Características

Diante do regime jurídico adotado aos bens públicos, podemos mencionar que eles possuem características próprias, sendo elas: inalienável, imprescritível e impenhorável.

13.4.1. Inalienável

Os bens públicos, como regra, não poderão ser alienados para outra pessoa jurídica. Trata-se de uma inalienabilidade relativa, na qual se admite nos casos previstos em lei, arts. 100 e 101 do CC, desde que o bem seja **desafetado** à função pública.

No mesmo sentido Maria Sylvia Zanella di Pietro (2018, p. 850):

> A inalienabilidade, no entanto, não é absoluta, a não ser com relação àqueles bens que, por sua própria natureza, são insuscetíveis de valoração patrimonial, como os mares, praias, rios navegáveis; os que sejam inalienáveis em decorrência de destinação legal e sejam suscetíveis de valoração patrimonial podem perder o caráter de inalienabilidade, desde que percam a destinação pública, o que ocorre pela desafetação, definida, por José Cretella Júnior (1984:160-161) como o "fato ou a manifestação de vontade do poder público mediante a qual o bem do domínio público é subtraído à dominialidade pública para ser incorporado ao domínio privado, do Estado ou do administrado.

13.4.2. Imprescritível

Os bens públicos não estão sujeitos à usucapião. Previsão expressa do art. 102 do CC e da Súmula nº 340 do STF: "Desde a vigência do Código Civil, os bens dominicais, como os demais bens públicos, não podem ser adquiridos por usucapião."

Em sentido idêntico, a Súmula nº 619 do STJ:

> **Súmula nº 619 (STJ)**
> A ocupação indevida de bem público configura mera detenção, de natureza precária, insuscetível de retenção ou indenização por acessões e benfeitorias.

13.4.3. Impenhorável

Os bens públicos não estão suscetíveis à penhora diante de sua natureza. Tal característica abrange, inclusive, os bens de pessoa jurídica de direito privado afetados ao serviço público[1].

13.5. Afetação

Os bens públicos são usados de acordo com sua finalidade, qual seja, promover a satisfação das necessidades públicas. Isso significa que, quando se diz que um bem público está

---

1   STF, Tribunal Pleno, AC 669-SP, rel. Min. Carlos Britto, **DJ** 26/05/2006, p. 7.

afetado, ele está sendo utilizado para esta finalidade, a exemplo dos bens de uso especial. A afetação pode ser efetivada nos bens de uso comum e nos bens de uso especial.

Já quando o bem está desafetado, fica à disposição do Poder Público e se equipara a um bem privado, pois não está sendo utilizado para promover as necessidades coletivas, razão pela qual pode ser alienado, a exemplo dos bens dominicais. A desafetação atinge somente os bens dominicais.

Para um bem público ser afetado, ou seja, destinado ao interesse público, basta sua utilização com a finalidade pública. Por outro lado, para ocorrer a desafetação é necessário lei ou ato administrativo autorizado por lei, o que visa evitar prejuízo do interesse coletivo.

13.6. Competência para legislar

Conforme a Constituição Federal, compete privativamente à União legislar sobre Direito Civil:

> Art. 22. Compete privativamente à União legislar sobre:
> I – direito civil, comercial, penal, processual, eleitoral, agrário, marítimo, aeronáutico, espacial e do trabalho;

Os outros entes federativos legislam sobre o uso, a ocupação e a alienação dos bens de forma específica, sempre se atendo às regras gerais da União.

Capítulo 14

14. PROCESSO ADMINISTRATIVO

14.1. Conceito e finalidade

Processo é o conjunto de atos através dos quais busca-se alcançar uma finalidade ou resultado específico. Ex.: Punição de servidor público. É a base de etapas que permite a atuação da Administração Pública de forma eficiente e transparente.

Não se confunde com procedimento administrativo, que é o rito específico pelo qual os atos se desenvolvem. Em que pese à divergência existente quanto a processo e procedimento administrativo, utilizaremos a expressão legal "processo" para o regramento previsto na Lei nº 9.784/1999.

O processo administrativo pode ser **iniciado de ofício**, como pode iniciar também por **provação do interessado** (art. 5º).

A lei que regulamenta a matéria em âmbito federal, cuja aplicação subsidiária é presente nos demais entes federativos, é a Lei nº 9.784/1999, contendo regras gerais, conforme entendimento do STJ[1].

14.2. Processo administrativo federal

No âmbito federal, a Lei nº 9.784/1999 rege os processos administrativos e prevê regras gerais, cuja aplicação estende-se, de forma subsidiária, aos demais entes federativos.

Ressalta-se que cada ente pode ter lei própria com procedimentos específicos, nos termos da previsão legal da própria Lei nº 9.784/1999:

---

1   RMS 21.070-SP, rel. Min. Laurita Vaz, 5ª Turma, *DJe* 14/12/2009.

Art. 69. Os processos administrativos específicos continuarão a reger-se por lei própria, aplicando-se-lhes apenas subsidiariamente os preceitos desta Lei.

14.3. Princípios

A Lei nº 9.784/1999 estabelece princípios e diretrizes gerais que são importantes, vejamos:

Art. 2º. A Administração Pública obedecerá, dentre outros, aos princípios da legalidade, finalidade, motivação, razoabilidade, proporcionalidade, moralidade, ampla defesa, contraditório, segurança jurídica, interesse público e eficiência.

Parágrafo único. Nos processos administrativos serão observados, entre outros, os critérios de:

I – atuação conforme a lei e o Direito;

II – atendimento a fins de interesse geral, vedada a renúncia total ou parcial de poderes ou competências, salvo autorização em lei;

III – objetividade no atendimento do interesse público, vedada a promoção pessoal de agentes ou autoridades;

IV – atuação segundo padrões éticos de probidade, decoro e boa-fé;

V – divulgação oficial dos atos administrativos, ressalvadas as hipóteses de sigilo previstas na Constituição;

VI – adequação entre meios e fins, vedada a imposição de obrigações, restrições e sanções em medida superior àquelas estritamente necessárias ao atendimento do interesse público;

VII – indicação dos pressupostos de fato e de direito que determinarem a decisão;

VIII – observância das formalidades essenciais à garantia dos direitos dos administrados;

IX – adoção de formas simples, suficientes para propiciar adequado grau de certeza, segurança e respeito aos direitos dos administrados;

X – garantia dos direitos à comunicação, à apresentação de alegações finais, à produção de provas e à interposição de recursos, nos processos de que possam resultar sanções e nas situações de litígio;

XI – proibição de cobrança de despesas processuais, ressalvadas as previstas em lei;

XII – impulsão, de ofício, do processo administrativo, sem prejuízo da atuação dos interessados;

XIII – interpretação da norma administrativa da forma que melhor garanta o atendimento do fim público a que se dirige, vedada aplicação retroativa de nova interpretação.

14.3.1. Princípio da oficialidade

O processo Administrativo pode ser iniciado por provocação ou de ofício da própria Administração Pública, por exemplo, em caso de apuração de atos eivados de vício. Uma vez iniciado, a Administração tem o dever de conduzir o processo de ofício, sendo diligente em todas as fases para dar continuidade independentemente de provocação.

Para Maria Sylvia Zanella di Pietro (2018, p. 797):

> No âmbito administrativo, esse princípio assegura a possibilidade de instauração do processo por iniciativa da Administração, independentemente de provocação do administrado e ainda a possibilidade de impulsionar o processo, adotando todas as medidas necessárias a sua adequada instrução.

Em regra, o processo administrativo não pode ser iniciado com base em denúncia anônima, porém, desde que devidamente motivada e amparada em investigação, é permitido, em razão do poder-dever de autotutela.

Neste sentido a **Súmula nº 611 (STJ)**

> Desde que devidamente motivada e com amparo em investigação ou sindicância, é permitida a instauração de processo administrativo disciplinar com base em denúncia anônima, em face do poder-dever de autotutela imposto à Administração.

Além disso, a autotutela é indispensável para que o Poder Público garanta a eficiência no serviço e qualidade de seus atos, nos termos da

> **Súmula nº 473 (STF)**
> A administração pode anular seus próprios atos, quando eivados de vícios que os tornam ilegais, porque deles não se originam direitos; ou revogá-los, por motivo de conveniência ou oportunidade, respeitados os direitos adquiridos, e ressalvada, em todos os casos, a apreciação judicial.

14.3.2. Princípio do devido processo legal

Dispõe que o rito processual deve ser seguido, uma vez que o processo é um instrumento de garantia para efetivar o interesse público e também o meio adequado através do qual se apuram condutas irregulares, dando publicidade e possibilidade de defesa aos interessados.

Nesse sentido, dispõe a Constituição Federal, art. 5º, LIV: "ninguém será privado da liberdade ou de seus bens sem o devido processo legal".

14.3.3. Princípio do contraditório e da ampla defesa

Aplicáveis a todos os tipos de processos, de todas as áreas jurídicas, o contraditório e a ampla defesa estão expressamente dispostos na Constituição Federal, art. 5º, inciso LV: "aos litigantes, em processo judicial ou administrativo, e aos acusados em geral são assegurados o contraditório e ampla defesa, com os meios e recursos a ela inerentes".

O contraditório visa dar ciência ao acusado do que lhe está sendo dito, ou dito sobre si no processo, conferindo o direito de "contrariar" os fatos a ele imposto. Pode ainda ser diferido, ou seja, postergado, momento em que uma decisão é tomada sem audiência da outra parte, em razão da urgência ou do interesse público. Desse modo, a parte somente será ouvida após a realização do ato imediato, ainda que seja possível causar-lhe prejuízos.

A ampla defesa visa garantir o direito de resposta que inclui a defesa técnica, a defesa prévia, alegações finais, recursos, entre todos os dispositivos legalmente previstos em lei.

É importante relembrar que a ausência de advogado não pressupõe nulidade do processo ou deficiência da defesa, conforme a

> **Súmula Vinculante nº 5**
> A falta de defesa técnica por advogado no processo administrativo disciplinar não ofende a Constituição.

14.3.4. Princípio da instrumentalidade

A instrumentalidade das formas relaciona-se com a efetividade do processo administrativo, de modo que, embora um ato não seja praticado com a devida forma, ou o seja com vício sanável, desde que atinja sua finalidade, não deve ser anulado, considerando o interesse público.

O princípio faz menção à expressão francesa *"pas de nullité sans grief"* que significa "não há nulidade sem prejuízo".

14.3.5. Princípio da verdade real

O processo busca sempre a verdade absoluta, chamada também de verdade material, de modo a apurar sempre o que efetivamente ocorreu, dando prioridade às provas em detrimento da formalidade.

Difere da verdade formal, adotada pelo processo civil que, por exemplo, não admite provas apresentadas fora da fase respectiva ou com divergência de alguma legislação específica. Já o processo administrativo admite, em qualquer fase, qualquer prova produzida, desde que lícita, para que se possa chegar à conclusão da realidade.

Em razão disso, o processo administrativo admite ainda a *reformatio in pejus*, em sede de recurso administrativo, agravando a situação do recorrente se ficar caracterizado que o ato punido foi ainda mais grave que o anteriormente apurado.

14.3.6. Princípio da gratuidade

Tendo em vista que o processo administrativo busca efetivar o interesse coletivo, não deve ter ônus pecuniários às partes como requisito ao seu ingresso. Desse modo não há cobrança de taxas, emolumentos ou despesas processuais.

> Neste sentido a **Súmula Vinculante nº 21**
> É inconstitucional a exigência de depósito ou arrolamento prévios de dinheiro ou bens para admissibilidade de recurso administrativo.

Bem como, a Lei nº 9.784/1999:

> **Art. 2º.** A Administração Pública obedecerá, dentre outros, aos princípios da legalidade, finalidade, motivação, razoabilidade, proporcionalidade, moralidade, ampla defesa, contraditório, segurança jurídica, interesse público e eficiência.
> **Parágrafo único.** Nos processos administrativos serão observados, entre outros, os critérios de:
> ....
> **XI –** proibição de cobrança de despesas processuais, ressalvadas as previstas em lei;

14.3.7. Princípio do informalismo

O princípio do informalismo, também chamado de formalidade necessária, implica na possibilidade de o particular ou administrado se comunicar com o Poder Público de forma facilitada e mais acessível.

A excessiva formalidade ensejaria uma burocratização desnecessária que poderia cercear o direito de provocação e defesa perante a Administração Pública.

Em razão disso, algumas formalidades são exigidas quando necessárias à segurança da justiça, em matéria processual, como por exemplo: forma escrita, páginas rubricadas e numeradas sequencialmente, atos realizados dentro do horário de expediente da repartição.

Na ausência de formalidade, prevista em lei, não será necessário o cumprimento das solenidades legais impostas para somente alguns atos, na disposição dos arts. 2º, par. único, VIII e IX, e 22 da Lei nº 9.784/1999.

14.3.8. Princípio da legalidade

Diferentemente da esfera privada, em que o particular pode fazer tudo o que não lhe é proibido, a Administração só pode agir dentro do que está disposto na lei. A sua atuação advém dos comandos legais preestabelecidos, de modo que a autoridade pública age somente quando permitida pela lei.

14.3.9. Princípio da motivação

A motivação decorre do dever de as autoridades públicas motivarem seus atos, informando as razões de fato e de direito que ensejaram sua decisão da forma como foi exarada.

Na lição da autora Fernanda Marinela (Ibid., p. 1141), o princípio da motivação

> exige da Administração o dever de justificar seus atos, apontando-lhes os fundamentos de direito e de fato, assim como a correlação lógica entre esses fatos ocorridos e o ato praticado, demonstrando a compatibilidade da conduta com a lei. Enfim, exige um raciocínio lógico entre o motivo, o resultado do ato e a lei.

A motivação, na prática, é a parte do documento público que contém os motivos do ato. Desse modo, motivação é diferente de motivos. A motivação é a exposição de todos os motivos, ou seja, das razões que justificam determinada decisão, como por exemplo, uma decisão administrativa, em que a motivação é obrigatória e conterá, no caso de uma desapropriação para realização de obras públicas, os motivos como: utilidade do bem, sua localização, o preço, entre outros.

14.4. Legitimidade

A Constituição Federal assegura o direito de petição que, no processo administrativo, permite que seja legitimado a provocar o procedimento qualquer interessado, seja pessoa física ou pessoa jurídica. Além disso, aqueles que possam ser afetados com as decisões administrativas, mesmo não sendo partes diretas, também podem intervir como terceiros interessados.

Será necessário ainda o cumprimento da capacidade civil para os atos do processo administrativo, que tem o critério etário, 18 anos, como previsão legal.

14.5. Competência

A competência para as atribuições do processo administrativo tem previsão Constitucional e na lei, sendo ela **irrenunciável**, por não ser uma faculdade do agente público, e sim um **dever** legal, imprescritível, porque não se extingue se não for exercida, e improrrogável quando exercida por agente incompetente, ainda que não haja oposição.

14.5.1. Delegação e avocação

No tocante à competência do processo administrativo admite-se, em caráter excepcional e temporariamente, a delegação e avocação de competência.

A primeira é a transferência do exercício de uma competência de uma autoridade para outra de mesma hierarquia ou de hierarquia inferior.

O ato de delegação genérico é nulo, devendo a delegação ter os limites e tempo previamente estabelecidos. Além disso, é discricionário, o que significa que pode ser revogado a qualquer momento, nos termos da Lei nº 9.784/1999:

> **Art. 14.** O ato de delegação e sua revogação deverão ser publicados no meio oficial.
>
> **§ 1º** O ato de delegação especificará as matérias e poderes transferidos, os limites da atuação do delegado, a duração e os objetivos da delegação e o recurso cabível, podendo conter ressalva de exercício da atribuição delegada.
>
> **§ 2º** O ato de delegação é revogável a qualquer tempo pela autoridade delegante.
>
> **§ 3º** As decisões adotadas por delegação devem mencionar explicitamente esta qualidade e considerar-se-ão editadas pelo delegado.

Existem atos que não podem ser delegados, conforme menciona a Lei nº 9.784/1999:

> **Art. 13.** Não podem ser objeto de delegação:
> I – a edição de atos de caráter normativo;
> II – a decisão de recursos administrativos;
> III – as matérias de competência exclusiva do órgão ou autoridade.

Quanto à avocação, é o contrário da delegação. É a possibilidade de o agente público tomar para si o exercício de atribuições, cuja competência é de um agente subordinado. Possui as mesmas vedações da delegação e deve ser exercida em caráter excepcional, como dita a Lei nº 9.784/1999:

> **Art. 15.** Será permitida, em caráter excepcional e por motivos relevantes devidamente justificados, a avocação temporária de competência atribuída a órgão hierarquicamente inferior.

14.6. Atos processuais

Deve-se ter em mente que o processo administrativo é regido pelo informalismo; então a Lei nº 9.784/1999 traz apenas alguns critérios básicos para o contínuo desenvolvimento dos atos.

> **Art. 22.** Os atos do processo administrativo não dependem de forma determinada senão quando a lei expressamente a exigir.
>
> § 1º Os atos do processo devem ser produzidos por escrito, em vernáculo, com a data e o local de sua realização e a assinatura da autoridade responsável.
>
> § 2º Salvo imposição legal, o reconhecimento de firma somente será exigido quando houver dúvida de autenticidade.
>
> § 3º A autenticação de documentos exigidos em cópia poderá ser feita pelo órgão administrativo.
>
> § 4º O processo deverá ter suas páginas numeradas sequencialmente e rubricadas.

14.6.1. Forma, Tempo e Lugar

A Lei nº 9.784/1999 é autoexplicativa, constando todas as informações inerentes nos arts. 22 a 25. Os atos devem ser realizados em dias úteis, no horário de funcionamento da repartição, preferencialmente na sede do órgão.

O prazo para realização de ato no processo, caso não haja disposição legal específica ou motivos de força maior, será sempre de 5 (cinco) dias úteis. O prazo pode ser prorrogado até o dobro, mediante justificação.

14.6.2. Comunicação

A intimação no processo administrativo deve fazer constar o nome do interessado e o órgão responsável, a finalidade e a data, horário e local de comparecimento para ciência do ato.

Além disso, deve possuir ainda a forma de comparecimento, se pessoalmente ou se é possível por representação, informação sobre a continuidade do processo e indicação de fatos e direito aplicáveis ao caso.

A revelia não produz os mesmos atos do processo civil. Caso o administrado não compareça, não ocorre a presunção da verdade dos fatos ou a renúncia do direito.

A Lei nº 9.784/1999 prevê ainda a obrigatoriedade de intimações sobre atos que possam alterar direitos do interessado:

> **Art. 28.** Devem ser objeto de intimação os atos do processo que resultem para o interessado em imposição de deveres, ônus, sanções ou restrição ao exercício de direitos e atividades e os atos de outra natureza, de seu interesse.

14.7. Fases

14.7.1. Instauração

A instauração é a fase inicial do processo administrativo e ocorre mediante portaria da autoridade competente **de ofício** ou por **provocação**, mediante documento escrito.

Deve ser observada a legitimidade, caso a instauração se dê por provocação. Dessa forma, poderá formular o pedido para a autoridade competente aquele que detém o direito, pessoa física ou jurídica, ou os interessados que possam ser afetados.

Independentemente de requerimento, ou de este não ser recebido por algum motivo, a Administração Pública pode dar início ao procedimento, pelo mesmo fato, em decorrência do princípio da autotutela.

14.7.2. Instrução, defesa e relatório

A segunda fase, de instrução, é a que contém o momento de produção de provar e de defesa do acusado.

As provas podem ser produzidas tanto pelo particular, quanto pela Administração Pública, por provocação ou de ofício. Cabe ao interessado sempre provar o que alega, salvo distribuição diversa do ônus da prova, conforme prevê a Lei nº 9.784/1999:

> **Art. 36.** Cabe ao interessado a prova dos fatos que tenha alegado, sem prejuízo do dever atribuído ao órgão competente para a instrução e do disposto no art. 37 desta Lei.

Nesta fase é possível ainda, caso seja necessária, a realização de consultas e audiências públicas, por expressa previsão legal.

Art. 32. Antes da tomada de decisão, a juízo da autoridade, diante da relevância da questão, poderá ser realizada audiência pública para debates sobre a matéria do processo.

Art. 33. Os órgãos e entidades administrativas, em matéria relevante, poderão estabelecer outros meios de participação de administrados, diretamente ou por meio de organizações e associações legalmente reconhecidas.

Art. 34. Os resultados da consulta e audiência pública e de outros meios de participação de administrados deverão ser apresentados com a indicação do procedimento adotado.

Art. 35. Quando necessária à instrução do processo, a audiência de outros órgãos ou entidades administrativas poderá ser realizada em reunião conjunta, com a participação de titulares ou representantes dos órgãos competentes, lavrando-se a respectiva ata, a ser juntada aos autos.

Por fim, o relatório será elaborado pelas autoridades competentes e responsáveis pelo acompanhamento do respectivo processo administrativo.

O relatório, portanto, é a conclusão inicial, após a análise das provas e das alegações produzidas, que será encaminhada para a autoridade responsável pela decisão final que poderá ou não levar em conta o relatório recebido.

14.7.3. Decisão

A decisão final do processo será emitida em 30 dias, podendo este prazo ser prorrogado por mais 30, mediante justificativa.

O documento da decisão deve conter toda a motivação do convencimento da autoridade competente, com a análise dos pontos relevantes e que foram considerados para que se chegasse a determinada conclusão.

É possível ainda que ocorra a chamada motivação aliunde, nos termos da Lei nº 9.784/1999:

Art. 50. Os atos administrativos deverão ser motivados, com indicação dos fatos e dos fundamentos jurídicos, quando:

I – neguem, limitem ou afetem direitos ou interesses;

II – imponham ou agravem deveres, encargos ou sanções;

III – decidam processos administrativos de concurso ou seleção pública;

IV – dispensem ou declarem a inexigibilidade de processo licitatório;

V – decidam recursos administrativos;

VI – decorram de reexame de ofício;

VII – deixem de aplicar jurisprudência firmada sobre a questão ou discrepem de pareceres, laudos, propostas e relatórios oficiais;

VIII – importem anulação, revogação, suspensão ou convalidação de ato administrativo.

§ 1º A motivação deve ser explícita, clara e congruente, podendo consistir em declaração de concordância com fundamentos de anteriores pareceres, informações, decisões ou propostas, que, neste caso, serão parte integrante do ato.

A motivação aliunde é a concordância, na decisão final, de pareceres ou relatórios anteriores, de autoridades diversas, de modo que os fundamentos da decisão são a ratificação de argumentos ditos durante o processo.

14.8. Extinção

O processo será extinto quando chegar ao final, com a conclusão do caso, atingindo sua finalidade ou quando seu objeto se perder ou for prejudicado, conforme prevê a Lei nº 9.784/1999:

> **Art. 52.** O órgão competente poderá declarar extinto o processo quando exaurida sua finalidade ou o objeto da decisão se tornar impossível, inútil ou prejudicado por fato superveniente.

A extinção, da mesma forma que a instauração, se faz por ato administrativo da autoridade competente. É importante saber que o interessado pode desistir do processo, porém, devido ao princípio da autotutela, a Administração Pública não deve extinguir o processo em andamento, se não for conveniente.

> **Art. 51.** O interessado poderá, mediante manifestação escrita, desistir total ou parcialmente do pedido formulado ou, ainda, renunciar a direitos disponíveis.
>
> § 1º Havendo vários interessados, a desistência ou renúncia atinge somente quem a tenha formulado.
>
> § 2º A desistência ou renúncia do interessado, conforme o caso, não prejudica o prosseguimento do processo, se a Administração considerar que o interesse público assim o exige.

14.9. Recursos administrativos

Inicialmente, importante destacar que a interposição de recursos administrativos é gratuita, conforme prevê a Súmula Vinculante nº 21: "É inconstitucional a exigência de depósito ou arrolamento prévios de dinheiro ou bens para admissibilidade de recurso administrativo".

O prazo para a interposição será sempre de 10 dias, quando não houver lei específica disciplinando prazo diverso. Recebido o recurso, a parte contrária é intimada a se manifestar.

O recurso deve ser interposto com endereçamento à autoridade que proferiu a decisão impugnada, que pode reconsiderar a decisão, no prazo de 5 dias, ou encaminhar à autoridade superior. O recurso não será conhecido nas hipóteses previstas em lei.

> **Art. 63.** O recurso não será conhecido quando interposto:
>
> I – fora do prazo;
>
> II – perante órgão incompetente;
>
> III – por quem não seja legitimado;
>
> IV – após exaurida a esfera administrativa.

§ 1º Na hipótese do inciso II, será indicada ao recorrente a autoridade competente, sendo-lhe devolvido o prazo para recurso.

§ 2º O não conhecimento do recurso não impede a Administração de rever de ofício o ato ilegal, desde que não ocorrida preclusão administrativa

O julgamento do recurso deve se dar no prazo de 30 dias, podendo ser prorrogado mediante justificativa. Após a última decisão, quando não houver mais possibilidade de recorrer, forma-se a **coisa julgada administrativa**, que impede a rediscussão do tema no âmbito administrativo. Porém, como no Brasil vigora o sistema de **jurisdição una**, ou seja, é apenas o Poder Judiciário que profere decisões definitivas, a questão poderá ser levada a juízo.

Nesse sentido, os processos administrativos, uma vez decididos na seara administrativa, não podem ser rediscutidos, salvo, diante do Poder Judiciário, em decorrência do princípio da inafastabilidade do Poder Judiciário, previsto no art. 5º, LV, da CF.

Capítulo 15

15. INTERVENÇÃO DO ESTADO NO DOMÍNIO ECONÔMICO

15.1. Conceito

É a atuação do Estado na área econômica, de forma legítima, para proteger princípios e objetivos constitucionais, de modo a resguardar o interesse público. Dessa forma, o Estado atua para corrigir distúrbios e abusos que afetam a ordem econômica e o mercado. Podemos exemplificar com a formação de cartéis.

Desde a Constituição Federal de 1934, passou-se a instituir um capítulo próprio à ordem econômica, em que, desde então, não deixou de permanecer como matéria constitucional.

As definições relativas à intervenção estão dispostas na Constituição Federal, contendo também previsão dos instrumentos de intervenção e dos limites da atuação estatal.

A Constituição prevê que o Estado não deve atuar no domínio econômico, mas pode fazê-lo, em **situações excepcionais**, quando for necessário aos **imperativos da segurança nacional ou por relevante interesse coletivo,** definidos em lei.

Para tanto, a Constituição Federal prevê ainda que o Estado terá por escopo regular a atividade econômica, de modo a fiscalizar os aspectos do setor, bem como planejar e indicar ações para balancear a economia.

Toda a atuação do Estado, ainda, é limitada por princípios que impedem que o Estado seja omisso ou que abuse de sua função de repressão.

A ordem econômica afeta diretamente o mercado e os consumidores em seus direitos individuais e coletivos. A intervenção do Estado na economia, portanto, deve buscar efetivar o princípio da dignidade da pessoa humana.

15.2. Princípios

Os princípios servem para balizar e limitar a atuação Estatal.
Estão previstos no art. 170, CF:

> Art. 170. A ordem econômica, fundada na valorização do trabalho humano e na livre iniciativa, tem por fim assegurar a todos existência digna, conforme os ditames da justiça social, observados os seguintes princípios:
>
> I – soberania nacional;
>
> II – propriedade privada;
>
> III – função social da propriedade;
>
> IV – livre concorrência;
>
> V – defesa do consumidor;
>
> VI – defesa do meio ambiente;
>
> VII – redução das desigualdades regionais e sociais;
>
> VIII – busca do pleno emprego;
>
> IX – tratamento favorecido para as empresas de pequeno porte constituídas, sob as leis brasileiras e que tenham sua sede e administração no país.

Todos os princípios anteriores demonstram a direção e também as diretrizes a serem seguidas pelo Estado, de acordo com a Constituição Federal.

Portanto, será sempre observada a **função social da economia**.

15.2.1. Princípio da Subsidiariedade

A subsidiariedade decorre da lógica da atuação do Estado. A atuação no setor privado deve ser realizada por particulares, uma vez que ao Estado cabem os serviços públicos.

Dessa forma, a atuação do Estado no setor privado será sempre **residual**, em casos excepcionais, seja porque a iniciativa privada não pôde realizar as atividades de forma satisfatória, seja porque houve um abuso do poder econômico, lesando os consumidores e o interesse público.

Uma das consequências da atuação subsidiária é a expressa proibição de atuar no ramo econômico, se o Estado não tiver razões devidamente justificadas ou situações comprovadamente excepcionais.

15.2.2. Princípios da liberdade econômica

Em 2019, importante atualização legislativa surgiu com a lei que institui a Declaração de Direitos de Liberdade Econômica, Lei nº 13.874/2019.

Entre outras disposições, esta lei também incluiu mais alguns princípios que devem ser observados para a atuação tanto do Estado, quanto do particular:

> Art. 2º. São princípios que norteiam o disposto nesta Lei:
>
> I – a liberdade como uma garantia no exercício de atividades econômicas;
>
> II – a boa-fé do particular perante o poder público;
>
> III – a intervenção subsidiária e excepcional do Estado sobre o exercício de atividades econômicas; e
>
> IV – o reconhecimento da vulnerabilidade do particular perante o Estado.
>
> **Parágrafo único.** Regulamento disporá sobre os critérios de aferição para afastamento do inciso IV do caput deste artigo, limitados a questões de má-fé, hipersuficiência ou reincidência.

15.3. Previsão legal

Conforme já mencionado, o Estado tem a função de garantir os serviços públicos, nos termos da Constituição Federal:

> Art. 175. Incumbe ao Poder Público, na forma da lei, diretamente ou sob regime de concessão ou permissão, sempre através de licitação, a prestação de serviços públicos.

A intervenção do Estado no Domínio econômico está prevista também na própria Constituição Federal, que assegura ao Estado este poder, a fim de regular a economia, em prol do interesse público, de forma excepcional e extraordinária:

> Art. 173. Ressalvados os casos previstos nesta **Constituição**, a exploração direta de atividade econômica pelo Estado só será permitida quando necessária aos imperativos da segurança nacional ou a relevante interesse coletivo, conforme definidos em lei.
>
> § 1º A lei estabelecerá o estatuto jurídico da empresa pública, da sociedade de economia mista e de suas subsidiárias que explorem atividade econômica de produção ou comercialização de bens ou de prestação de serviços, dispondo sobre: *(Redação dada pela Emenda Constitucional nº 19, de 1998)*
>
> I – sua função social e formas de fiscalização pelo Estado e pela sociedade; *(Incluído pela Emenda Constitucional nº 19, de 1998)*
>
> II – a sujeição ao regime jurídico próprio das empresas privadas, inclusive quanto aos direitos e obrigações civis, comerciais, trabalhistas e tributários; *(Incluído pela Emenda Constitucional nº 19, de 1998)*
>
> III – licitação e contratação de obras, serviços, compras e alienações, observados os princípios da administração pública; *(Incluído pela Emenda Constitucional nº 19, de 1998)*
>
> IV – a constituição e o funcionamento dos conselhos de administração e fiscal, com a participação de acionistas minoritários; *(Incluído pela Emenda Constitucional nº 19, de 1998)*
>
> V – os mandatos, a avaliação de desempenho e a responsabilidade dos administradores. *(Incluído pela Emenda Constitucional nº 19, de 1998)*
>
> § 2º As empresas públicas e as sociedades de economia mista não poderão gozar de privilégios fiscais não extensivos às do setor privado.

§ 3º A lei regulamentará as relações da empresa pública com o Estado e a sociedade.

§ 4º A lei reprimirá o abuso do poder econômico que vise à dominação dos mercados, à eliminação da concorrência e ao aumento arbitrário dos lucros.

§ 5º A lei, sem prejuízo da responsabilidade individual dos dirigentes da pessoa jurídica, estabelecerá a responsabilidade desta, sujeitando-a às punições compatíveis com sua natureza, nos atos praticados contra a ordem econômica e financeira e contra a economia popular.

Neste sentido, é possível desde logo concluir que o Estado não atua de forma direta na atividade econômica, mas sim de modo excepcional, de forma legalmente preestabelecida, conforme os parágrafos anteriores.

A própria Constituição da República estabelece as possibilidades de intervenção, a obrigatoriedade de observação dos princípios constitucionais, as formas e limites da intervenção, bem como a responsabilização dos envolvidos pela prática de abusos no setor econômico.

15.4. Formas de intervenção

Para que o Estado se envolva na economia não pode fazê-lo através de seus órgãos públicos ou entidades políticas.

Para tanto, o Estado irá dispor das empresas estatais, ou seja, das sociedades de economia mista e das empresas públicas.

Importante relembrar que ambas são pessoas jurídicas de direito privado. São constituídas da mesma maneira que as empresas privadas, ou seja, com o registro de sua documentação inerente no órgão próprio (Junta comercial, por exemplo).

Além disso, como pressuposto para sua criação está a autorização legal, conforme consta na Constituição Federal:

> Art. 37. A administração pública direta e indireta de qualquer dos Poderes da União, dos Estados, do Distrito Federal e dos Municípios obedecerá aos princípios de legalidade, impessoalidade, moralidade, publicidade e eficiência e, também, ao seguinte: *(Redação dada pela Emenda Constitucional nº 19, de 1998)*
> [...]
> XIX – somente por lei específica poderá ser criada autarquia e autorizada a instituição de empresa pública, de sociedade de economia mista e de fundação, cabendo à lei complementar, neste último caso, definir as áreas de sua atuação; *(Redação dada pela Emenda Constitucional nº 19, de 1998)*

A lei que autorizar a criação da empresa estatal também irá prever seus objetivos e a forma de exploração da atividade econômica.

Quando o Estado atuar por meio de suas empresas estatais, estará agindo pela chamada atuação direta, manifestando o papel de agente econômico, envolvendo a produção de bens ou prestação de serviços.

Nesta hipótese se verificará a ocorrência de um monopólio estatal de determinada atividade ou a sua atuação em concorrência com outras empresas do setor privado.

Importante mencionar que já existe um monopólio constitucionalmente previsto para o Estado:

> Art. 177. Constituem monopólio da União:
>
> I – a pesquisa e a lavra das jazidas de petróleo e gás natural e outros hidrocarbonetos fluidos;
>
> II – a refinação do petróleo nacional ou estrangeiro;
>
> III – a importação e exportação dos produtos e derivados básicos resultantes das atividades previstas nos incisos anteriores;
>
> IV – o transporte marítimo do petróleo bruto de origem nacional ou de derivados básicos de petróleo produzidos no País, bem assim o transporte, por meio de conduto, de petróleo bruto, seus derivados e gás natural de qualquer origem;
>
> V – a pesquisa, a lavra, o enriquecimento, o reprocessamento, a industrialização e o comércio de minérios e minerais nucleares e seus derivados, com exceção dos radioisótopos cuja produção, comercialização e utilização poderão ser autorizadas sob regime de permissão, conforme as alíneas b e c do inciso XXIII do caput do art. 21 desta Constituição Federal. *(Redação dada pela Emenda Constitucional nº 49, de 2006)*
>
> § 1º A União poderá contratar com empresas estatais ou privadas a realização das atividades previstas nos incisos I a IV deste artigo observadas as condições estabelecidas em lei.

Na Constituição estão previstas as funções do Estado enquanto interventor da ordem econômica, entre elas, podendo-se citar a função regulatória, com atribuição de fiscalização, normatização e incentivo da economia.

A Lei maior chama de Estado Regulador, nos termos do art. 174:

> Art. 174. Como agente normativo e regulador da atividade econômica, o Estado exercerá, na forma da lei, as funções de fiscalização, incentivo e planejamento, sendo este determinante para o setor público e indicativo para o setor privado. *(Vide Lei nº 13.874, de 2019)*
>
> § 1º A lei estabelecerá as diretrizes e bases do planejamento do desenvolvimento nacional equilibrado, o qual incorporará e compatibilizará os planos nacionais e regionais de desenvolvimento.
>
> § 2º A lei apoiará e estimulará o cooperativismo e outras formas de associativismo.
>
> § 3º O Estado favorecerá a organização da atividade garimpeira em cooperativas, levando em conta a proteção do meio ambiente e a promoção econômico-social dos garimpeiros.
>
> § 4º As cooperativas a que se refere o parágrafo anterior terão prioridade na autorização ou concessão para pesquisa e lavra dos recursos e jazidas de minerais garimpáveis, nas áreas onde estejam atuando, e naquelas fixadas de acordo com o art. 21, XXV, na forma da lei.

Dentre as atribuições da entidade estatal estão a produção de normas relativas aos setores econômicos, regulação de preços, repressão de abusos de ordem econômica, controle de abastecimento de cargas e produtos, distribuição do consumo.

Outra possibilidade de atuação do Estado é através da chamada atuação indireta, quando se busca a correção de abusos ou coibir desvios do setor econômico. A intervenção, neste caso, será por indução de comportamento dos agentes privados, incentivando ou desestimulando determinadas atividades.

Pode ser positiva com o uso de benfeitorias, ou negativa, através de multas, elevação de alíquotas de tributos, entre outros.

15.5. Abuso do setor econômico

Quando uma empresa privada incorre em alguma conduta que lhe beneficia em detrimento da coletividade consumidora e do interesse público, o Estado deve intervir de modo a reprimir tais atos. Como exemplo de domínio abusivo do setor econômico, o autor Carvalho Filho (2017, p. 979) elenca as hipóteses:

- **Truste**: "é a forma de abuso do poder econômico pela qual uma grande empresa domina o mercado e afasta seus concorrentes, ou os obriga a seguir a estratégia econômica que adota. É uma forma impositiva do grande sobre o pequeno empresário".
- **Cartel**: "é a conjugação de interesses entre grandes empresas com o mesmo objetivo, ou seja, o de eliminar a concorrência e aumentar arbitrariamente seus lucros. Diante do poderio econômico desses grupos, o pequeno empresariado acaba por sucumbir e, por vezes, se deixar absorver pelo grupo dominante".
- **Dumping**: "normalmente encerra abuso de caráter internacional. Uma empresa recebe subsídio oficial de seu país de modo a baratear excessivamente o custo do produto. Como o preço é muito inferior ao das empresas que arcam com os seus próprios custos, ficam estas sem condições de competir com aquelas, propiciando-lhes uma inevitável elevação de lucros".

15.6. Instrumentos de intervenção

O Poder Estatal, já prevendo coibir situações de abuso financeiro e econômico por parte dos particulares que atuam no mercado de consumo, bem como regular a economia, editou diversas leis de modo a proteger o interesse público.

Entre elas, podemos citar:

- Lei nº 13.874/2019 (Declaração de Direitos da Liberdade Econômica);
- Lei nº 8.078/1990 (Código de Proteção e Defesa do Consumidor);
- Lei nº 8.137/1990 (Crimes contra a ordem tributária, econômica e de consumo);
- Lei nº 12.529/2011 (Sistema Brasileiro de Defesa da Concorrência-SBDC).

A Lei nº 13.874/2019 dispôs de maneira expressa os deveres da Administração Pública para efetivar a liberdade econômica:

Art. 4º. É dever da administração pública e das demais entidades que se vinculam a esta Lei, no exercício de regulamentação de norma pública pertencente à legislação sobre a qual esta Lei versa, exceto se em estrito cumprimento a previsão explícita em lei, evitar o abuso do poder regulatório de maneira a, indevidamente:

I – criar reserva de mercado ao favorecer, na regulação, grupo econômico, ou profissional, em prejuízo dos demais concorrentes;

II – redigir enunciados que impeçam a entrada de novos competidores nacionais ou estrangeiros no mercado;

III – exigir especificação técnica que não seja necessária para atingir o fim desejado;

IV – redigir enunciados que impeçam ou retardem a inovação e a adoção de novas tecnologias, processos ou modelos de negócios, ressalvadas as situações consideradas em regulamento como de alto risco;

V – aumentar os custos de transação sem demonstração de benefícios;

VI – criar demanda artificial ou compulsória de produto, serviço ou atividade profissional, inclusive de uso de cartórios, registros ou cadastros;

VII – introduzir limites à livre formação de sociedades empresariais ou de atividades econômicas;

VIII – restringir o uso e o exercício da publicidade e propaganda sobre um setor econômico, ressalvadas as hipóteses expressamente vedadas em lei federal; e

IX – exigir, sob o pretexto de inscrição tributária, requerimentos de outra natureza de maneira a mitigar os efeitos do inciso I do *caput* do art. 3º desta Lei.

REFERÊNCIAS

ALEXANDRE, Ricardo; DEUS, João de. **Direito Administrativo**. 3. ed. rev., atual. e ampl. Rio de Janeiro: Forense; São Paulo: Método, 2017.

BANDEIRA DE MELLO, Celso Antônio. **Curso de Direito Administrativo**. 20. ed. São Paulo: Malheiros, 2006.

_____. **Curso de Direito Administrativo**. 26. ed. São Paulo: Malheiros, 2009.

_____. **Curso de Direito Administrativo**. 29. ed. São Paulo: Malheiros Editores, 2011.

_____. **Curso de Direito Administrativo**. 33. ed. revista e atualizada até a Emenda Constitucional 92, de 12.07.2016. São Paulo: Malheiros, 2016.

CARVALHO FILHO, José dos Santos. **Manual de Direito Administrativo**. 18. ed. Rio de Janeiro: Lumen Juris, 2007.

_____. **Manual de Direito Administrativo**. 24. ed. Rio de Janeiro: Lumen Juris, 2011.

_____. **Manual de Direito Administrativo**. 31. ed. São Paulo: Atlas, 2017.

_____. **Manual de Direito Administrativo**. 33. ed. São Paulo: Atlas, 2019.

DI PIETRO, Maria Sylvia Zanella. **Direito Administrativo**. 16. ed. rev., ampliada e atualizada. São Paulo: Atlas, 2003.

_____. **Direito Administrativo**. 16. ed. São Paulo: Atlas, 2009.

_____. **Direito Administrativo**. 19. ed. São Paulo: Atlas, 2006.

_____. **Direito Administrativo**. 23. ed. São Paulo: Atlas, 2010.

_____. **Direito Administrativo**. 27. ed. São Paulo: Atlas, 2014.

_____. **Direito Administrativo**. 31. ed. rev., atual. e ampliada. Rio de Janeiro: Forense, 2018.

FIGUEIREDO, Lúcia Valle; FERRAZ, Sérgio. **Dispensa e Inexigibilidade de Licitação**. 3. ed. São Paulo: Malheiros, 1994.

GARCIA, Flávio Amaral. **Licitações e contratos administrativos:** casos e polêmicas. 5. ed. São Paulo: Malheiros, 2018.

GASPARINI, Diógenes. **Direito Administrativo.** 11. ed. São Paulo: Saraiva, 2006.

_____. **Direito Administrativo.** 12. ed. São Paulo: Saraiva, 2007.

JUSTEN FILHO, Marçal. **Comentários à Lei de Licitações e Contratos Administrativos.** 16. ed. São Paulo: Revista dos Tribunais, 2014.

_____. **Comentários à Lei de Licitações e Contratos Administrativos:** Lei 8.666/93. 18. ed. rev., atual. e ampliada. São Paulo: Thomson Reuters Brasil, 2019.

_____. **Curso de Direito Administrativo.** São Paulo: Saraiva, 2005.

_____. **Curso de Direito Administrativo.** 4. ed. São Paulo: Saraiva, 2009.

_____. **Curso de Direito Administrativo.** 12. ed. rev., atual. e ampliada. São Paulo: Revista dos Tribunais, 2016.

MARINELA, Fernanda. **Direito Administrativo.** 12. ed. São Paulo: Saraiva Educação, 2018.

MEIRELLES, Hely Lopes. **Direito Administrativo Brasileiro.** São Paulo: Malheiros, 1993.

_____. **Direito Administrativo Brasileiro.** 28. ed. São Paulo: Malheiros, 2003.

_____. **Direito Administrativo Brasileiro.** 32. ed. São Paulo: Malheiros, 2006.

_____. **Direito Administrativo Brasileiro.** 42. ed. São Paulo: Malheiros, 2016.

NIEBUHR, Joel de Menezes. **Dispensa e Inexigibilidade de Licitação Pública.** 3. ed. Belo Horizonte: Editora Fórum, 2011.

OLIVEIRA, Rafael Carvalho Rezende. **Curso de Direito Administrativo.** 6. ed. rev., atual. e ampliada. Rio de Janeiro: Forense; São Paulo: Método; 2018.

ROCHA, Cármen Lúcia Antunes. Improbidade Administrativa e finanças públicas. **Boletim de Direito Administrativo,** dez. 2000.

ZANCANER, Weida. **Da convalidação e da invalidação dos atos administrativos.** São Paulo: Revista dos Tribunais, 1990.

ZOCKUN, Maurício. **Responsabilidade patrimonial do Estado.** São Paulo: Malheiros, 2010.